理学衍义补正

LIXUE YANYI BUZHENG

任云 著

知识产权出版社
全国百佳图书出版单位
——北京——

图书在版编目（CIP）数据

理学衍义补正/任云著. —北京：知识产权出版社，2023.3

ISBN 978 - 7 - 5130 - 8684 - 4

Ⅰ.①理… Ⅱ.①任… Ⅲ.①理学—研究—中国—宋代②理学—研究—中国—明代

Ⅳ.①B244.05②B248.05

中国国家版本馆 CIP 数据核字（2023）第 027665 号

责任编辑：罗 慧　　　　　　　责任校对：潘凤越

封面设计：乾达文化　　　　　　责任印制：孙婷婷

理学衍义补正

任 云 著

出版发行：	知识产权出版社有限责任公司	网　　址：	http：//www.ipph.cn
社　　址：	北京市海淀区气象路 50 号院	邮　　编：	100081
责编电话：	010 - 82000860 转 8343	责编邮箱：	lhy734@126.com
发行电话：	010 - 82000860 转 8101/8102	发行传真：	010 - 82000893/82005070/82000270
印　　刷：	北京建宏印刷有限公司	经　　销：	新华书店、各大网上书店及相关专业书店
开　　本：	787mm×1092mm　1/16	印　　张：	18
版　　次：	2023 年 3 月第 1 版	印　　次：	2023 年 3 月第 1 次印刷
字　　数：	284 千字	定　　价：	78.00 元

ISBN 978 - 7 - 5130 - 8684 - 4

天不生仲尼，万古如长夜

目 录

理学衍义补正（下）

自 序

　　天地[1]既形，万物始出；圣贤[2]又在，众人终从。天地生物而成其物，圣贤临众而治其众。圣贤准天地之道，顺人物[3]之情，定礼乐[4]之节，以此敬循于天地，周洽于万物，理治[5]于众人[6]。夏灭而殷继之[7]，殷亡而周承之[8]，是以三代相因[9]，随时[10]改易[11]，应乎风俗，从势变迁[12]，故礼焕乐彰[13]，文修武备，天下制度[14]粲然可观也[15]。

[1]《周易·序卦传》：有天地，然后万物生焉。

[2]《周易·鼎卦》：圣人亨以享上帝，而大亨以养圣贤。

[3]《隋书·律历志上》：自夫有天地焉，有人物焉，树司牧以君临，悬政教而成务。

[4]《史记·周本纪》：既绌殷命，袭淮夷，归在丰，作周官。兴正礼乐，度制于是改，而民和睦，颂声兴。

[5]《礼记·昏义》：外内和顺，国家理治。

[6]《孝经·广要道》：安上治民，莫善于礼；移风易俗，莫善于乐。

[7]《史记·夏本纪》：汤修德，诸侯皆归汤，汤遂率兵以伐夏桀。桀走鸣条，遂放而死。桀谓人曰："吾悔不遂杀汤于夏台，使至此。"汤乃践天子位，代夏朝天下。

[8]《史记·周本纪》：其明日，除道，脩社及商纣宫。及期，百夫荷罕旗以先驱。……尹佚策祝曰："殷之末孙季纣，殄废先王明德，侮蔑神祇不祀，昏暴商邑百姓，其章显闻于天皇上帝。"于是武王再拜稽首，曰："膺更大命，革殷，受天明命。"

[9]《史记·酷吏列传》：二千石系者新故相因，不减百余人。

[10]《周易·随卦》：大亨贞，无咎，而天下随时，随时之义大矣哉。

[11]《论语·为政》：殷因于夏礼，所损益，可知也。周因于殷礼，所损益，可知也。其或继周者，虽百世，可知也。

[12]《论语·卫灵公》：颜渊问为邦。子曰："行夏之时，乘殷之辂，服周之冕，乐则韶舞。放郑声，远佞人。郑声淫，佞人殆。"

[13]《论语·泰伯》：大哉尧之为君也！巍巍乎，唯天为大，唯尧则之。荡荡乎，民无能名焉。巍巍乎其有成功也，焕乎其有文章！

[14]《周易·节卦》：天地节，而四时成。节以制度，不伤财，不害民。

[15]《论语·八佾》：周监于二代，郁郁乎文哉！吾从周。

　　春秋之世[1]，王道衰乱[2]，礼乐崩坏[3]；虚辞伪饰，郑声[4]晋行[5]，不绝于书。故夫子起而明天地之理，述圣贤之事，复礼乐之制，删诗书之文[6]，使天下归于其本，止乎其末也[7]。然夫子之心可见，天下之势不与。周游列国，难以功返三代；教化众人，犹可名重一时[8]。夫子既殁[9]，弟子纷扰[10]，经义随之流散[11]。后代陵迟[12]，不可复改；道已不明，行亦难成。至于孟子[13]尽心[14]养气[15]，荀子[16]明法[17]主霸[18]，或有补于夫子，然泥于小道[19]，终非可观也。加之诸子歧说[20]，诱以治乱[21]，不生拨乱反正[22]之心，而求灭亡兼并[23]之事，故夫子之学终遭秦火之厄[24]也。

[1]《孟子·尽心下》：春秋无义战，彼善于此，则有之矣。

[2]《论语·季氏》：天下有道，则礼乐征伐自天子出；天下无道，则礼乐征伐自诸侯出。自诸侯出，盖十世希不失矣；自大夫出，五世希不失矣；陪臣执国命，三世希不失矣。

[3] 宋陆游《书郭崇韬传后》：庄宗虽出夷狄，又承天下大乱，礼乐崩坏之际，然顾典礼人情，亦难其事。

[4]《论语·阳货》：恶紫之夺朱也，恶郑声之乱雅乐也，恶利口之覆邦

家者。

[5]《论语·宪问》：晋文公谲而不正，齐桓公正而不谲。

[6]《汉书叙传》：伏羲画卦，书契后作，虞夏商周，孔纂其业，篇书删诗，缀礼正乐，象系大易，因史立法。

[7]《史记·孔子世家》：天下君王至于贤人众矣，当时则荣，没则已焉。孔子布衣，传十余世，学者宗之。自天子王侯，中国言六艺者折中于夫子，可谓至圣矣！

[8]《汉书·儒林传》：天下并争于战国，儒术既黜焉，然齐鲁之间学者犹弗废，至于威、宣之际，孟子、孙卿之列咸遵夫子之业而润色之，以学显于当世。

[9]《左传·哀公十六年》：夏四月己丑，孔丘卒。公诔之曰：旻天不吊，不慭遗一老。俾屏余一人以在位，茕茕余在疚。呜呼哀哉尼父！无自律。

[10]《史记·儒林列传》：自孔子卒后，七十子之徒散游诸侯，大者为师傅卿相，小者友教士大夫，或隐而不见。

[11]《汉书·艺文志》：昔仲尼没而微言绝，七十子丧而大义乖。故"春秋"分为五，"诗"分为四，"易"有数家之传。战国从衡，真伪分争，诸子之言纷然殽乱。

[12]《诗经·王风·大车》序：大车刺周大夫也。礼义陵迟，男女淫奔，故陈古以刺今。

[13]《史记·孟子荀卿列传》：孟轲，邹人也。受业子思之门人。道既通，游事齐宣王，宣王不能用。

[14]《孟子·尽心上》：尽其心者，知其性也。知其性，则知天矣。存其心，养其性，所以事天也。夭寿不贰，修身以俟之，所以立命也。

[15]《孟子·公孙丑上》："敢问夫子恶乎长？"曰："我知言，我善养吾浩然之气。""敢问何谓浩然之气？"曰："难言也。其为气也，至大至刚，以直养而无害，则塞于天地之间。其为气也，配义与道；无是，馁也。是集义所生者，非义袭而取之也。"

[16]《史记·孟子荀卿列传》：荀卿，赵人。年五十，始来游学于齐。邹衍之术迂大而闳辩；奭也文具难施；淳于髡久与处，时有得善言。

[17]《荀子·君道》：有乱君，无乱国；有治人，无治法，羿之法非亡也，

而羿不世中；禹之法犹存，而夏不世王。故法不能独立，类不能自行；得其人则存，失其人则亡。法者，治之端也；君子者，法之原也。故有君子，则法虽省，足以遍矣；无君子，则法虽具，失先后之施，不能应事之变，足以乱矣。不知法之义而正法之数者，虽博临事必乱。

[18]《荀子·王霸》：故用国者，义立而王，信立而霸，权谋立而亡。……德虽未至也，义虽未济也，然而天下之理略奏矣，刑赏已诺信乎天下矣，臣下晓然皆知其可要也。政令已陈，虽睹利败，不欺其民；约结已定，虽睹利败，不欺其与。如是，则兵劲城固，敌国畏之；国一綦明，与国信之；虽在僻陋之国，威动天下，五伯是也。非本政教也，非致隆高也，非綦文理也，非服人之心也，乡方略，审劳佚，谨畜积，修战备，齺然上下相信，而天下莫之敢当。故齐桓、晋文、楚庄、吴阖闾、越勾践，是皆僻陋之国也，威动天下，强殆中国，无它故焉，略信也。是所谓信立而霸也。

[19]《论语·子张》：虽小道，必有可观者焉，致远恐泥，是以君子不为也。

[20]《汉书·艺文志》：战国从衡，真伪分争，诸子之言纷然殽乱。

[21]《尚书·君牙》：君牙，乃惟由先正旧典时式，民之治乱在兹。率乃祖考之攸行，昭乃辟之有义。

[22]《春秋公羊传·哀公十四年》：拨乱世，反诸正，莫近诸《春秋》。

[23]《墨子·天志下》：今天下之诸侯，将犹皆侵凌攻伐兼并，此为杀一不辜人者，数千万矣！

[24]《史记·秦始皇本纪》：丞相李斯曰："五帝不相复，三代不相袭，各以治，非其相反，时变异也。今陛下创大业，建万世之功，固非愚儒所知。且越言乃三代之事，何足法也？异时诸侯并争，厚招游学。今天下已定，法令出一，百姓当家则力农工，士则学习法令辟禁。今诸生不师今而学古，以非当世，惑乱黔首。丞相臣斯昧死言：古者天下散乱，莫之能一，是以诸侯并作，语皆道古以害今，饰虚言以乱实，人善其所私学，以非上之所建立。今皇帝并有天下，别黑白而定一尊。私学而相与非法教，人闻令下，则各以其学议之，入则心非，出则巷议，夸主以为名，异取以为高，率群下以造谤。如此弗禁，则主势降乎上，党与成乎下。禁之便。臣请史官非秦记皆烧之。非博士官所职，

天下敢有藏诗、书、百家语者，悉诣守、尉杂烧之。有敢偶语诗书者弃市。以古非今者族。吏见知不举者与同罪。令下三十日不烧，黥为城旦。所不去者，医药卜筮种树之书。若欲有学法令，以吏为师。"制曰："可。"

秦火之后，夫子之道丧而将绝[1]。齐鲁诸生，勉而维之，强而系之[2]，是以有所存览焉。汉代既兴[3]，有复王制之愿[4]，无求大道之心[5]，延及后世[6]，终归如此。发明[7]经义[8]，董子[9]篡五行[10]入传；注释[11]天地，王弼[12]托老庄[13]谈玄[14]。五经[15]立于学官[16]，古今[17]错乎残卷[18]，是以攻伐不止，然后夫子之学分乎流派，经义之理乱于文本。继以小人勃兴[19]，杂道寝盛[20]，经义愈晦，人心愈昧[21]。又以葱岭以东，佛邪取径[22]，妄自布说，欺于世人[23]。惑于生死之际[24]，恐于祸福之依[25]，故此浮说[26]漫起，浅论竞扬[27]，侵扰夫子之道也。隋唐以来，夫子之学发明甚少，众人依乎传注[28]，诸家归于义疏[29]。韩子[30]敷原道之训[31]，李生[32]有复性之书[33]，然终难明于大道，以至异端俱治[34]，三径齐修；立方便之门，阻如砥[35]之径。故夫子之学又以衰微[36]，难而复起，寂寥至于先生[37]也。

[1]《汉书·儒林传》：及至秦始皇兼天下，燔诗书，杀术士，六学从此缺矣。

[2]《史记·儒林列传》：及高皇帝诛项籍，举兵围鲁，鲁中诸儒尚讲诵习礼乐，弦歌之音不绝，岂非圣人之遗化，好礼乐之国哉？……夫齐鲁之间于文学，自古以来，其天性也。

[3]《史记·儒林列传》：故汉兴，然后诸儒始得修其经艺，讲习大射乡饮之礼。叔孙通作汉礼仪，因为太常，诸生弟子共定者，咸为选首，于是喟然叹兴于学。然尚有干戈，平定四海，亦未暇遑庠序之事也。孝惠、吕后时，公卿皆

武力有功之臣。孝文时颇征用，然孝文帝本好刑名之言。及至孝景，不任儒者，而窦太后又好黄老之术，故诸博士具官待问，未有进者。

[4]《史记·郦生陆贾列传》：陆生时时前说称诗书。高帝骂之曰："乃公居马上而得之，安事诗书？"陆生曰："居马上得之，宁可以马上治之乎？且汤武逆取而以顺守之，文武并用，长久之术也。昔者吴王夫差、智伯极武而亡；秦任刑法不变，卒灭赵氏。乡使秦已并天下，行仁义，法先圣，陛下安得而有之？"高帝不怿而有惭色，乃谓陆生曰："试为我著秦所以失天下，吾所以得之者何，及古成败之国。"

[5]《史记·刘敬叔孙通列传》：群臣饮酒争功，醉或妄呼，拔剑击柱，高帝患之。叔孙通知上益厌之也，说上曰："夫儒者难与进取，可与守成。臣愿征鲁诸生，与臣弟子共起朝仪。"高帝曰："得无难乎？"叔孙通曰："五帝异乐，三王不同礼。礼者，因时世人情为之节文者也。故夏、殷、周之礼所因损益可知者，谓不相复也。臣原颇采古礼与秦仪杂就之。"上曰："可试为之，令易知，度吾所能行为之。"

[6]《尚书·吕刑》：若古有训，蚩尤惟始作乱，延及于平民，罔不寇贼，鸱义，奸宄，夺攘，矫虔。

[7]《后汉书·徐防传》：臣闻诗书礼乐，定自孔子；发明章句，始于子夏。其后诸家分析，各有异说。

[8]《汉书·张禹传》：宣之来也，禹见之于便坐，讲论经义，日晏赐食，不过一肉卮酒相对。

[9]《汉书·董仲舒传》：董仲舒，广川人也。少治《春秋》，孝景时为博士。下帷讲诵，弟子传以久次相授业，或莫见其面。盖三年不窥园，其精如此。进退容止，非礼不行，学士皆师尊之。

[10]《春秋繁露·五行之义》：天有五行：一曰木，二曰火，三曰土，四曰金，五曰水。木，五行之始也；水，五行之终也；土，五行之中也；此其天次之序也。

[11]《隋书·文学传·潘徽》：总会旧辙，创立新意，声别相从，即随注释。

[12]《三国志·钟会传》：弼好论儒道，辞才逸辩，注《易》及《老子》，为尚书郎，年二十余卒。

[13]《汉书·艺文志》：道家者流，盖出于史官，历记成败存亡祸福古今之

道，然后知秉要执本，清虚以自守，卑弱以自持，此君人南面之术也。合于尧之克攘，易之嗛嗛，一谦而四益，此其所长也。及放者为之，则欲绝去礼学，兼弃仁义，曰独任清虚可以为治。

[14]《世说新语·容止》：王夷甫容貌整丽，妙于谈玄。

[15]《白虎通义·五经》：五经何谓？谓《易》、《尚书》、《诗》、《礼》、《春秋》也。

[16]《盐铁论·散不足》：皇帝建学官，亲近忠良，欲以绝怪恶之端。

[17]《汉书·儒林传》：自武帝立五经博士，开弟子员，设科射策，劝以官禄，讫于元始，百有余年，传业者浸盛，支叶蕃滋，一经说至百余万言，大师众至千余人，盖禄利之路然也。初，《书》唯有欧阳，《礼》后，《易》杨，《春秋》公羊而已。至孝宣世，复立《大小夏侯尚书》，《大小戴礼》，《施》、《孟》、《梁丘易》，《谷梁春秋》。至元帝世，复立《京氏易》，平帝时，又立《左氏春秋》、《毛诗》、逸《礼》、古文《尚书》，所以罔罗遗失，兼而存之，是在其中矣。

[18]《汉书·景十三王传》：恭王初好治宫室，坏孔子旧宅以广其宫，闻钟磬琴瑟之声，遂不敢复坏，于其壁中得古文经传。

[19]《后汉书·冯衍传下》：思唐虞之晏晏兮，揖稷契与为朋；苗裔纷其条畅兮，至汤武而勃兴。

[20]《礼记·月令》：杀气寖盛，阳气日衰，·水始涸。

[21]《汉书·艺文志》：唐、虞之隆，殷、周之盛，仲尼之业，已试之效者也。然惑者既失精微，而辟者又随时抑扬，违离道本，苟以哗众取宠。后进循之，是以五经乖析，儒学寖衰，此辟儒之患。

[22]《魏略·西戎传》：昔汉哀帝元寿元年，博士弟子景庐受大月氏王使伊存口授《浮屠经》。《后汉书·楚王英传》：英少时好游侠，交通宾客，晚节更喜黄老，学为浮屠斋戒祭祀。北宋石介《中国论》：闻乃有巨人名曰佛，自西来入我中国；有庞眉曰聃，自胡来，入我中国。各以其人易中国之人，以其道易中国之道，以其俗易中国之俗，以其书易中国之书，以其教易中国之教，以其居庐易中国之居庐，以其礼乐易中国之礼乐，以其文章易中国之文章，以其衣服易中国之衣服，以其饮食易中国之饮食，以其祭祀易中国之祭祀。

[23]《中国论》：虽然中国人犹未肯乐焉而从之也，其佛者乃说曰：天有堂，地有狱，从我游则升天堂矣，否则挤地狱。

[24]《荀子·礼论》：礼者，谨于治生死者也。生，人之始也；死，人之终也，终始俱善，人道毕焉。

[25]《老子》：祸兮福之所倚，福兮祸之所伏。

[26]《韩非子·五蠹》：故破国亡主以听言谈者之浮说，此其故何也？

[27]《朱子语类》卷一百二十六：佛氏乘虚入中国，广大自胜之说，幻妄寂灭之论，自斋戒变为义学。

[28]《文心雕龙·论说》：陈政则与议说合契，释经则与传注参体，辨史则与赞评齐行，诠文则与叙引共纪。

[29]《颜氏家训·勉学》：俗间儒士，不涉群书，经纬之外，义疏而已。

[30]《旧唐书·韩愈传》：韩愈，字退之，昌黎人。父仲卿，无名位。愈生三岁而孤，养于从父兄。愈自以孤子，幼刻苦学儒，不俟奖励。

[31]唐韩愈《原道》：夫所谓先王之教者，何也？博爱之谓仁，行而宜之之谓义。由是而之焉之谓道。足乎己无待于外之谓德。其为道易明，而其为教易行也。是故以之为己，则顺而祥；以之为人，则爱而公；以之为心，则和而平；以之为天下国家，无所处而不当。是故生则得其情，死则尽其常。效焉而天神假，庙焉而人鬼飨。曰：斯道也，何道也？曰：斯吾所谓道也，非向所谓老与佛之道也。尧以是传之舜，舜以是传之禹，禹以是传之汤，汤以是传之文、武、周公，文、武、周公传之孔子，孔子传之孟轲，轲之死，不得其传焉。荀与扬也，择焉而不精，语焉而不详。

[32]《旧唐书·李翱传》：李翱，字习之，凉武昭王之后。父楚金，贝州司法参军。翱幼勤于儒学，博雅好古，为文尚气质。

[33]唐李翱《复性书》：或问曰：人之昏也久矣，将复其性者，必有渐也，敢问其方。曰：弗虑弗思，情则不生，情既不生，乃为正思。正思者，无虑无思也。《易》曰：天下何思何虑。又曰：闲邪存其诚。《诗》曰：思无邪。

[34]《中说·周公》：子曰："安得圆机之士，与之共言九流哉？安得皇极之主，与之共叙九畴哉？"或问佛。子曰："圣人也。"曰："其教何如？"

曰："西方之教也，中国则泥。轩车不可以适越，冠冕不可以之胡，古之道也。"

[35]《诗经·小雅·大东》：周道如砥，其直如矢。君子所履，小人所视。

[36]《史记·周本纪》：王道衰微，穆王闵文武之道缺，乃命伯冏申诫太仆国之政，作《冏命》。周道复宁。

[37]《宋史·道学一》：程颢，字伯淳，世居中山，后从开封徙河南。《宋史》同一卷又载：程颐，字正叔。年十八，上书阙下，欲天子黜世俗之论，以王道为心。游太学，见胡瑗问诸生以颜子所好何学，颐因答曰："学以至圣人之道也。"

　　先生恐夫子之道晦而不明，夫子之学绝而不传[1]，故复明天理之在，归礼乐之本，著作成文，讲论[2]成章。教化尽于四海[3]，言语极于天下，慨然可叹矣。是以天下知其根本，众庶知其情状，社稷知其制度，人伦知其典要，则夫子之学继起，夫子之道又明。次以朱子贯其心[4]，续其统[5]，行其事，成其功；竭虑[6]以述义理[7]，临终[8]而补集注[9]，故可以发挥[10]先生之学，彰显[11]夫子之道。天理人伦，社稷物事，相见分明[12]，遂以为天下定制，敷其于众人也[13]。

[1]《宋史·道学一》：其弟颐序之曰："周公没，圣人之道不行；孟轲死，圣人之学不传。道不行，百世无善治；学不传，千载无真儒。无善治，士犹得以明夫善治之道，以淑诸人，以传诸后；无真儒，则贸贸焉莫知所之，人欲肆而天理灭矣。先生生于千四百年之后，得不传之学于遗经，以兴起斯文为己任，辨异喘，辟邪说，使圣人之道焕然复明于世，盖自孟子之后，一人而已。然学者于道不知所向，则孰知斯人之为功；不知所至，则孰知斯名之称情也哉。"

[2]《西都赋》：讲论乎六艺，稽合乎同异。

[3]《论语·颜渊》：子夏曰："商闻之矣，死生有命，富贵在天。君子敬而

无失，与人恭而有礼，四海之内皆兄弟也！君子何患乎无兄弟也。"

[4]《论语·里仁》：参乎，吾道一以贯之。

[5]《汉书·昭帝纪》：昔周成以孺子继统，而有管、蔡四国流言之变。

[6] 宋张淏《云谷杂记·前辈读书》：（司马温公）自云："少好其书，研精竭虑，历年已多，始敢为注。"

[7]《二程遗书》卷十八：或读书讲明义理；或记古今人物，别其是非；或应事即物而处其当，皆穷理也。

[8] 宋朱熹《中庸章句序》：熹自早岁即尝受读而窃疑之，沈潜反复，盖亦有年，一旦恍然似有以得其要领者，然后乃敢会众说而折其中，既为定著章句一篇，以俟后之君子。而一二同志复取石氏书，删其繁乱，名以辑略，且记所尝论辩取舍之意，别为或问，以附其后。然后此书之旨，支分节解、脉络贯通、详略相因、巨细毕举，而凡诸说之同异得失，亦得以曲畅旁通，而各极其趣。虽于道统之传，不敢妄议，然初学之士，或有取焉，则亦庶乎行远升高之一助云尔。

[9]《元史·杨恭懿传》：后得朱熹集注《四书》，叹曰："人伦日用之常，天道性命之妙，皆萃此书矣。"

[10]《周易·乾卦》：六爻发挥，旁通情也。时乘六龙，以御天也，云行雨施，天下平也。

[11]《逸周书·克殷解》：尹逸策曰："殷末孙受德，迷先成汤之明，侮灭神祇不祀，昏暴商邑百姓，其章显闻于昊天上帝。"

[12]《春秋繁露·保位权》：黑白分明，然后民知所去就；民知所去就，然后可以致治。

[13]《元史·选举志》：第一场经问五条，《大学》、《论语》、《孟子》、《中庸》内设问，用朱氏章句集注。其义理精明，文辞典雅者为中选。第二场策一道，以时务出题，限五百字以上。汉人、南人，第一场明经经疑二问，《大学》、《论语》、《孟子》、《中庸》内出题，并用朱氏章句集注，复以己意结之，限三百字以上；经义一道，各治一经，《诗》以朱氏为主，《尚书》以蔡氏为主，《周易》以程氏、朱氏为主，已上三经，兼用古注疏，《春秋》许用三传及胡氏传，《礼记》用古注疏，限五百字以上，不拘格律。

　　然近三代以来，夫子之学少前贤与之尽心[1]，无后人与之竭力[2]。众人蒙昧[3]，皆以其一心为夫子之心，以其一端为夫子之端也。即有旁枝[4]析流[5]，亦隐晦于夫子之道，终难有所成也。狂乱不知其源，纷扰[6]不明其终，又以训诂[7]为治学之本，考据[8]为明道之途，拘泥于字句[9]，限缩于行文，以至于今日，复遭焚书之祸。夫子之道，湮灭[10]不祀[11]，几近崩绝。虽有宵小[12]言谈于当下，发明于众人，不及经义之理、礼乐之本，多入杂道之言，止取笑于人尔。

[1]《尚书·康诰》：往尽乃心，无康好逸豫，乃其乂民。

[2]《礼记·燕义》：臣下竭力尽能以立功于国，君必报之以爵禄，故臣下皆务竭力尽能以立功，是以国安而君宁。

[3] 元刘壎《隐居通议·理学一》：儿童初学，蒙昧未开，故瞢然无知。

[4]《宋史·儒林四》：陆九渊，字子静。生三四岁，问其父天地何所穷际，父笑而不答。遂深思，至忘寝食。及总角，举止异凡儿，见者敬之。谓人曰：“闻人诵伊川语，自觉若伤我者。”又曰：“伊川之言，奚为与孔子、孟子之言不类？近见其间多有不是处。”初读《论语》，即疑有子之言支离。他日读古书，至宇宙二字，解者曰四方上下曰宇，往古来今曰宙，忽大省曰：“宇宙内事乃己分内事，己分内事乃宇宙内事。”又尝曰：“东海有圣人出焉，此心同也，此理同也。至西海、南海、北海有圣人出，亦莫不然。千百世之上有圣人出焉，此心同也，此理同也。至于千百世之下有圣人出，此心此理，亦无不同也。”

[5]《明史·王守仁传》：守仁天姿异敏。年十七谒上饶娄谅，与论朱子格物大旨。还家，日端坐，讲读五经，不苟言笑。游九华归，筑室阳明洞中。泛滥二氏学，数年无所得。谪龙场，穷荒无书，日绎旧闻。忽悟格物致知，当自求诸心，不当求诸事物，喟然曰：道在是矣。遂笃信不疑。其为教，专以致良知为主。谓宋周、程二子后，惟象山陆氏简易直捷，有以接孟氏之传。而朱子《集注》《或问》之类，乃中年未定之

说。学者翕然从之，世遂有"阳明学"云。

[6]《三国志·袁术传》：今世事纷扰，复有瓦解之势矣，诚英乂有为之时也。

[7]《汉书·扬雄传上》：雄少而好学，不为章句，训诂通而已，博览无所不见。

[8] 宋王安石《答韶州张殿丞书》：盖其所传，皆可考据。

[9]《文心雕龙·声律》：是以声画妍蚩，寄在吟咏，滋味流于字句，风力穷于和韵。

[10]《史记·游侠列传》：自秦以前，匹夫之侠，湮灭不见，余甚恨之。

[11]《史记·周本纪》：于是有刑不祭，伐不祀，征不享，让不贡，告不王。

[12] 明孙兆祥《禾已黄歌》：螗兮螗兮禾已黄，恩斯勤斯匪尔粮，何不往啮彼宵小之肝肠。

予少时白屋[1]寒门[2]，家徒四壁[3]。未有聪颖[4]之姿，亦无交游之艺，可谓愚钝[5]暗昧[6]之人。处于穷乡僻壤，跻于败井陋巷。无相长之友，亦无促谈[7]之士，可谓浅识寡闻[8]之人。初不知夫子之道，亦不识夫子之学。次观夫子之书，抚字开悟；从夫子之为，交心领会[9]。既明夫子之旨，又广诸子之说。于是知天地之义理，人物之性情[10]；夫子之绝圣，诸子之舛错。至于佛老之说，清谈之论，殊不可取，遂持守于正道[11]，攻伐于异端[12]也。及览先生之文，豁然[13]明达，洞然清晰，可与夫子相为参互[14]。先生之发明，精矣尽矣。然观先生之书，惑于其文之纷错，眩于其章之杂乱。至于众人，读之可明天理人伦，行之难以登堂入室[15]；非从学之捷径[16]，亦非修行[17]之大道也。

[1]《汉书·王莽传上》：开门延士，下及白屋。娄省朝政，综管众治，亲见牧守以下，考迹雅素，审知白黑。

[2]《楚辞·远游》：舒并节以驰骛兮，逴绝垠乎寒门。

[3]《史记·司马相如列传》：文君夜亡奔相如，相如乃与驰归成都。家居徒四壁立。

[4]《北齐书·文苑传》：之推聪颖机悟，博识有才辩。

[5]《后汉书·皇甫规传》：自臣受任，志竭愚钝，实赖兖州刺史牵颢之清猛，中郎将宗资之信义，得承节度，幸无咎誉。

[6]《国语·郑语》：今王弃高明昭显，而好谗慝暗昧；恶角犀丰盈，而近顽童穷固。

[7]《抱朴子·疾谬》：促膝之狭坐，交杯觞于咫尺。

[8]《礼记·学记》：独学而无友，则孤陋而寡闻。

[9]《宋书·谢弘微传》：（谢混）谓瞻等曰："汝诸人虽才义丰辩，未必皆惬众心，至于领会机赏，言约理要，故当与我共推微子。"

[10]《周易正义·乾卦》：性者，天生之质，正而不邪；情者，性之欲也。

[11]《礼记·燕义》：上必明正道以道民，民道之而有功。

[12]《论语·为政》：攻乎异端，斯害也已。

[13]宋苏洵《上欧阳内翰第一书》：及其久也，读之益精，而其胸中豁然以明，若人之言固当然者，然犹未敢自出其言也。

[14]《传习录·上序》：爱始闻而骇，既而疑，已而殚精竭思，参互错综，以质于先生。

[15]《论语·先进》：门人不敬子路，子曰："由也升堂矣，未入于室也。"

[16]汉班昭《东征赋》：遵通衢之大道兮，求捷径欲从谁？

[17]《颜氏家训·风操》：又有臧逢世，臧严之子也，笃学修行，不坠门风。

　　天下之道，既已明矣；先生之书，又以存矣。纵朱子之精研[1]，亦无条贯[2]之文章。先生已去，未及完善之文；小子[3]犹在，稍补疏漏之章。小子悖乱，方有此心；小子猖狂，敢有此言。天地之理，经义既明，作之无益，述而有功。殷质周文[4]，圣作贤从[5]，夫子有语，述而不作也[6]。是以依夫子之训，践夫子之行，乃有此篇。讥笑[7]于经纶之士[8]，浅薄[9]于大方之家[10]。若有补于天下之道，夫子之心，先生之志，则小子亦惭而有之，愧而当之。然后天地之理，夫子之学，先生之说，于此将为盛矣[11]。

[1]《后汉书·儒林传下·何休》：休为人质朴讷口，而雅有心思，精研六经，世儒无及者。

[2]《史记·屈原贾生列传》：明道德之广崇，治乱之条贯，靡不毕见。

[3]《论语·公冶长》：吾党之小子狂简，斐然成章，不知所以裁之。

[4]《史记·高祖本纪》：夏之政忠。忠之敝，小人以野，故殷人承之以敬。敬之敝，小人以鬼，故周人承之以文。文之敝，小人以僿，故救僿莫若以忠。

[5]《礼记·乐记》：作者之谓圣，述者之谓明。明圣者，述作之谓也。

[6]《论语·述而》：述而不作，信而好古，窃比于我老彭。

[7]《后汉纪·光武帝纪第五》：世俗之宾方抵掌而击之，以为讥笑，岂不哀哉。

[8]《中庸》第三十二章：唯天下至诚，方能经纶天下之大经，立天下之大本，知天地之化育。

[9]《荀子·非相》：知行浅薄，曲直有以相县矣。

[10]《庄子·秋水》：今我睹子之难穷也，吾非至于子之门则殆矣，吾长见笑于大方之家。

[11]《论语·泰伯》：才难，不其然乎？唐虞之际，于斯为盛。

理学衍义补正明粹

探其始者，当知其终；明其流者，必溯其源。有物于此，有理于是，动而出天地，静以成众庶。阴阳蕴纳于天地，则动静不止；万物流化于阴阳，则众庶不息。天地群类有分，周于其内而均在；万物众人有别，处乎其间则不妨。万物无知无识，是以随从天地；众人有心有志，则可循依理数。观天地阴阳之变，然后识众人存亡之义。天地有阴阳，万物有性命；天地有理数，众人有仁义。知所以生者，亦明所以死者；知所以为者，又明所以成者。是以循天地之理数，则可修自身之行为，成尔我之性命。始出于天地，终归乎万物，故众庶既以相别矣，天人又可为一矣。

理学衍义补正（上）

第 一 卷

天地第一

稽古[1]深昧，依稀不辨[2]；绍今[3]浅晰，沉约难识。逾时者长存，弥久者永在。寥廓[4]广大[5]，溯源未知其始；幽寂玄微[6]，逐流难知其终。观天地之初，历数渺远；察天地之端，形状隐晦。天地未形，已明历数不绝；天地分判，方知形状所出。天既高矣，万物居之其中；地以厚矣，众庶[7]行之其上。天地长之以存[8]，万物久之以在。众庶既在，难出天地之外；万物将殁，不入虚空[9]之内。是以天地者，万物之所始，亦众庶之所终也。

[1]《尚书·尧典》：曰若稽古：帝尧曰放勋，钦明文思安安，允恭克让，光被四表，格于上下。

[2]《庄子·秋水》：秋水时至，百川灌河，泾流之大；两涘渚崖之间，不辩牛马。

[3]《尚书·盘庚》：若颠木之有由蘖，天其永我命于兹新邑，绍复先王之大业，厎绥四方。

[4]《楚辞·远游》：下峥嵘而无地兮，上寥廓而无天。

[5]《中庸》第二十六卷：今夫山，一卷石之多，及其广大，草木生之，禽兽居之，宝藏兴焉。

[6]《后汉纪·明帝纪下》：世俗之人以为虚诞，然归于玄微深远，难得

而测。

[7]《韩非子·问田》：立法术，设度数，所以利民萌便众庶之道也。

[8]《文心雕龙·史传》：使一代之制，共日月而长存。

[9]《晋书·天文志上》：日月众星，自然浮生虚空之中，其行其止，皆须气焉。

天地者，生物以出之，兴物以长之，积物以成之，败物以归之[1]。故悬日月以明[2]，列星辰以行[3]，施风雨以长，降霜雪以藏；又举山川以殖[4]，贮湖海以润，滋草木以茂[5]，养禽兽以众[6]。存之则有其亡[7]，兴之则有其衰，非长生[8]而不死，非成物[9]而不败。日月有岁差[10]之纪，星辰有陨落之年；飞走[11]有生死之限，草木有枯荣之时。死而复生，则知往来之数；败而复成，则明迁移[12]之机。是以万物生死不绝，众庶往来[13]不止也。

[1]《史记·太史公自序》：夫春生夏长，秋收冬藏，此天道之大经也。弗顺则无以为天下纲纪，故曰"四时之大顺，不可失也"。

[2]《周易·系辞上》：县象著明莫大乎日月，崇高莫大乎富贵。

[3]《尚书·尧典》：乃命羲和，钦若昊天，历象日月星辰，敬授民时。

[4]《汉书·王莽传中》：平治水土，掌名山川，众殖鸟兽，蕃茂草木。

[5]《周易·坤卦·文言》：天地变化，草木蕃；天地闭，贤人隐。

[6]《孟子·滕文公上》：草木畅茂，禽兽繁殖，五谷不登，禽兽逼人。

[7]《周易·乾卦·文言》：知进退存亡而不失其正者，其唯圣人乎。

[8]《老子》：天地所以能长且久者，以其不自生，故能长生。

[9]《史记·乐书》：穷高极远而测深厚，乐著大始而礼居成物。

[10]《隋书·艺术传》：宋祖冲之于岁周之末，创设差分，冬至渐移，不循旧轨。每四十六年，却差一度。

[11]《后汉书·法雄传》：古者至化之世，猛兽不扰，皆由恩信宽泽，仁及飞走。

[12]《史记·太史公自序》：与时迁移，应物变化，立俗施事，无所不宜。

[13]《周易·咸卦》：憧憧往来，朋从尔思。

　　天地者，类物以聚之，分物以处之，方物以从之，辨物以化之[1]。飞鸟有羽[2]，翔于其上；游鱼有鳞[3]，潜于其下；走兽有毛[4]，穷于漠北；伏介有甲[5]，窜于岭南；众人有知[6]，处于中央。陈之则有其列，处之则有其位，非杂乱而纷扰，非烦渎而混淆。山高海深，类处其物；江狭湖广，纷聚其中。草木藤蔓，群相依附；蔬卉禾稼，遍以兴盛。方以类聚，则知相资[7]以生；物以群分，则明互依以成。是以万物并生而不害[8]，众庶相长而不妨也。

[1]《周易·系辞上》：天尊地卑，乾坤定矣。卑高以陈，贵贱位矣。动静有常，刚柔断矣。方以类聚，物以群分，吉凶生矣。

[2]《孔子家语·执辔》：羽虫三百有六十，而凤为之长。

[3]《周礼·考工记》：天下之大兽五：脂者、膏者、蠃者、羽者、鳞者。

[4]《左传·僖公十四年》：皮之不存，毛将安傅？

[5]《大戴礼记·易本命》：有羽之虫三百六十，而凤皇为之长；有毛之虫三百六十，而麒麟为之长；有甲之虫三百六十，而神龟为之长；有鳞之虫三百六十，而蛟龙为之长；有倮之虫三百六十，而圣人为之长，此乾坤之美类，禽兽万物之数也。

[6]《礼记·三年问》：凡生天地之间者，有血气之属，必有知，有知之属，莫不知爱其类。

[7]《文心雕龙·乐府》：和乐精妙，固表里而相资矣。

[8]《中庸》第三十章：万物并育而不相害，道并行而不相悖。小德川流，大德敦化。此天地之所以为大也。

　　万物者，惟天生之，惟地成之[1]。天地生物而不有[2]，成物而不获[3]。未有一心之偏，不存一私之念。天地长物而不取，蓄物而不弃；未添毫发之赞，不加纤微[4]之助[5]。天地流化[6]，皆归自然[7]；运转变迁，不出当位[8]。万物茂盛，众庶蕃殖，是以见天地之心[9]，天地之情[10]也。天既峻[11]矣，不以敬[12]乎？地既广矣，不以畏[13]乎？道既明矣，不以恭[14]乎？心既知矣，不以诚[15]乎？事既行矣，不以慎[16]乎？功既成矣，不以休[17]乎？

[1]《周易·序卦传》：有天地，然后万物生焉。盈天地之间者唯万物。

[2]《老子》：生而不有，为而不恃，长而不宰，是谓玄德。

[3]《文子·道原》：天常之道，生物而不有，成化而不宰。

[4]《韩诗外传》卷九：患生于忿怒，祸起于纤微。

[5]《孟子·公孙丑上》：宋人有闵其苗之不长而揠之者，芒芒然归，谓其人曰：今日病矣，予助苗长矣。其子趋而往视之，苗则槁矣。天下之不助苗长者寡矣。以为无益而舍之者，不耘苗者也。助之长者，揠苗者也。非徒无益，而又害之。

[6]《战国策·序》：周之流化，岂不大哉。

[7]《后汉书·李固传》：夫穷高则危，大满则溢，月盈则缺，日中则移。凡此四者，自然之数也。

[8]《论语·泰伯》：子曰："不在其位，不谋其政。"曾子曰："君子思不出其位。"

[9]《周易·复卦》：反复其道，七日来复，天行也。利有攸往，刚长也。复，其见天地之心乎。

[10]《周易·大壮卦》：大壮利贞，大者正也。正大而天地之情可见矣。

[11]《楚辞·涉江》：山峻高以蔽日兮，下幽晦以多雨。霰雪纷其无垠兮，云霏霏而承宇。

[12]《左传·僖公三十三年》：与之归，言诸文公曰：敬，德之聚也。能敬必有德，德以治民，君请用之。臣闻之，出门如宾，承事如祭，仁之则也。

[13]《孟子·梁惠王下》：以大事小者，乐天者也；以小事大者，畏天者也。

[14]《论语·颜渊》：君子敬而无失，与人恭而有礼，四海之内皆兄弟也。

[15]《中庸》第二十一章：自诚明谓之性。自明诚谓之教。诚则明矣，明则诚矣。

[16]《国语·周语》：夫正，德之道也；端，德之信也；成，德之终也；慎，德之守也。守终纯固，道正事信，明令德矣。慎成端正，德之相也。为晋休戚，不背本也。

[17]《周易·大有卦》：火在天上，大有；君子以遏恶扬善，顺天休命。

内外第二

天长地久，不明其数；天高地厚[1]，难知其极[2]。上下左右，包括宇宙[3]之内；往来古今，不出岁纪[4]之外。天地者，万物之所载，众庶之所化也。广而无限，故可涵盖[5]万物；大而无边，则可蕴纳众庶。旷荡穷于不可至之涯[6]，纤微竭于不可分之际，故上尽于天，下极于地。天之所以为天，以其峻而深矣；地之所以为地，以其厚而沉矣。然峻深犹不足以言其广，厚沉又不足以言其大。是以惟天可称乎其天也，惟地可称乎其地也。

[1]《诗经·小雅·正月》：谓天盖高，不敢不局；谓地盖厚，不敢不蹐。

[2]《荀子·儒效》：故积土而为山，积水而为海，旦暮积谓之岁，至高谓之天，至下谓之地，宇中六指谓之极，涂之人百姓，积善而全尽谓之圣人。

[3]《淮南子·原道训注》：四方上下曰宇，古往今来曰宙，以喻天地。

[4]《文心雕龙·史传》：开辟草昧，岁纪绵邈，居今识古，其载籍乎？

[5]清戴名世《四书朱子大全·序》：夫其可采之论，至当之言，原不能出乎朱子涵盖之内。

[6]《庄子·养生主》：吾生也有涯，而知也无涯。

天地可观[1]，则知其物；众庶难见，则昧其理。或言可观之内为天地，不可见之外为幽昧[2]。可观者，万物显而可见；不可见者，众庶隐而难知。日月星辰，山川湖海，人皆可观；纤介[3]毫发，锱铢谷粟，人均可识。日月山川之外为幽暗，纤介锱铢之内为靡玄，人既不可见，亦不可识。然幽暗难见者，未失广大；靡玄不识者，犹为精微[4]，均在天地之间也。精微之内，多有一方天地；幽靡之外，不弃半寸风物[5]。是以天地未有小大之辨[6]，不存内外之分[7]也。

[1]《周易·序卦》：物大然后可观，故受之以观。
[2]《楚辞·离骚》：惟夫党人之偷乐兮，路幽昧以险隘。
[3]《战国策·齐策四》：孟尝君为相数十年，无纤介之祸者，冯谖之计也。
[4]《汉书·艺文志》：然惑者既失精微，而辟者又随时抑扬，违离道本，苟以哗众取宠。
[5] 晋陶渊明《游斜川诗序》：天气澄和，风物闲美。
[6]《庄子·逍遥游》：斥鷃笑之曰："彼且奚适也？我腾跃而上，不过数仞而下，翱翔蓬蒿之间，此亦飞之至也，而彼且奚适也？"此小大之辩也。
[7]《庄子·逍遥游》：且举世而誉之而不加劝，举世而非之而不加沮，定乎内外之分，辩乎荣辱之境，斯已矣。

天地有形，则知天地之别；天地有分，则明天地之状。然知天地者，既知其形有分，又明其状无别。天地之物有大有小，天地之理无内无外。言天地者，统称于天，括谓之地也。天地有判，故能昭彰[1]大小；天地无别，故能悠久[2]万物。穷天地之内者可达其外，周天地之外者可至其内。极广大矣，尽精微矣[3]，然后知天地之内外，形制之大小，蕴藏之薄厚。寄于天地之内，故可览乎天地之物；游于天地之间，故可观乎天地之妙；达于天地之外，故可参乎天地之玄。

[1]《汉书·王莽传上》：昭章先帝之元功，明著祖宗之令德。

[2]《中庸》：博厚配地，高明配天，悠久无疆。

[3]《中庸》：故君子尊德性而道问学，致广大而尽精微，极高明而道中庸。

阴阳第三

天地形状[1]，一分为二[2]；万物来去，皆归于一[3]。日月星辰，列于天文之下；山川草木，铺于地理之上。日出月落，知昼夜之交替；火燥水潦[4]，明渊泽[5]之进退。山峻谷低，南茂盛者北依稀；表近景远[6]，夏炎热[7]者冬冰寒。有天地者，则有阴阳[8]；有阴阳者，方成天地。天地有阴阳之体，故成阴阳之用[9]；天地有阴阳之变[10]，故具阴阳之象[11]。广大者易知，幽微者难见，是以阴阳不可观而见之，天地之状犹能察而知之也。

[1]《中庸》第二十三章：其次致曲，曲能有诚，诚则形，形则著，著则明，明则动，动则变，变则化。唯天下至诚为能化。

[2] 宋邵雍《观物外篇》：太极既分，两仪立矣。阳下交于阴，阴上交于阳，四象生矣。……是故一分为二，二分为四。

[3]《尹文子·大道上》：万事皆归于一，百度皆准于法。归一者，简之至；准法者，易之极。

[4]《周易·乾卦》：同声相应，同气相求；水流湿，火就燥，云从龙，风从虎。

[5]《晏子春秋·问下十五》：臣闻君子如美渊泽，容之，众人归之，如鱼有依，极其游泳之乐。

[6]《宋史·律历志九》：观天地阴阳之体，以正位辨方、定时考闰，莫近乎

圭表。

[7]《怨歌行》：常恐秋节至，凉飙夺炎热。

[8]《周易·系辞上》：一阴一阳之谓道。继之者善也，成之者性也。

[9]《周易·系辞上》：仁者见之谓之仁，知者见之谓之知，百姓日用而不知，故君子之道鲜矣。

[10]《吕氏春秋·察今》：故审堂下之阴，而知日月之行，阴阳之变。

[11]《周易·系辞上》：圣人设卦观象，系辞焉而明吉凶，刚柔相推而生变化。

观天察地，则识阴阳之象；循物[1]体类，则知阴阳之义[2]。流动不止[3]者谓之阳，玄寂不变者谓之阴。阳之于物，蓬然[4]而遽动；阴之于类，悠然[5]而澹静[6]。惟不动者可以有动，惟不变者可以成变也。无阴之阳，则万物不以变动[7]；无阳之阴，则众庶难以寂静。天地有分，阴阳无别；阴阳为二，天地成一，然后阴阳交互[8]为之体[9]，相与[10]为之用[11]。阴阳协力，故成流动不止之形；阴阳相洽[12]，方有玄寂不变之状。是以观天地衍化[13]之态，则知阴阳参互之义也。

[1] 宋程端蒙《性理字训》：循物无违，四端百行，必以其实，人之道也，是之谓信。

[2]《周易·系辞上》：广大配天地，变通配四时，阴阳之义配日月，易简之善配至德。

[3]《七发》：江水逆流，海水上潮；山出内云，日夜不止。

[4]《诗经·小雅·采菽》：维柞之枝，其叶蓬蓬。乐只君子，殿天子之邦。

[5] 晋陶渊明《饮酒》：采菊东篱下，悠然见南山。

[6] 汉贾谊《鹏鸟赋》：澹乎若深渊之静，泛乎若不系之舟。

[7]《国语·晋语一》：上贰代举，下贰代履，周旋变动，以役心目。

[8]《京氏易传·震卦》：震分阴阳，交互用事。

[9]《周易·系辞上》：显诸仁，藏诸用，鼓万物而不与圣人同忧。

[10]《周易·咸卦》：柔上而刚下，二气感应以相与。

[11]《周易·系辞下》：阴阳合德，而刚柔有体，以体天地之撰，以通神明之德。

[12]《礼记·仲尼燕居》：凡众之动失其宜，如此则无以祖洽四海。

[13]《尚书大传》：至今衍于四海，成禹之变，垂于万世之后。

　　阴阳之体，充斥天地；阴阳之象，周纳万物。天峻而深，知阳之表征；地厚而沉，明阴之形状。日夜晨昏，阳明而阴晦；山川陵谷[1]，阳见而阴蔽。是以阳之象者易见，阴之状者难明。知阳者不知阴，则不明万物之表里[2]；知阴者不知阳，则不识万物之内外[3]。然物无当阳，类无必阴，是以阳无阴者无以成物[4]，阴无阳者难以定形[5]。天高地低[6]，非天阳地阴；天轻地沉[7]，亦非天阴地阳。既知阴阳之义，不可拘于阴阳之象。故观天地之象，识阴阳之体者，不可以不慎而察之矣。

[1]《诗经·小雅·十月之交》：高岸为谷，深谷为陵。

[2]《左传·僖公二十八年》：战也。战而捷，必得诸侯。若其不捷，表里山河，必无害也。

[3]《国语·楚语上》：夫美也者，上下、内外、小大、远近皆无害焉，故曰美。

[4]《中庸》：诚者，非自成己而已也，所以成物也。成己，仁也；成物，知也。性之德也，合外内之道也。

[5] 三国陈琳《武库赋》：炼质于昆吾之灶，定形于薛烛之炉。

[6]《礼记·乐记》：天高地下，万物散殊，而礼制行矣。

[7]《淮南子·天文训》：道始于虚廓，虚廓生宇宙，宇宙生气，气有涯垠，清阳者薄靡而为天，重浊者凝滞而为地，清妙之合专易，重浊之凝竭难，故天先成而地后定。

盈虚第四

　　天地流转，未知有定；万物变迁，无以止息[1]。不识天地之数，犹知万物之逝；不明天地之限，亦知众庶之来。初成终败，既见形状之变；朝生暮死[2]，可知光阴[3]之迁。积薪有速烬[4]之势，凝冰有缓释[5]之兆。天地推移之枢[6]者，阴阳也；万物变化之状者，盈虚[7]也。阴阳相继，天地有迁移之象；阴阳互替，万物有盈虚之数。无天地之变，则难以见阴阳；无阴阳之化，则难以成盈虚。阴阳变动不竭，则万物盈虚不止，是以观天地之变化，则知众庶之盈虚也。

[1]《楚辞·离骚》：步余马于兰皋兮，驰椒丘且焉止息。

[2]《淮南子》：鹤寿千岁，以极其游，蜉蝣朝生而暮死，而尽其乐，盖其旦暮为期，远不过三日尔。

[3]唐李白《春夜宴从弟桃李园序》：夫天地者，万物之逆旅也；光阴者，百代之过客也。

[4]《北史·吕思礼传》：昼理政事，夜即读书，令苍头执烛，烛烬夜有数升。

[5]《老子》：豫兮若冬涉川，犹兮若畏四邻，俨兮其若客，涣兮若冰之将释。

[6]《庄子·齐物论》：彼是莫得其偶，谓之道枢。

[7]《庄子·秋水》：知时无止，察乎盈虚，故得而不喜，失而不忧，知分之无常也。

　　天地往来，众庶随之迁移；阴阳变化，万物即以盈虚。沧海[1]有涔池[2]之小，泰山有丘陵[3]之低；江湖[4]有积潦[5]之日，薮泽[6]

有久涸之时。故盈虚者，可见于改迁之状，又明于变化之机[7]。是以观而见之，识而明之，然后知盈虚不定，历数有常。观之杯盏，注水则盈，取水则虚[8]；视之斗升，臬谷则虚，籴谷则盈[9]。故万物盈则虚之，虚则盈之。不有盈者，何以虚者；不有虚者，何以盈者？是以盈虚极于广大，入于纤微也；万物笼纳天地之间，遍及盈虚之内也。

[1]《春秋繁露·观德》：故受命而海内顺之，犹众星之共北辰，流之宗沧海也。

[2]《淮南子·俶真训》：牛蹄之涔，无尺之鲤；块阜之山，无丈之材。

[3] 西汉晁错《言兵事疏》：土山丘陵，曼衍相属，平原广野，此车骑之地。

[4]《庄子·大宗师》：泉涸，鱼相与处于陆，相呴以湿，相濡以沫，不如相忘于江湖。

[5]《宋史·五行志一》：六月，京师大雨，漂坏庐舍，民有压死者；积潦浸道路，自朱雀门东抵宣化门尤甚。

[6]《礼记·月令》：山林薮泽，有能取蔬食、田猎禽兽者，野虞教导之。

[7]《庄子·至乐》：万物皆出于机，皆入于机。

[8]《荀子·宥坐》：孔子顾谓弟子曰："注水焉。"弟子挹水而注之。中而正，满而覆，虚而欹。

[9]《商君书·垦令》：使商无得籴，农无得粜。农无得粜，则窳惰之农勉疾。商不得籴，则多岁不加乐。

天地若钧[1]，环而不止；盈虚若渊[2]，泄而不竭[3]。天地以无穷之际，盈虚以有终之时。物候[4]凉热，知岁纪春秋之序；山陵崩摧，见溪川升降[5]之次。是以既知盈虚之义，又明消息[6]之数也。山高而浓云渐起，雨落则积云骤散[7]。不有蜉蝣[8]一朝之憾，亦无蓍龟[9]千年之叹[10]。珠玉[11]长而久销，乔木[12]永而终朽。天地不以添纤介之为是，有以减分厘之为非。是以盈虚观而识之，持而待之，然后知天地之变，阴阳之化[13]也。

[1]《墨子·非命上》：必立仪，言而毋仪，譬犹运钧之上，而立朝夕者也。

[2]《诗经·小雅·鹤鸣》：鹤鸣于九皋，声闻于野。鱼潜在渊，或在于渚。

[3]《中庸》：今夫地一撮土之多，及其广厚，载华岳而不重，振河海而不泄，万物载焉。

[4] 梁简文帝萧纲《晚春赋》：嗟时序之回斡，叹物候之推移。

[5]《尚书·毕命》：既历三纪，世变风移，四方无虞，予一人以宁，道有升降，政由俗革，不臧厥臧，民罔攸劝。

[6]《周易·丰卦》：日中则昃，月盈则食，天地盈虚，与时消息，而况于人乎？况于鬼神乎？

[7]《老子》：飘风不终朝，骤雨不终日。

[8]《诗经·曹风·蜉蝣》：蜉蝣之羽，衣裳楚楚。心之忧矣，于我归处。

[9]《史记·龟策列传》：王者决定诸疑，参以卜筮，断以蓍龟，不易之道也。

[10] 汉曹操《龟虽寿》：神龟虽寿，犹有竟时。腾蛇乘雾，终为土灰。

[11]《荀子·天论》：珠玉不睹乎外，则王公不以为宝；礼义不加于国家，则功名不白。

[12]《诗经·汉广》：南有乔木，不可休思。汉有游女，不可求思。

[13]《荀子·礼论》：天地合而万物生，阴阳接而变化起，性伪合而天下治。

均衡第五

天地分形，万物以生；天地流化，众庶以成。阴阳为之变动，时序[1]随之推移。山陵有崩决之日，川泽[2]有断流之期。万物未有动而不静者，亦未有静而不动者；未有止而不变者，亦未有变而不止者。是以天地有其限数，日月有其纪年[3]；草木有其荣枯，人物有其生死。往来生死，循自然之势[4]；推移变化，随应当之机。时来则万物皆应，势去则众庶均从。是以故天地之于万物，阴阳之于众庶，无私[5]无亲[6]，无偏无倚[7]，皆出于一理[8]也。

[1]《史记·苏秦列传》：吾故列其行事，次其时序，毋令独蒙恶声焉。

[2]《诗经·大雅·韩奕》：孔乐韩土，川泽讦讦，鲂鱮甫甫，麀鹿噳噳，有熊有罴，有猫有虎。

[3]《左传·襄公三十年》：臣小人也，不知纪年。臣生之岁，正月甲子朔，四百有四十五甲子矣，其季于今三之一也。

[4]《韩非子·难势》：夫势者，名一而变无数者也。势必于自然，则无为言于势矣。

[5]《申子》：天道无私，是以恒正；天常正，是以清明。

[6]《左传·僖公五年》：臣闻之，鬼神非人实亲，惟德是依。故《周书》曰皇天无亲，惟德是辅。又曰黍稷非馨，明德惟馨。

[7]《尚书·洪范》：无偏无党，王道荡荡；无党无偏，王道平平；无反无侧，王道正直；会其有极，归其有极。

[8]《二程遗书》卷第十八：天下物皆可以理照，有物必有则，一物须有一理。

天地之化，均衡于物；众庶之成，准依于理。刻漏[1]可知昼夜，圭表复识年岁[2]。锱铢既称谷粟，钧石[3]可权敖仓[4]。渊池积于溪流，深谷填于尘埃。羔羊伏于虎口，吞鲸[5]亡于蝼蚁[6]。是以循天地之道，万物各有变动；承阴阳之化，众庶自有盈虚。同类者相长，异类者交攻；远利者互助，近害者相伤。藤蔓绕依附之木，菟丝[7]覆铺陈之丛。杜鹃[8]生占巢[9]之事，黄鹂[10]有求友[11]之声。天地以均衡之故，不私于万物，不亲于众庶，故能容其众，广其类，纷其枝，衍其叶，以此为繁盛[12]也。

[1]《汉纪·哀帝纪上》：刻漏以一百二十为度。

[2]《楚辞·离骚》：汩余若将不及兮，恐年岁之不吾与。

[3]《礼记·月令》：日夜分，则同度量，平权衡，正钧石，角斗甬。

[4]《后汉书》李贤等注：《左传》宣十二年"晋师在敖、鄗之间"。秦立为
　　敖仓。

[5]《古今注》：鲸鱼者，海鱼也。大者长千里，小者数十丈。其雌曰鲵，大
　　者亦长千里，眼如明月珠。

[6]《韩非子·喻老》：千丈之堤，以蝼蚁之穴溃；百尺之室，以突隙之
　　烟焚。

[7]《古诗十九首·冉冉孤生竹》：冉冉孤生竹，结根泰山阿。与君为新婚，
　　菟丝附女萝。

[8]南朝宋鲍照《拟行路难》：中有一鸟名杜鹃，言是古时蜀帝魂。其声哀
　　苦鸣不息，羽毛憔悴似人髡。

[9]《国风·召南·鹊巢》：维鹊有巢，维鸠居之；之子于归，百两御之。

[10]唐王维《积雨辋川庄作》：漠漠水田飞白鹭，阴阴夏木啭黄鹂。

[11]《诗经·小雅·伐木》：伐木丁丁，鸟鸣嘤嘤。出自幽谷，迁于乔木。
　　嘤其鸣矣，求其友声。

[12]汉王充《论衡·宣汉》：彼凤凰虽五六至，或时一鸟而数来，或时异鸟
　　而各至，麒麟、神雀、黄龙、鸾鸟、甘露、醴泉，祭后土天地之时，
　　神光灵耀，可谓繁盛累积矣。

　　天地以阴阳之行，施均衡之状，故观其象可知也，察其理可明
也。可适于此者，亦至于彼；既切于近者，又契以远；殊成于小
者，方化于大。是以知天地之至公[1]，流化之大正[2]也。既往者不
复生[3]，应来者将以死；临深者必以浅，成大者必从小。故一事不
成，则其余[4]难以为至；一物不积，则彼此[5]无以为成。不任意[6]

于成败，不纵性[7]于生成。是以天地不滥亲私之情，不从偏狭之行，均于万物，衡于众庶，然后成其广大矣，亦成其高明[8]矣。

[1]《吕氏春秋·慎大览》：汤立为天子，夏民大说，如得慈亲，朝不易位，农不去畴，商不变肆，亲郼如夏，此之谓至公，此之谓至安，此之谓至信。

[2]《周易·大畜卦》：其德刚上而尚贤，能止健，大正也。

[3]《孙子兵法·火攻》：亡国不可以复存，死者不可以复生。

[4]《论语·雍也》：回也，其心三月不违仁，其余则日月至焉而已矣。

[5]《墨子·经说下》：正名者彼此。彼此可，彼彼止于彼，此此止于此。彼此不可，彼且此也。

[6]汉刘向《九叹·思古》：播规矩以背度兮，错权衡而任意。

[7]晋张协《七命》：今将荣子以天人之大宝，悦子以纵性之至娱。

[8]《礼记·中庸》：故君子尊德性而道问学，致广大而尽精微，极高明而道中庸。

崇抑第六

天地万物，积聚阴阳；生而则见，死而则隐。阳之积蓄[1]，万物则生；阴之凝聚[2]，众庶则死。无生则难以见万物之形，有死则可以隐众庶之迹。日月以行，则知年岁之纪；寒暑以来，则明时序之迁。谷粟不年[3]，则无以食[4]其众；坚冰不化，则难以饮[5]其人。阳者万物之始，阴者众庶之终，故阳者以先之，阴者则继之[6]。天地均衡于万物，崇抑于阴阳。先之以阴，则无以见其生成；次之以阳，则难以见其败亡[7]。是以观万物之成败[8]，则知阴阳之崇抑也。

[1]《春秋繁露·五刑相生》：亲入南亩之中，观民垦草发淄，耕种五谷，积蓄有余，家给人足，仓库充实。

[2] 南宋叶适《信州重修学记》：道之凝聚显发，此最其盛者。

[3]《春秋谷梁传·桓公三年》：五谷皆熟为有年也。

[4]《战国策·齐策四》：左右以君贱之也，食以草具。

[5]《诗经·小雅·绵蛮》：绵蛮黄鸟，止于丘阿。道之云远，我劳如何。饮之食之，教之诲之。

[6]《易传·系辞上》：一阴一阳之谓道，继之者善也，成之者性也。

[7]《汉书·五行志中之上》：天愍周公之德，痛其将有败亡之祸，故于郊祭而见戒云。

[8]《战国策·秦策三》：良医知病人之死生，圣主明于成败之事。

　　天地有阴阳，万物有始终[1]；阴阳有崇抑，众庶有兴衰。天不以阳，则无以生万物；地不以阴，则难以成众庶。荒原释冻[2]，可生漫野之绿；枯木逢春[3]，则有葳蕤[4]之条。故知阳者主生发，阴者主收成[5]也。一阳来复[6]，知添益之机[7]；一阴至临，见剥削之兆[8]。孟春[9]有霜雪之降，则妨万物之萌生[10]；仲夏[11]有潦潦[12]之来，则止众庶之长成。阳主阴次，故知万物兴成之象；阳始阴终，可明众庶茂盛之状。是以阴盛阳衰，则扶之以阳[13]；阳盛阴衰，则济之以阴也；阴阳洽和[14]，则万物可以成众矣。

[1]《孝经》：故自天子至于庶人，孝无终始，而患不及者，未之有也。

[2]《庄子·庚桑楚》：南荣趎曰："然则是至人之德已乎？"曰："非也，是乃所谓冰解冻释者，能乎？"

[3] 唐刘禹锡《酬乐天扬州初逢席上见赠》：沉舟侧畔千帆过，病树前头万木春。

[4] 汉东方朔《七谏·初放》：便娟之修竹兮，寄生乎江潭。上葳蕤而防露兮，下泠泠而来风。

[5] 汉张衡《东京赋》：度秋豫以收成，观丰年之多稌。

[6] 《周易·复卦》：复：亨。出入无疾，朋来无咎：反复其道。七日来复，利有攸往。

[7] 《周易·复卦·彖》：复，其见天地之心乎？

[8] 《周易·剥卦·彖》：剥也，柔变刚也。不利有攸往，小人长也。顺而止之，观象也。君子尚消息盈虚，天行也。

[9] 《礼记·月令》：孟春之月……东风解冻，蛰虫始振，鱼上冰，獭祭鱼，鸿雁来。

[10] 《国语·越语下》：逆节萌生，天地未形，而先为之征，其事是以不成。

[11] 《礼记·月令》：仲夏之月……小暑至，螳螂生。鵙始鸣，反舌无声。

[12] 《晋书·袁甫传》：阴积成雨，雨久成水，故其域恒涝也。

[13] 《论语·季氏》：危而不持，颠而不扶，则将焉用彼相矣？

[14] 《史记·太史公自序》：五宗既王，亲属洽和，诸侯大小为藩，爰得其宜，僭拟之事稍衰贬矣。

　　天地崇于阳，故可生长[1]万物；天地抑于阴，则以流形[2]众庶。聚于阳者，则有相胜之势；凝于阴者，多有依从之状。故识万物之大小、长短、轻重、强弱，则知众庶小制于大，长较于短[3]，重权于轻[4]，强凌于弱也。锱铢不言沉鼎，斗勺[5]不测深海；衰草摧于煦风[6]，朽木折于婴孩[7]。非天地之私于短小，亲于长大，偏于重强，嫌于轻弱，自然之势，当然之理[8]也。是以天地持万物于均衡，调众庶于崇抑，使之适乎其形，应乎其节，归乎其类也。

[1] 《管子·形势解》：春夏生长，秋冬收藏，四时之节也。

[2] 《易经·乾卦·彖》：大哉乾元，万物资始，乃统天。云行雨施，品物流形。

[3] 《老子》：有无相生，难易相成，长短相较，高下相倾，音声相和，前后相随。

[4]《孟子·梁惠王上》：权，然后知轻重；度，然后知长短。

[5]《周礼·考工记·梓人》：梓人为饮器，勺一升，爵一升，觚三升。

[6] 汉扬雄《太玄·释》：阳气和震图煦，物咸税其枯，而解其甲。

[7]《列子·天瑞》：人自生至终，大化有四：婴孩也，少壮也，老耄也，死亡也。

[8] 宋苏轼《司马温公行状》：每论事必以人物为先，凡所进退，皆天下所谓当然者。

分限第七

天高地低，上下形矣；溪狭江广，小大见矣。星辰行于天文，云雨施于其上；煖风[1]巡于地理，川泽流于其下。是以观万物之形状，则知众庶之同异[2]。万物之同者，阴阳盈虚也；众庶之异者，形状分限[3]也。是以天地赋形[4]于万物，分限于众庶也。泰山崇高[5]，不及日月；崖涧幽深[6]，未抵绝谷；洞庭[7]广大，难纳沧海。万物以生，众庶以在，则识形状之大小，钧镒之轻重，尺寸[8]之长短。知其分者，则聚之于类；明其限者，则群之于处，是以不可不察之矣。

[1]《礼记·月令》：（季秋之月）行春令，则煖风来至，民气解惰，师兴不居。

[2]《庄子·天下》：大同而与小同异，此之谓小同异；万物毕同毕异，此之谓大同异。

[3]《北史·陆俟传》：臣所以莅之以威严，节之以宪纲，欲渐加训导，使知分限。

[4]《文心雕龙·丽辞》：造化赋形，支体必双，神理为用，事不孤立。夫心生文辞，运裁百虑，高下相须，自然成对。

[5] 宋欧阳修《游鲦亭记》：夫壮者之乐，非登崇高之丘，临万里之流，不
　　足以为适。

[6] 汉祢衡《鹦鹉赋》：故其嬉游高峻，栖跱幽深。飞不妄集，翔必择林。

[7] 唐杜甫《登岳阳楼》：昔闻洞庭水，今上岳阳楼。吴楚东南坼，乾坤日
　　夜浮。

[8]《国语·周语下》：夫目之察度也，不过步武尺寸之间。

　　天地有阴阳，则万物有之形状；众庶有分限，故性情有之区
分。溪流不浮巨舟，羽毛难举沉木。片纸可燃，难以炊饭[1]；数叶
以缀，止以蔽体[2]。萤火[3]之光，未若日月之明；鹪鹩[4]之飞，不
似鲲鹏[5]之远。故明万物之分限，则知众庶之殊情也。苍苔隐于湿
岩之下，火绒见于枯丛之上。鸱鸺[6]起于暮晚，太白[7]落于清晨。
猫鼬[8]捕鼠，不足以当狼犬；斧刃斫壄[9]，难可以成干邪[10]。故知
万物分限之内，则其所以当外也；分限之外，亦其所以成内也。是
以知其分，明其限，则可以尽万物之情状[11]也。

[1]《论衡·知实》：颜渊炊饭，尘落甑中，欲置之则不清，投地则弃饭，掇
　　而食之。

[2]《淮南子·齐俗训》：贫人冬则羊裘蔽体，短褐不掩形。

[3]《礼记·月令》：季夏之月……温风始至，蟋蟀居壁，鹰乃学习，腐草
　　为萤。

[4]《庄子·逍遥游》：鹪鹩巢于深林，不过一枝。

[5]《庄子·逍遥游》：北冥有鱼，其名为鲲。鲲之大，不知其几千里也。化
　　而为鸟，其名为鹏。鹏之背，不知其几千里也；怒而飞，其翼若垂天
　　之云。

[6]《庄子·秋水》：鸱鸺夜撮蚤，察毫末，昼出瞋目而不见丘山，言殊
　　性也。

[7] 唐司马贞《史记·天官书》索隐：太白晨出东方，曰启明。

[8]《本草纲目》：鼬，处处有之。状似鼠而身长尾大，黄色带赤，其气极臊臭。

[9]《庄子·徐无鬼》：郢人垩慢其鼻端若蝇翼，使匠石斫之。匠石运斤成风，听而斫之，尽垩而鼻不伤，郢人立不失容。

[10]《战国策·齐策五》：今虽干将莫邪，非得人力，则不能割刿矣。

[11]《周易·系辞上》：精气为物，游魂为变，是故知鬼神之情状。

知万物之同，可处之于一道；明众庶类之异，则待之以多方。万物分之其形者，则众庶限之其状。一而成多，则知天地之心；多而归一，则明天地之性。土分九州[1]，左有朔漠，右有深海。山有四季，上有冰雪，下有温泉。裂谷之外，多见攀援[2]；熔岩之内，亦有浮游。是以万物有分，则知生成之众；众庶有限，则识变化之广。不知万物之分限，则不识众庶之彼此；不识众庶之内外，则不明万物之区别[3]。又以见万物之隐没、次序[4]、处境，则复知天地之变化，阴阳之流行也。

[1]《周礼·夏官·司马》：东南曰扬州，正南曰荆州，河南曰豫州，正东曰青州，河东曰兖州，正西曰雍州，东北曰幽州，河内曰冀州，正北曰并州。

[2]《庄子·马蹄》：是故禽兽可系羁而游，鸟鹊之巢可攀援而窥。

[3]《论语·子张》：君子之道，孰先传焉？孰后倦焉？譬诸草木，区以别矣。

[4]《荀子·礼论》：于是其中焉，方皇周挟，曲得其次序，是圣人也。

时势第八

天地生成，万物茂盛；阴阳变化，群类众多。冬去春来，凝冰^[1]坚而始化；夏往秋至，炎气^[2]热以终凉。是以知岁纪更续^[3]之时，阴阳聚散^[4]之势也。初谷终粟，纤末可成嘉禾^[5]；昼伏夜出^[6]，蝉蛹^[7]亦成知了。天寒地冻，万物无以萌苗^[8]；水深火热^[9]，众庶难以长成。天地之蕴化，阴阳之流变^[10]，非不以时，非不以势也。草木往来依时，物类去就应势。天地失之其时^[11]，无以变万物之形状；阴阳丧之其势，难以改众庶之容貌^[12]。是以天地化之于阴阳，万物成之于时势也。

[1]《庄子·在宥》：人心排下而进上，上下囚杀，淖约柔乎刚强，廉刿雕琢，其热焦火，其寒凝冰，其疾俯仰之间而再抚四海之外，其居也渊而静，其动也县而天。

[2]《后汉书·马援传》：会暑甚，士卒多疫死，援亦中病，遂困。乃穿岸为室，以避炎气。

[3]《周礼·春官·宗伯》：岁时，更续，共其币车。大祭祀，鸣铃以应鸡人。

[4]《庄子·则阳》：安危相易，祸福相生，缓急相摩，聚散以成。

[5]《论衡·讲瑞》：嘉禾生于禾中，与禾中异穗，谓之嘉禾。

[6]《山海经·北山经》：有鸟焉，其状如乌，人面，名曰鹙鹠，宵飞而昼伏，食之已暍。

[7]《史记·屈原列传》：自疏濯淖污泥之中，蝉蜕于浊秽。

[8]《孟子·万章章句下》：孔子尝为委吏矣，曰"会计当而已矣"。尝为乘田矣，曰"牛羊茁壮，长而已矣"。

[9]《孟子·梁惠王下》：以万乘之国伐万乘之国，箪食壶浆以迎王师，岂有他哉？避水火也。如水益深，如火益热，亦运而已矣。

[10]《后汉书·曹褒传》：况物运迁回，情数万化，制则不能随其流变，品度未足定其滋章，斯固世主所当损益者也。

[11]《论语·阳货》：好从事而亟失时，可谓知乎？

[12]《论语·泰伯》：君子所贵乎道者三：动容貌，斯远暴慢矣；正颜色，斯近信矣；出辞气，斯远鄙倍矣。

天地变化，阴阳为之根本[1]；万物兴亡[2]，时势为之形状。阴阳互成，则见时势之形；阴阳相败，则明时势之状。风雨滋润[3]，荒野有生发之物；霜雪肃杀[4]，山林有荣枯之类。崖高壁绝，见瀑布[5]之落；浪疾汛猛，睹荡舟[6]之倾。是以阳积于阴，则万物多以存在；阴散于阳，故众庶可以衰亡。蝼蚁坟土，可免涝水之患；河狸堤树，未有啮齿之忧。云蒸雾起，凝雨流于地上；风沉沙落，堆丘升于台下。是以阳聚于阴，则万物可以陵高；阴分于阳，故众庶多以侵削。

[1]《素问·四气调神大论》：夫四时阴阳者，万物之根本也。

[2]《尚书·太甲下》：与治同道罔不兴，与乱同事罔不亡。

[3] 汉王充《论衡·是应》：彼露味不甘者，其下时，土地滋润，流湿万物，洽沾濡溥。

[4]《隋书·炀帝纪下》：故知造化之有肃杀，义在无私。

[5]《水经注·漯水》：瀑布飞梁，悬河注壑，漰湍十许丈。

[6]《论语·宪问》：南宫适问于孔子曰："羿善射，奡荡舟，俱不得其死然。"

阴阳不止，万物随之交错；时势不定，众庶从之参差。万物有时可势不可，势可时不可，时势皆可，时势皆不可者也。识万物之时势，则知众庶之适宜。水溢者灌溉[1]，谷满者振贷[2]，时也。折叶者狂风，焚屋者星火，势也。薄刃者易卷，厚口者难断。朽木不可构梁，腐绳止以汲浅。盛夏不有飞雪，凌冬难有潦水，时不可也。炊釜[3]不游鱼虾，激流不沉砥洲[4]，势不可也。万物者，天地生也，时势成也，故观其时，察其势，可以尽天地之众庶矣。

[1]《史记·河渠书》：西门豹引漳水溉邺，以富魏之河内。

[2]《汉书·文帝纪》：而吾百姓鳏寡孤独穷困之人或阽于死亡，而莫之省忧。为民父母将何如？其议所以振贷之。

[3]《孟子·滕文公》：许子以釜甑爨，以铁耕乎？

[4]《诗经·周南·关雎》：关关雎鸠，在河之洲。

性命第九

天地昧然，众庶将成；万物既形，性命[1]已定。天地有分限，则万物可赋其性[2]；众庶依时势，则天地以终其命[3]。橘生淮南[4]，柰长河北[5]；夏初可见海棠，秋深不落丛菊。众人少壮[6]而老衰，禾稼稗多而谷少。是以有天地则生万物之性[7]，有众庶则见天地之命[8]。性者，天地之命也；命者，万物之性也[9]。在天地言之谓之性，在万物言之谓之命[10]。万物有其性者，则成其命；天地有其命者，则明其性。是以万物之生成，则涵盖天地之性，攸归天地之命也。

[1]《周易·乾卦·彖》：乾道变化，各正性命。保合大和，乃利贞。首出庶物，万国咸宁。

[2] 宋苏轼《乞罢学士除闲慢差遣札子》：盖缘臣赋性刚拙，议论不随。

[3]《尚书·洪范》：一曰寿，二曰富，三曰康宁，四曰攸好德，五曰考终命。

[4]《晏子春秋·杂下之六》：橘生淮南则为橘，生于淮北则为枳，叶徒相似，其实味不同。所以然者何？水土异也。

[5]《晋书·王祥传》：有丹柰结实，母命守之，每风雨，祥辄抱树而泣。

[6]《长歌行》：百川东到海，何时复西归？少壮不努力，老大徒伤悲！

[7]《礼记·中庸》：唯天下至诚，为能尽其性。能尽其性，则能尽人之性。能尽人之性，则能尽物之性。

[8]《左传·成公十三年》：吾闻之，民受天地之中以生，所谓命也，是以有动作礼义威仪之则，以定命也。

[9]《礼记·中庸》：天命之谓性，率性之谓道，修道之谓教。

[10] 唐孔颖达《周易·乾卦疏》：性者，天生之质，若刚柔迟速之别；命者，人所禀受，若贵贱夭寿之属也。

　　天地变之以阴阳，阴阳化之以万物[1]。天地之性分于万物，众庶之命成于天地。鸡犬司晨，有数岁之忧；鹤鹿坐行，无终朝[2]之患[3]。观天地之众庶，可识阴阳分散之势；察天地之阴阳，则知万物合聚[4]之状。兰溪之水，寒冷者则凝，炎热者则化；苔径之尘，轻浮[5]者则升，沉落者则降。故天地分别[6]，物类[7]情状相异；阴阳流散，众庶性命不一。草木不为岩石，灰土难成珠玉。纤羽不可沉舟，萤火[8]难以燃薪。是以见万物情状之殊，则知众庶性命之异也。

[1]《荀子·天论》：是天地之变，阴阳之化，物之罕至者也。

[2]《诗经·小雅·采绿》：终朝采绿，不盈一匊。予发曲局，薄言归沐。

[3]《礼记·檀弓上》：故君子有终身之忧，而无一朝之患，故忌日不乐。

[4]《礼记·郊特牲》：蜡也者，索也。岁十二月，合聚万物而索飨之也。

[5]《颜氏家训·归心》：日月星辰，若皆是气，气体轻浮，当与天合，往来环转，不得错违。

[6]《荀子·王制》：两者分别，则贤不肖不杂，是非不乱。

[7]《荀子·劝学》：物类之起，必有所始。荣辱之来，必象其德。

[8] 晋崔豹《古今注·鱼虫》：萤火，一名耀夜，一名景天，一名熠耀，一名丹良，一名燐，一名丹鸟，一名夜光，一名宵烛，腐草为之，食蚊蚋。

溯源天地，可明万物之性；遍及万物，则知众庶之命。万物之性命出于分限，众庶之情状见于时势。温热寒凉，气候之性也；凝结流化，水文之命也。酸甜苦辣，饮食之性也；采取[1]舍弃，草木之命也。天地万物，各有其性，亦各有其命也，是以有同性而异命者，亦有同命而异性者。象鲸有身[2]，生于陆而浮于海；珠玉无价，明于夜而见于昼[3]。龙蛇[4]俱走，龙无羽而蛇无足[5]；松竹均茂，松为烟[6]而竹为纸[7]。是以识万物之情状，则可知众庶之分限，天地之性命也。

[1]《汉书·王莽传中》：命县官酤酒，卖盐铁器，铸钱，诸采取名山大泽众物者税之。

[2]《史记·高祖本纪》：是时雷电晦冥，太公往视，则见蛟龙于其上。已而有身，遂产高祖。

[3] 晋王嘉《拾遗记》卷二：禹凿龙关之山，亦谓之龙门。至一空岩，深数十里，幽暗不可复行。禹乃负火而进，有兽状如豕，衔夜明之珠，其光如烛。

[4]《周易·系辞下》：尺蠖之屈，以求信也；龙蛇之蛰，以存身也。

[5]《战国策·齐策》：未成，一人之蛇成，夺其卮曰："蛇固无足，子安能为之足？"遂饮其酒。

[6] 晋卫铄《笔阵图》：其墨取庐山之松烟、代郡之鹿角胶，十年以上，强如石者为之。

[7] 宋周密《癸辛杂识前集》：简椠古无有也，陆务观谓始于王荆公，其后盛行，淳熙末始用竹纸，高数寸，阔尺余者，简板几废。

理数第十

天地流化，依乎其理；万物生成，洽乎[1]其数。观天察地，可以明天地之理[2]；辨众识类[3]，又以知万物之数。天地有一定之理[4]，万物有经常[5]之数[6]，故天地之理见乎万物之数，万物之数成于天地理。格物[7]者，穷天地之理[8]也；致知[9]者，尽万物之数也。观之天地，可明万物之理；明之物理，则知众庶之数；知之众数，复识天地之理，故明天理者可以知其物数，知物数者可以明其天理也。明理者则知天地之性；知数者，则识万物之情[10]。故循天地之理，依万物之数，则天地万物之情状可以尽知也。

[1] 汉班固《西都赋》：功德著乎祖宗，膏泽洽乎黎庶。

[2] 《程氏易传·恒传》：天下之理，终而复始，所以恒而不穷。恒非一定之谓也，一定则不能恒矣。惟随时变异，乃常道也。

[3] 《周易·同人》：象曰，天与火，同人，君子以类族辨物。

[4] 《韩非子·解老》：故理定而后可得道也。故定理有存亡，有死生，有盛衰。夫物之一存一亡，乍死乍生，初盛而后衰者，不可谓常。

[5] 《管子·问》：令守法之官曰：行度必明，无失经常。

[6] 《战国策·秦策三》：日中则移，月满则亏。物盛则衰，天之常数也。

[7] 《礼记·大学》：致知在格物，物格而后知至。

[8] 《二程遗书》卷十八：或读书讲明义理；或记古今人物，别其是非；或应事即物而处其当，皆穷理也。

[9] 《礼记·大学》：欲正其心者，先诚其意；欲诚其意者，先致其知。

[10] 《周易·系辞下》卷第十八：古者包牺氏之王天下也，仰则观象于天，俯则观法于地，观鸟兽之文与地之宜，近取诸身，远取诸物，于是始作八卦，以通神明之德，以类万物之情。

天地有其理者，则有其数；万物有其数者，亦有其理。万物固在天地之中，然万物不可以涵盖天地；天地亦在万物之中，然天地未可以归纳万物。天地不有万物之理数，万物难有天地之理数也。

天地性命有之分限，万物时势有之同异，故天地万物判然[1]有别[2]，理数情状殊乎相异[3]。知天地之理数，不尽知一物之理数；知一物之理数，不尽知他物之理数；知万物之理数，不尽知天地之理数。是以知天地万物之理数者，当观天地以区分于万物，察万物以贯彻于天地也。

[1]《朱子语类》卷二十：若不先见得此仁，则心术上言仁与事物上言仁，判然不同了。

[2]《朱子语类》：若是弘底人便包容众说，又非是于中无所可否，包容之中又为判别，此便是弘。

[3]《诗经·魏风·汾沮洳》：彼其之子，美无度。美无度，殊异乎公路。

天地有自然之理，万物有周洽之数。天地有理数之变，万物有性命之迁。天地生乎万物，万物归于天地，则万物之理数不外于天地，又依从于天地也。天地有内外均衡，阴阳有盈虚崇抑，万物有分限时势，众庶有性命理数。不假于外物[1]，不乱于内情，是以天地不变，理数亦不变。不止于一类[2]，不定于多端，是以天地可改，理数亦可改。天地有理数，则万物有纲纪[3]；万物有理数，则行从有准则。是以天地万物流化，万物天地归一，始其然也，终其然也。

[1]《荀子·劝学》：假舆马者，非利足也，而致千里；假舟楫者，非能水也，而绝江河。君子生非异也，善假于物也。

[2]《吕氏春秋·贵公》：阴阳之和，不长一类；甘露时用，不私一物；万民之主，不阿一人。

[3]《荀子·劝学》：礼者，法之大分，类之纲纪也。

第 二 卷

赋形第十一

  天地钧冶[1]，笼纳其内；阴阳流形，参互其中。天地为一，则万物难以成多；阴阳分判，则众庶可以成众。有天地者则判以阴阳，有阴阳者则见于动静[2]，有动静者则识之理数，有理数者则定其气质[3]，有气质者则成乎万物。万物赋形，阴阳为之发动[4]，气质为之基础[5]，理数为之循依。是以万物资[6]之天地以生，藉[7]之阴阳而成。阴阳参乎气质，则有万物之性；止于理数，则成万物之命。故万物溯源，则知天地为之赋形，阴阳为之赋性也。

[1] 汉贾谊《鹏鸟赋》：且夫天地为炉兮，造化为工；阴阳为炭兮，万物为铜。

[2]《周易·艮卦》：时止则止，时行则行。动静不失其时，其道光明。

[3] 宋朱熹《答黄道夫》：天地之间，有理有气。理也者，形而上之道也，生物之本也；气也者，形而下之器也，生物之具也。是以人物之生必禀此理，然后有性；必禀此气，然后有形。

[4]《后汉书·鲁恭传》：夫阴阳之气，相扶而行，发动用事，各有时节。若不当其时，则物随而伤。

[5]《水经注·渠水注》：今碑之左右，遗塘尚存，基础犹在。

[6]《世说新语·文学》：王辅嗣弱冠诣裴徽，徽问曰："夫无者，诚万物之所资，圣人莫肯致言，而老子申之无已，何邪？"

[7]《礼记·王制》："古者公田藉而不税。"郑玄注云："藉之言，借也，借民力治公田。"

　　万物未形[1]，未知其然；众庶既见，则明其状。观天地万物之形状，既知其气质，亦知其理数也。万物之有气质理数，犹天地之有万物阴阳。阴阳有所动静，有所流止，则万物有所从来，有所归去。气质者，天地之生成也；理数者，阴阳之流止也。精微广大，天地之所以成气质；动静流止，阴阳之所以成理数。万物天地阴阳均在，气质理数俱存；无气质则无以见理数，无理数则难以形气质。是以天地万物既有其气质，亦有其理数也。

[1]《庄子·天地》：未形者有分，且然无间谓之命；留动而生物，物成生理，谓之形。

　　天地分限，赋形以化；理数既定，气质以成。天地阴阳有纷然之势，万物气质成众多之状。气质相类[1]者为一物，不类者则为他物。柔枝之丛，难以筑巢[2]；坚冰之河，未可取火。块岩难浮于天，流云不落于地。故知一物之气质，则识一物之分别[3]也。水火难两立，干湿不一生。草木不似禽兽，深谷难为江湖。故万物各有其气质，亦自有其分别也。天地归一，犹以纷错之众；阴阳流散，故有遍布之广。是以知万物之气质，则可循万物之理数，探阴阳之变化也。

[1]《史记·商君列传》：太史公曰："……余尝读商君开塞、耕战书，与其人行事相类。"
[2]《韩非子·五蠹》：上古之世，人民少而禽兽众，人民不胜禽兽虫蛇，有圣人作，构木为巢以避群害，而民悦之，使王天下，号曰有巢氏。

[3]《荀子·正名》：物有同状而异所者，有异状而同所者，可别也。

感应第十二

天地赋形，万物生成；动静流止，形状分明[1]。万物既有，涵天地之气[2]，循天地之理；众庶以在，凝天地之性，依天地之数。万物生成于大地之内，不出乎宇宙之外。天地有气质，则万物有本体[3]；天地有阴阳，则万物有性命；天地有理数，则万物有分限。观天地之变化，知万物之聚散；察众庶之依从，识阴阳之流行。是以聚止流散，感天地之阴阳；生长衰亡，应天地之理数。万物形状于天地有别，然性命于天地合一，故可感应[4]于天地，通达[5]于宇宙也。

[1]《春秋繁露·保位权》：黑白分明，然后民知所去就，民知所去就，然后可以致治。
[2]《素问·六元正纪大论》：帝曰："天地之气，盈虚何如？"岐伯曰："天气不足，地气随之，地气不足，天气从之，运居其中而常先也。"
[3]《北史·魏彭城王勰传》：帝曰："虽琱琢一字，犹是玉之本体。"
[4]《周易·咸卦·彖》：咸，感也。柔上而刚下，二气感应以相与。
[5]《后汉书·郑兴传》：少学《公羊春秋》，晚善《左氏传》，遂积精深思，通达其旨，同学者皆师之。

天地生物以众，故有山川草木之蕃，荒野禽兽之殖[1]，皆感于天文，应以地理，随之岁纪，从之时令[2]也。山川草木，不失四时之气候，是以浅苔起于初春，浓荫盛于炎夏，枯叶落于深秋，冰雪降于寒冬。荒野禽兽，不过存亡[3]之归宿，是以幼雏生于怀抱[4]，气血[5]壮于追逐，精神[6]衰于疾病[7]，形体老于时限。感知天地阴阳之迁移，应以分限性命之来去，不整不乱，不正不失，故天地内在于万物，万物彰显于天地也。

[1]《国语·晋语四》：谚曰："黍稷无成，不能为荣。黍不为黍，不能蕃庑。稷不为稷，不能蕃殖。所生不疑，唯德之基。"

[2]《礼记·月令》：天子乃与公卿大夫，共饬国典，论时令，以待来岁之宜。

[3] 三国蜀诸葛亮《出师表》：今天下三分，益州疲弊，此诚危急存亡之秋也。

[4]《后汉书·陈宠传》：夫父母于子，同气异息，一体而分，三年乃免于怀抱。

[5]《礼记·三年问》：凡生天地之间者，有血气之属，必有知；有知之属，莫不知爱其类。

[6] 汉王符《潜夫论·卜列》：夫人之所以为人者，非以此八尺之身也，乃以其有精神也。

[7]《周礼·天官·冢宰》：疾医掌养万民之疾病，四时皆有疠疾。

天地赋形于万物，万物感应于天地，是以天地之心，可出于万物；天地之情，可见于众庶。万物无知[1]，则有天地之心；万物无识，可有天地之情。故无知无识之万物，可以感应有心有情[2]之天地也。天地不言，万物代之以声；天地不行，万物见之以为。故有声有迹之万物，可以感应无言无行[3]之天地也。天地不变，万物随之以常[4]；天地有变，万物即之以从。是以知天地理数之变，亦识万物感应之迁，此其不变之理也，亦其不迁之然也。

[1]《春秋谷梁传·僖公十六年》：子曰："石无知之物，鹢微有知之物。石无知，故日之。鹢微有知之物，故月之。"

[2]《隋书·恭帝纪》：悯予小子，奄遽丕愆，哀号承感，心情糜溃。

[3]《周易·系辞上》：言行，君子之枢机。枢机之发，荣辱之主也。

[4]《周易·归妹卦·象》：跛能履吉，相承也。利幽人之贞，未变常也。

准类第十三

天地生成，万物有类；辨物分处，众庶有宜[1]。天地有其分限，万物有其类别[2]，故气质有不一，则性命有殊异也。分类[3]可知万物之差异，辨物又识众庶之适宜。飞鸟不近游鱼，海豹难亲陆龟。燧石可以起火[4]，芒硝[5]则以生烟。万物同类者相近，异类者相远[6]；近类者相生，远类者相斥，自然之理也。万物准其类者可以相生，众庶从其群者则以相成。阴阳参乎气质，性命钟于理数[7]，是以万物无知有知，皆准于其类，从于其群也。

[1]《刘子·适才》：物有美恶，施用有宜；美不常珍，恶不终弃。

[2] 宋曾巩《请改官制前预选官习行逐司事务札子》：今百工庶务，类别以明，其于讲求经画，皆出圣虑，弥纶之体，固已详尽。

[3]《尚书·舜典》：帝厘下土，方设居方，别生分类，作《汨作》。

[4]《韩非子·五蠹》：民食果蓏蚌蛤，腥臊恶臭而伤害腹胃，民多疾病。有圣人作，钻燧取火，以化腥臊，而民悦之，使王天下，号之曰燧人氏。

[5]《抱朴子·仙药》：（服五亡之法）或以露于铁器中，以玄水熬之为水；或以硝石合于筒中，埋之为水。

[6]《论语·阳货》：性相近也，习相远也。

[7]《左传·昭公二十八年》：子貉早死无后，而天钟美于是，将必以是大有败也。

万物群分而处，众庶聚类而成。天地万物分聚者，惟以其气质、性命、理数也。然气质纷然于万物，性命流散于群类，理数交错于众庶，故外观[1]有之一者，则内在有以异也。气质相类者，可有分聚之始；性命相类者，则有分聚之成；理数相类者，故有分聚之终。至于气质不相类者，其性命、理数亦不相类；性命不相类者，其气质、理数多不相类；理数不相类者，其气质、性命或不相类。相类者相聚，分类者分处，是以知万物之气质、性命、理数，则可以准其类也。

[1] 晋傅云《傅子》：智子冲，有内实而无外观，州里弗称也。

天地生物，不以有心；阴阳流化，又以无私。既以天地之生，阴阳之化，则万物当效之天地[1]，随之阴阳[2]也。故万物有其群者可从其群，有其类者则准其类也。一物处于他物者则无以生，此类处于彼类者则难以成。猛虎不哺羔羊，野狼难孕家猫。松柏不生沙漠，荆棘[3]难长冰原。故处于其物者则可以生，准于其类者又可以成也。天地有生长，万物有类别，众庶同乎其类者，则异乎其分。是以知万物之类别，则可以识其之气质、性命、理数也。

[1]《诗经·小雅·鹿鸣》：我有嘉宾，德音孔昭。视民不恌，君子是则是效。
[2]《荀子·天论》：列星随旋，日月递炤，四时代御，阴阳大化，风雨博施，万物各得其和以生，各得其养以成，不见其事而见其功，夫是之谓神。
[3] 汉班昭《东征赋》：睹蒲城之丘墟兮，生荆棘之榛榛。

明众第十四

天地众庶，分别昭然；物准其类，众从其群[1]。天地生以万物，万物有之众人。众人生于天地之内，不依草木之性；列于万物之中，难从禽兽之行。近于万物，又不失禽兽之欲；远于天地，则可存众人之情。万物众人同出于天地[2]，化于阴阳，然气质不一，性命各异，理数相别，是以众人类似于万物，又殊绝于万物也。众人有分，万物有别；众人有群，万物有类；众人有伦[3]，万物有则。是以知万物之类别，则可明众人之群分，尔我之性情[4]也。

[1]《周易·系辞上》：方以类聚，物以群分，吉凶生矣。
[2]《老子》：故恒无欲也，以观其妙，恒有欲也，以观其所噭，两者同出异名，同谓玄。之又玄，众妙之门。
[3]《逸周书·宝典》：悌乃知序，序乃伦；伦不腾上，上乃不崩。
[4]《周易·乾卦疏》：性者，天生之质，正而不邪；情者，性之欲也。

天地蕴秀，阴阳构精[1]。聚天地之粹而生人，敷阴阳之变而成众。众人既有，则受其性命[2]，顺其理数，从其伦叙[3]也。众人在于天地之间，观天文，察地理，知阴阳，识岁纪，辨物类，别群分，立礼义[4]，明廉耻[5]，治事业[6]，巧工艺，是以殊异于万物也。众人出于万物之类，血气非绝胜[7]于万物。然万物无知无识，众人有知有识；万物无心无智，众人有心有智，是以众人假于万物，万物从于众人。出乎其类，拔乎其萃[8]，此众人之所以成为众人也。

[1]《周易·系辞下》：天地氤氲，万物化醇。男女构精，万物化生。

[2] 唐孔颖达《尚书·益稷疏》：天下之人有能至于道者，则当承受而进用之。

[3]《三国志·陆抗传》：夫俊乂者，国家之良宝，社稷之贵资，庶政所以伦叙，四门所以穆清也。

[4]《礼记·乐记》：是故先王本之情性，稽之度数，制之礼义，合生气之和，道五常之行。

[5]《淮南子·泰族训》：民无廉耻，不可治也。非修礼义，廉耻不立。

[6]《周易·坤卦·文言》：美在其中，而畅于四支，发于事业，美之至也。

[7] 唐韩愈《早春呈水部张十八员外》：最是一年春好处，绝胜烟柳满皇都。

[8]《孟子·公孙丑上》：圣人之于民，亦类也。出于其类，拔乎其萃，自生民以来，未有盛于孔子也。

　　万物生成于天地，众人拔萃于万物。万物依从于天地，众人假使于万物。观天地可以识之万物，察万物则可明之众人。万物无知，可以切近于天地阴阳；众人有知，则多殊远于性命理数。天地阴阳之动，万物随之以动，然众人过于其动；天地阴阳之静，万物从之以静，然众人不及于其静[1]。众人区分于万物，类似于万物，犹万物源初于天地，归终于天地也。是以众人知性命之殊远，从万物之切近，故可感应于天地，准则[2]于类别，适宜[3]于群分也。

[1]《论语·先进》：子贡问："师与商也孰贤？"子曰："师也过，商也不及。"曰："然则师愈与？"子曰："过犹不及。"

[2]《世说新语·品藻》：明帝问谢鲲："君自谓何如庾亮？"答曰："端委庙

堂，使百僚准则，臣不如亮；一丘一壑，自谓过之。"

[3]《宋书·范泰传》：器有要用，则贵贱同资；物有适宜，则家国共急。

仁义第十五

天地成众，则有群分；众人应物，则有伦叙。有天地者则有理数，有众人者则有仁义[1]，故众人生之于天地，仁义成之于理数[2]。理数者，天地之经纬[3]也；仁义者，众人之纲纪也。万物无知无虑[4]，是以在于其类，则从其性命；众人有知有虑，是以处于其群，则依其仁义。众人之所以殊绝于万物，在其秉受性命也，亦在其知行[5]仁义也。众人过于天地，多丧其性命；不及于阴阳，又失其理数。是以众人从仁义之行，则可切近于性命理数，往返于天地阴阳也。

[1]《礼记·曲礼上》：道德仁义，非礼不成。教训正俗，非礼不备。
[2]《礼记·丧服四制》：恩者仁也，理者义也，节者礼也，权者知也，仁、义、礼、知，人道具矣。
[3]《左传·昭公二十五年》：礼，上下之纪，天地之经纬也。
[4]《战国策·赵策二》：故寡人以子之知虑，为辨足以道人，危足以持难，忠可以写意，信可以远期。
[5]《礼记·中庸》：夫妇之愚，可以与知焉，及其至也，虽圣人亦有所不知焉。夫妇之不肖，可以能行焉，及其至也，虽圣人亦有所不能焉。

观察天地，可知仁义；探明理数，亦知从来。知天地之性命，成众庶以其性命谓之仁；循天地之理数，应万物以其理数谓之义。爱其身，私其人，亲其众，近其善，远其恶，是以为众人之性命也。众人有亲私之行，始于自身，及于旁人，遍于万物，终于天地，仁也；众人有公正之为，周于天地，洽于万物，化于旁人，至于自身，义也。是以尔我明于仁义者，通乎天地之流化，顺乎众庶之性命，措乎[1]万物之理数，则可以不出乎其心，不滥乎[2]其志也。

[1]《论语·子路》：刑罚不中，则民无所措手足。
[2]《诗经·商颂·殷武》：天命降监，下民有严。不僭不滥，不敢怠遑。

天生众人，明其心智；类别万物，钟其灵秀。众人有仁义之知，可有仁义之行；有仁义之行，又见仁义之知。明天地之理数，识万物之性命，诚而行之[1]，是以众人近于仁义也；昧天地之昭彰，惑万物之分辨[2]，罔而为之[3]，是以众人远于仁义也。众人知仁义而行为知之，不知仁义而行亦为知之；知仁义而不行为不知，不知仁义而不行亦为不知。行而不知者，多以无诚[4]；知而不行者，则以无信[5]。无诚无信[6]，此所以众人不辨于善恶，不明于是非[7]，不分于黑白[8]也。

[1]《孟子·离娄上》：诚身有道，不明乎善，不诚其身矣。是故诚者，天之道也；思诚者，人之道也。至诚而不动者，未之有也；不诚，未有能动者也。
[2]《传习录》：盖《大学》格物之说，自与《系辞》穷理大旨虽同，而微有分辨。
[3]《论语·雍也》：君子可逝也，不可陷也；可欺也，不可罔也。
[4]《礼记·中庸》：诚者，自成也；而道，自道也。诚者，物之终始，不诚无物。
[5]《论语·为政》：人而无信，不知其可也。大车无輗，小车无軏，其何以

行之哉？

[6]《礼记·祭统》：是故贤者之祭也，致其诚信，与其忠敬，奉之以物，道之以礼，安之以乐，参之以时，明荐之而已矣。

[7]《礼记·曲礼上》：夫礼者，所以定亲疏，决嫌疑，别同异，明是非也。

[8]《汉书·楚元王传》：今贤不肖浑淆，白黑不分，邪正杂糅，忠谗并进。

道术第十六

天地生长，成之万物；众人应接，临之众庶。天生万物以之茂盛，地成群类为之繁多[1]。循之天地，则有理数；处之众人，则有仁义；治之万物，则有道术。知天地万物之本然[2]，明其之应然，谓之道[3]也；探天地万物之所以然[4]，求其之所将然[5]，谓之术也。是以众人处于其类，理乎万物，则有道术之循依也。仁义为众人应物[6]之体，道术为众人理事之用。故众人应物理事，执取道术，则可协于万物，洽乎理数，归于天地，此其终然之为也。

[1]《进资治通鉴表》：每患迁、固以来，文字繁多，自布衣之士，读之不遍，况于人主，日有万机，何暇周览！

[2]《朱子语类》卷六五：既成个物事，便自然如此齐整，皆是天地本然之妙元如此，但略假圣人手画出来。

[3]《易经·系辞上》：一阴一阳之谓道，继之者善也，成之者性也。

[4]《汉书·贾谊传》：上因感鬼神事，而问鬼神之本。谊具道所以然之故。

[5]汉贾谊《治安策》：凡人之智，能见已然，不能见将然。

[6]汉司马谈《论六家要旨》：与时迁移，应物变化，立俗施事，无所不宜。

知性[1]明命，遍及仁义；循理[2]依数，彻于道术。众人知天地万物之道者，则有应物理事之术也。众人应物，归纳具体而可至精微[3]，此为道之用也；众人理事，造次[4]精微而可达具体，是以术之用也。执道[5]驭术，万物臻于其极[6]；持术取道，众庶达于其限。遮蔽风雨，祛病之道也；构梁造屋，遮蔽之术也；酬酢[7]欢怡，饮食之道也；佳肴豢味[8]，酬酢之术也。应物以道，一物有之一道，然道一而术多也；理事以术，一事有之一术，又术一而道多也，故众人知道[9]可以明术，缘术可以达道也。

[1]《孟子·尽心上》：尽其心者，知其性也，知其性则知天矣。

[2]《荀子·议兵》：义者循理，循理故恶人之乱之也。

[3]《礼记·经解》：洁静精微，易教也。恭俭庄敬，礼教也。属辞比事，春秋教也。

[4]《论语·里仁》：君子无终食之间违仁，造次必于是，颠沛必于是。

[5]《孔子家语·观周》：吾比执道，而今委质以求当世之君，而弗受也，道于今难行也。

[6]《盐铁论·世务》：德行延及方外，舟车所臻，足迹所及，莫不被泽。

[7]《淮南子·主术训》：觞酌俎豆酬酢之礼，所以效善也。

[8]《史记·货殖列传序》：至若《诗》《书》所述虞夏以来，耳目欲极声色之好，口欲穷刍豢之味，身安逸乐而心夸矜势能之荣。

[9]《管子·戒》：闻一言以贯万物，谓之知道。

仁义之行，过与不及；道术之为，执与不取。众人依之性命，则道术之执者有分，道术之取者亦有别也。多有道有术者，亦多有道无术者；有无道有术者，又有无道无术者。然众人徒有道者，可以坐而论事，不可立以行事也；徒有术者，可以立而行事，不可坐以论事也。故众人无道无术者，不可论事，又难以成事；有道有术者，可以论事，又必以成事。众人应物理事，明道者可使言之，知术者可使行之，是以举其君子，依其仁义，执其道术，则物事庶几有成[1]也。

[1]《周易·系辞下》：颜氏之子，其殆庶几乎！有不善未尝不知，知之未尝复行也。

经权第十七

天地众庶，形状既定；分处其类，性命相成[1]。天地成众庶以理数，则万物有常[2]；阴阳化万物以动静，则众庶有变。知万物有常者，悬而准之谓之经也；明众庶有变者，依而从之谓之权[3]也。天地有理数，阴阳有变化，应物有道术，理事有经权，故众人处治物事，以仁义道术为经，以分限时势为权也。经者，恒久不变者[4]也；权者，时势变动者也。应一物事则有一经，理一物事则有一权，是以众人执之道术以临事[5]，从之经权以成事也。

[1]《礼记·乐记》：小大相成，终始相生。
[2]《荀子·天论》：天行有常，不为尧存，不为桀亡。
[3]《孟子·离娄上》：男女授受不亲，礼也；嫂溺授之以手者，权也。
[4]《文心雕龙·宗经》：经也者，恒久之至道，不刊之鸿教也。
[5] 宋朱熹《上宰相书》：谋国之计，乖戾若此，临事而悔，其可及哉！

众之应接，既以道术；随之时势，则有经权。循万物之理数，经之道也；明众庶之幽微[1]，经之术也；当为而不可为者，权之时也；当行而不可行，权之势也。溪川东注，坚石为之阻路[2]，则缘其边而走之；藤蔓上达，枝叶为之遮道[3]，则绕其干而行之。君子渴乏[4]，犹饮贪泉[5]之水[6]；微子[7]灭国[8]，仍食岐周[9]之粟[10]。应物以经，可知万物皆有成定；理事以权，又知众庶均有变通[11]。是以依经不成则物事将穷，权之时势则物事可通，复归之经则物事能久[12]也。

[1]《汉书·扬雄传下》：若夫宏言崇议，幽微之涂，盖难与览者同也。

[2]《周礼·夏官》：国有故，则藩塞阻路而止行者，以其属守之。

[3]《史记·陈涉世家》：陈王出，遮道而呼涉。陈王闻之，乃召见，载与俱归。

[4]《南齐书·东昏侯纪》：驰骋渴乏，辄下马解取腰边蠡器酌水饮之，复上马驰去。

[5]《晋书·吴隐之传》：未至州二十里，地名石门，有水曰贪泉，饮者怀无厌之欲。

[6]《后汉书·列女传》：羊子尝行路，得遗金一饼，还以与妻。妻曰：妾闻志士不饮盗泉之水，廉者不受嗟来之食，况拾遗求利，以污其行乎！

[7]《史记·宋微子世家》：微子开者，殷帝乙之首子而帝纣之庶兄也。纣既立，不明，淫乱于政，微子数谏，纣不听。

[8]《史记·宋微子世家》：周武王伐纣克殷，微子乃持其祭器造于军门，肉袒面缚，左牵羊，右把茅，膝行而前以告。于是武王乃释微子，复其位如故。

[9]《淮南子要略》：文王四世累善，修德行义，处岐周之间，地方不过百里。

[10]《史记·伯夷列传》：武王已平殷乱，天下宗周，而伯夷、叔齐耻之，义不食周粟，隐于首阳山，采薇而食之。

[11]《周易·系辞上》：一阖一辟谓之变，往来不穷谓之通。

[12]《周易·系辞下》：穷则变，变则通，通则久。是以自天佑之，吉无不利。

物事之作，众人之为，既始之以生，必期之以成也。物事作之以经，有以经成者，亦有权成者；众人为之以权，有以返经者，又有以悖经者。依经成事，则权无以为用；依经不成，则权有以为用。是以众人应物理事，有经则未必有权，有权则必先之以经[1]也。经为之准，权为之变[2]，众人当知经权之所准依也。经者之依，非万事万物均遵[3]之而不变；权者之用，非一事一物不守之而长变。故众人知经之所准依，知权之所适宜，则可得经权之衡[4]也。

[1]《二程遗书》卷十八：古今多错用权字，才说权，便是变诈或权术。不知权只是经所不及者，权量轻重，使之合义，才合义，便是经也。今人说权不是经，便是经也。

[2]《春秋公羊传·桓公十一年》：权者何？权者反于经，然后有善者也。

[3]《尚书·洪范》：无有作好，遵王之道；无有作恶，遵王之路。

[4]《论语·子罕》：可与共学，未可与适道；可与适道，未可与立；可与立，未可与权。

名实第十八

天地源初，无名有实；众人指称，有名有实[1]。天地赋万物以形状，众人辨群类以名称[2]。实者，天地形万物之气质也；名者，众人辨万物之分别也。天地万物，有其实者则必有之形状，然未必有其名称，故众人睹万物之形状可知其实也，明群类之指称则知其名也[3]。天地万物有实，隐于众人犹有实[4]；天地万物无名，见于众人而有名[5]。天地无众人亦可有万物，是以实可存而名可亡也；众人昧万物亦可有名称，是以名可存而实不亡也。

[1]《庄子·则阳》：有名有实，是物之居；无名无实，在物之虚。

[2]《尹文子·大道上》：名称者，别彼此而检虚实者也。自古至今，莫不用此而得，用彼而失。

[3]《荀子·正名》：故王者之制名，名定而实辨，道行而志通，则慎率民而一焉。

[4]《墨子·贵义》：瞽者不知黑白者，非以其名也，以其取也。

[5]《荀子·正名》：然后随而命之，同则同之，异则异之。

天地流散，无实则不以形物；群类纷然，无名则难以识物。众人陋于己见[1]，不知万物之实，故有一实而多名者；众人浅于所识，不明群类之称，故有一名而多实者。万物未有名之前，众人当谨之以指称[2]；群类既有名之后，众人当慎之于求实。万物有其实而无名者，则失群类之名；群类有其名而无实者，则丧万物之实[3]。众人知万物之实所以从来，则可知群类之名所以成定也。万物之名实不相称[4]，则群类之理数难以相应，故众人应物无所依，理事无所从[5]也。

[1]《宋史·陈宓传》：固执己见，动失人心。

[2]《荀子·正名》：知异实者之异名也，故使异实者莫不异名也，不可乱也，犹使同实者莫不同名也。

[3]唐韩愈《处州孔子庙碑》：郡邑皆有孔子庙，或不能修事，虽设博士弟子，或役于有司，名存实亡。

[4]《汉书·王莽传上》：宰衡官以正百僚、平海内为职，而无印信，名实不副。

[5]《荀子·正名》：今圣王没，名守慢，奇辞起，名实乱，是非之形不明，则虽守法之吏、诵数之儒，亦皆乱也。

众人应物理事，勤于指称，拙于探实，是以多惑于万物之名，又眩于[1]群类之称也。万物之实定之其名，群类之名从之其实，是以万物之实不变，其名亦不变也；群类之实有变，其名亦当变也。万物有实定而名不定者，众人当据实以定其名；群类有名定而实不定者，众人当循名以定其实[2]。是以众人以名求实则可正之其名[3]，以实求名则可辨之其实。天地万物以实为本，以名为虚，勤于虚而拙于实者，故众人不知应物之根本，不明理事之末节[4]也。

[1]《荀子·正名》：彼诱其名，眩其辞，而无深于其志义者也。

[2]《韩非子·定法》：术者，因任而授官，循名而责实，操杀生之柄，课群臣之能者，此人主之所执也。

[3]《论语·子路》：子路曰："卫君待子而为政，子将奚先？"子曰："必也正名乎？"

[4]《礼记·乐记》：铺筵席，陈尊俎，列笾豆，以升降为礼者，礼之末节也，故有司掌之。

本末第十九

天地长成，有始有终[1]；万物处治，有本有末。天地凝聚者，可见万物之根本；阴阳流散者，又识众庶之枝末。万物从于性命，则众庶有之所循依；众庶成于理数，则万物有之所分布[2]。天地成物有其聚散，众人处事[3]有其次序[4]，是以万物事宜之本末[5]，皆贯于其性命理数也。知物事之本，则以执应物之道术；识物事之末，亦以行理事之经权。时刻以有先后，情势[6]亦有轻重[7]，故众人明之先后，察之轻重，则可有道术之应用，经权之依从也。

[1]《魏书·袁翻传》：伏愿天地成造，有始有终，矜臣疲病，乞臣骸骨。

[2]《国语·周语上》：阴阳分布，震雷出滞。土不备垦，辟在司寇。

[3]《左传·文公十八年》：先君周公制周礼，曰则以观德，德以处事，事以度功，功以食民。

[4]《荀子·礼论》：于是其中焉，方皇周挟，曲得其次序，是圣人也。

[5]《大学》：物有本末，事有终始，知所先后，则近道矣。

[6]《新五代史·杂传六》：夫决胜料势，决战料情，情势既得，断在不疑。

[7]《左传·宣公三年》：定王使王孙满劳楚子。楚子问鼎之大小轻重焉。

万物既有，本末相生[1]；众庶又在，本末互成。万物皆本，天地无以生也；众庶俱末，阴阳无以成也。万物无本，不以成之其大；众庶无末，难以成之其广。是以万物之所以成万物者，为其本末皆有也。乔木遮天，有其主干，亦有其枝叶；溪川入海，有其主流，亦有其支水。不知万物之本，则难以见其末也；不识众庶之末，又无以明其本也。是以有本有末，方见万物之生成也，故众人应物既知其本，又当见其末也；尔我理事既明其末，亦当求其本也。

[1]《孙子兵法·势》：奇正相生，如循环之无端，孰能穷之？

万物条贯[1]，执之以本；众庶纷乱[2]，理之以末。执之以本，万物可统乎纲纪；理之以末，众庶又成于网目。万物本末为一体，纲纪网目为一用，是以本末皆治，则万物可以有为；本末失治，则众庶难以有成。斫木为轮[3]，则圆规[4]为之本，漆饰为之末；缫丝[5]成衣，则遮蔽为之本，玉坠为之末。众人行从致远[6]，必使轮毂之本；尔我御寒[7]，不用衣服[8]之末。是以众人应物理事，不知物事之本末，则无以执本以应末，又难以理末以从本也。

[1]《史记·屈原贾生列传》：明道德之广崇，治乱之条贯，靡不毕见。

[2]《战国策·赵策三》：所谓贵于天下之士者，为人排患释难解纷乱而无取也。

[3]《荀子·劝学》：木直中绳，𫐓以为轮，其曲中规，虽有槁暴，不复挺者，𫐓使之然也。

[4]《孟子·离娄上》：规矩，方圆之至也；圣人，人伦之至也。

[5]《孟子·滕文公下》：夫人蚕缲，以为衣服。

[6]《墨子·亲士》：良马难乘，然可以任重致远。

[7]《周易·系辞下》：黄帝以上，羽皮革木以御寒暑，至乎黄帝，始制衣裳，垂示天下。

[8]《诗经·小雅·大东》：东人之子，职劳不来。西人之子，粲粲衣服。

依从第二十

天地灵秀，成之众人；众人感应，以之性命。众人在天地之间，应万物之事，理群分之宜，当有所依从也。知天地万物之性命，明众人之感应，故可依于仁义，从于道术，明于经权，辨于名实，执于[1]本末，然后应接物事于无穷[2]也。万物有知与不知者，众人有明与不明者，是以应物者必先知物[3]也，理事者必先明事也。物事之既知且明，则有依从之所来；物事之不明且知，则无依从之所趋[4]。是以众人不知物者当求知[5]于物，不明事者当探明于事也。

[1]《礼记·中庸》：宽裕温柔，足以有容也；发强刚毅，足以有执也。

[2]《荀子·礼论》：故天者，高之极也；地者，下之极也；无穷者，广之极也。

[3]《论衡·实知》：人才有高下，知物由学，学之乃知，不问不识。

[4] 宋陈亮《上孝宗皇帝第三书》：天下大势之所趋，非人力之所能移也。

[5] 唐皇甫湜《上江西李大夫书》：居蓬衣白之士，所以勤身苦心，矻矻皇皇，

出其家，辟其亲，甘穷饥而乐别离者，岂有二事哉！笃守道而求知也。

众人既在，多以有限；物事既来，又以无限。众人群分其性，是以知者多，不知者亦多；物事彰明[1]其类，是以不惑者[2]多，惑者亦多。故众人有知惑，应物有先后，理事有远近[3]也。切于众人者为之近，绝于众人者为之远。观于近者，可知天地之道，亦明万物之理；察于远者，可知阴阳之性，又识众庶之数。近者之物事不作，则远者之情状难成；近者之物事不成，则远者之情状不彰。是以众人知先后之次，远近之别，则可知成效[4]之所施也。

[1] 唐元稹《进田弘正碑文状》：不隐实功，不为溢美，文虽朴野，事颇彰明。
[2] 《论语·子罕》：知者不惑，仁者不忧，勇者不惧。
[3] 《周易·系辞上》：其受命也如响，无有远近幽深，遂知来物。
[4] 汉王充《论衡·非韩》：夫道无成效于人，成效者须道而成。

往来生死[1]，当有所知；应物理事，又有所取。天地生之万物，不以选择[2]；阴阳化之众庶，则以形状。万物成之性命，不有善恶，众人从之行为，则有是非。尔我处天人相接之际[3]，观天察人，应物从天，则当知物事之情，是非之分，人伦[4]之道也。故众人顺乎性命，定其心志，则当始于仁义，终于仁义，然后可以近善远恶，取是弃非也。众人之自我[5]不存，则无以成人；众人之自身不在，则难以成众。是以众人应物理事，当有所知取也，亦当有所依从也。

［1］《荀子·礼论》：礼者，谨于治生死者也。生，人之始也；死，人之终也。

［2］《墨子·尚同中》：是故选择天下贤良圣知辩慧之人，立以为天子。

［3］汉司马迁《报任少卿书》：亦欲以究天人之际，通古今之变，成一家之言。

［4］《孟子·滕文公上》：使契为司徒，教以人伦：父子有亲，君臣有义，夫妇有别，长幼有序，朋友有信。

［5］西晋陆机《豪士赋序》：夫我之自我，智士犹婴其累，物之相物，昆虫皆有此情。

第三卷

知己第二十一

天地既判，万物有分；众人以在，尔我[1]有别。天地赋形则成万物，万物准类可出众人，众人分限又有尔我。天地万物有之性命，则尔我有心志[2]之分；万物众庶有之分限，则尔我有形体之别。观乎众人，可知尔我性命之趋同[3]者；察于尔我，又识众人分限之相异者。众人皆同，则无尔我之名；尔我悉异，故有众人之实。天地阴阳，相反者相成[4]；众人尔我，相异者相同。是以知尔我之同者，则见众人之性命也；明尔我之异者，又识众人之理数也。

[1]《孟子·公孙丑上》：尔为尔，我为我，虽袒裼裸裎于我侧，尔焉能浼我哉！
[2]《墨子·非命中》：是故昔者三代之暴王，不缪其耳目之淫，不慎其心志之辟。
[3]《淮南子·说山训》：行合趋同，千里相从；行不合趋不同，对门不通。
[4]《汉书·艺文志》：仁之与义，敬之与和，相反而皆相成也。

天地万物，性命不一；众人尔我，性命为多。众人之性有近乎行善[1]，则有从于为恶[2]者；有深精乎艺，亦有遍赅于术[3]者；有可明乎心性[4]，复有振于事功[5]者；有知乎天地之理，又有昧于万物之道者。是以观众人之分别，则可知尔我之性命也。然众人之性有可迁，亦有不可改者；有易变其性，又有难移其性者。其性可迁者，可迁之为性也；其性不可变者，不可变为之性也。众人性命有相近者，分限有殊远者，其相近者聚集，其殊远者流散，是以众人聚类群分而处也。

[1]《国语·周语上》：口之宣言也，善败于是乎兴，行善而备败，其所以阜财用衣食者也。

[2]《魏书·高闾传》：蠕蠕子孙，袭其凶业，频为寇扰，为恶不悛，自相违叛。

[3] 唐韩愈《师说》：闻道有先后，术业有专攻，如是而已。

[4]《孟子·尽心上》：尽其心者，知其性也；知其性，则知天矣。

[5] 清黄宗羲《〈明儒学案〉序》：有明事功文章，未必能越前代，至于讲学，余妄谓过之。

　　万物茂盛，群类以多；众人熙攘[1]，尔我有异。知尔我之相近者，当明尔我之有异；知尔我之殊远者，则识尔我之有同。知众人之分，则可明尔我之分；识尔我之别，又可见众人之别。是以知我与众人之分别，在于我者有所取弃也。不知己者，则无以知人[2]；不知人者，亦难以知我[3]。知尔我之分限，则依乎分限而成己；知尔我之性命，则尽乎性命而成人。是以修身[4]成人者，必先知尔我之分，然后可明于自身，洽于众人，应于理数，依于时势，成于性命也。

[1]《史记·货殖列传》：天下熙熙，皆为利来；天下攘攘，皆为利往。

[2]《尚书·皋陶谟》：知人则哲，能官人。安民则惠，黎民怀之。能哲而惠，何忧乎欢兜？何迁乎有苗？何畏乎巧言令色孔壬？

[3]《国风·王风·黍离》：知我者谓我心忧，不知我者谓我何求。

[4]《礼记·大学》：身修而后家齐，家齐而后国治，国治而后天下平。

立诚第二十二

天地既有，万物以出；天地不在，众庶将殁。天地赋万物以形状，则成众庶之性命；天地类众庶以分限，亦有万物之理数。是以天地循性命理数而成万物，众庶依分限形状而见天地。天地不变，则万物性命亦不变，故知众庶之长存；天地有变，则众庶理数亦有变，故知万物之久在。是以众人观天察地，则可知天地之诚于万物，阴阳之诚于性命也[1]。天地阴阳之有诚，则万物不欺[2]于性命，性命不诬[3]于阴阳，是以天地万物为一体[4]，阴阳性命归一处也。

[1]《礼记·中庸》：诚者，天之道也；诚之者，人之道也。诚者，不勉而中，不思而得，从容中道，圣人也。
[2]《荀子·性恶》：今与不善人处，则所闻者欺诬诈伪也。
[3]《汉书·王莽传上》：有丹书著石，文曰："告安汉公莽为皇帝"。符命之说，自此始矣。莽使群公以白太后，太后曰："此诬罔天下，不可施行。"
[4]唐魏征《谏太宗十思疏》：竭诚则吴越为一体，傲物则骨肉为行路。

天地有诚，诚于万物；众人亦诚，诚于自身[1]。知众人尔我之性命，明应物处事之理数，遵而施行[2]则谓之诚[3]也。众人非诚，则不见天地之性命，万物之理数，尔我之分别[4]也。故诚于天地者，则知阴阳之性命也；诚于万物者，可知群类之理数也；

诚于众人者，亦知尔我之分限也；诚于自身者，又知依从之取弃也。众人之诚己者在于成人，诚物者在于应天[5]，是以成人者必先知人，知人者必先诚己[6]也；应天者必先敬天[7]，敬天者必先诚物也。

[1]《礼记·中庸》：顺乎亲有道，反诸身不诚，不顺乎亲矣；诚身有道，不明乎善，不诚乎身矣。

[2]《文子·上德》：雷之动也万物启，雨之润也万物解，大人施行有似于此。

[3]《礼记·中庸》：诚者，非自成己而已也，所以成物也。成己仁也；成物知也。性之德也，合外内之道也。

[4]《礼记·中庸》：诚者，自成也；而道自道也。诚者，物之终始，不诚无物。是故君子诚之为贵。

[5]《春秋繁露·三代改制质文》：汤受命而王，应天变夏作殷号。

[6]《颜氏家训·勉学》：不知诚己刑物，执辔如组，反风灭火，化鸱为凤之术也。

[7]《明史·王竑传》：陛下嗣位以来，非不敬天爱民，而天变民穷特甚者，臣窃恐圣德虽修而未至，大伦虽正而未笃。

天地无诚，不有万物；众人不诚，难有尔我。天地诚于阴阳流化，众人诚于物事理治[1]。众人效天地之所为[2]，则知自身之将为，是以既明诚之道者，又当从诚之[3]之术也。众人诚于己者，则有之自身，亦诚于众人也；诚于物者，则有之群类，故诚于天地也。诚于自身，则知众人之性命，可顺乎尔我之性命也；诚于天地，则明万物之理数，当循乎群类之理数也。众人应物理事，知尔我之分，持自身之志，辨万物之实，处群类之宜，故可诚于天地，达乎万物也。

[1]《文子·微明》：修之身，然后可以治民；居家理治，然后可移官长。

[2]《周易·系辞上》：子曰："知变化之道者，其知神之所为乎！"

[3]《礼记·中庸》：诚之者，择善而固执之者也。

秉心第二十三

天地化性[1]，万物有理；群类成命[2]，众人有识。天地生成万物，万物有之性命，则众人亦有性命；天地流化众庶，万物有之理数，则众人亦有理数。万物从于天地而不知天地，众庶依乎性命而不知性命。然众人可以观天地，察万物，知性命，识理数，惟其之有心也。众人受天地之性[3]，则有知万物之心，此尔我之所以为众人也。众人有可知之性，亦有能知之理[4]。是以尔我既有其心，则反身[5]可知众人之性命，识万物之理数，明天地之流化也。

[1]《周易·系辞上》：天地设位，而易行乎其中矣。成性存存，道义之门。

[2]《国语·鲁语上》：黄帝能成命百物，以明民共财。颛顼能修之。

[3] 汉班昭《女诫》：鄙人愚暗，受性不敏，蒙先君之余宠，赖母师之典训。

[4]《礼记·大学》：盖人心之灵莫不有知，而天下之物莫不有理，唯于理有未穷，故其知有不尽也。

[5]《周易·蹇卦·象》：山上有水，蹇；君子以反身修德。

天地赋其形于众人，区其分于尔我，蕴其心于知识[1]。众人之心成于天地之性，万物之理明于尔我之心，是以知我身与天地同在，此心与万物合一[2]也。天地无众人亦有万物，无万物之在不有众人之心；天地有万物则有众人，有众人之心故有万物之理。众人之心存与不存，取于性命在于不在也；万物之理明与不明，在于尔我知与不知也。众人之心既知，天地之理可明；尔我之心不知，万物之理难明。是以众人有心，则可以知天地也；尔我无心，则不以识万物也。

[1] 明焦竑《焦氏笔乘·读孟子》：孩提之童，则知识生，混沌凿矣。

[2] 宋张载《张子正蒙·神化》：气有阴阳，推行有渐为化，合一不测为神。

    天地有成物之性，众人有知性[1]之心。天地之化无善恶，众人之行有是非；万物之作无是非，尔我之为有善恶。众人观察天地万物，可知其利者，亦明其害[2]者，是以行为有善恶是非也。尔我之性惟成乎众人之心，众人之心则明于性命之理，故众人之心可以断是非[3]、明善恶也，又当明其性、秉其心[4]也。知所当为者而为之，不当为者而绝[5]之；明所当取者而取之，其不当取者而弃[6]之。是以众人应物有是非之取，理事有善恶之从，然后可以见其心于性命也。

[1]《孟子·尽心上》：知其性，则知天矣。存其心，养其性，所以事天也。

[2]《周易·系辞下》：爱恶相攻而吉凶生，远近相取而悔吝生，情伪相感而利害生。

[3] 唐柳宗元《复杜温夫书》：吾性骏滞，多所未甚谕，安敢悬断是且非耶？

[4]《诗经·鄘风·定之方中》：星言夙驾，说于桑田。匪直也人，秉心塞渊。

[5]《论语·子罕》：子绝四：毋意、毋必、毋固、毋我。

[6]《尚书·西伯戡黎》：非先王不相我后人，惟王淫戏用自绝，故天弃我。

止欲第二十四

天地既分，则出阴阳；阴阳既化，以有万物。天地阴阳流化不止，万物众庶生成不息[1]。天地生养万物，又长成众庶，是以天地以生养为本，众庶以长成为大也。万物生于天地，又从于性命，是以天地有造化[2]之理，万物有生养之欲，众庶有长成之求也。万物有繁衍[3]之欲，则可以生养不休；万物有茹饮[4]之求，又多以长成不止。万物无欲无求[5]，天地不以生养之多，众庶难有长成之众。是以知万物之欲求，则可见众庶之性，天地之理也。

[1]《周易·乾卦》：天行健，君子以自强不息。

[2]《庄子·大宗师》：今一以天地为大炉，以造化为大冶，恶乎往而不可哉？

[3]《周书·于谨传》：子孙繁衍，皆至显达，当时莫与为比焉。

[4]《礼记·礼运》：昔者先王未有宫室，冬则居营窟，夏则居橧巢。未有火化，食草木之实、鸟兽之肉，饮其血，茹其毛。

[5]《老子》：无为则无心，无心则无欲，无欲则无求。

天地生成，万物多有；物类区分，众人亦在。万物有欲有求，众人亦有欲有求，然众人之欲处于万物之间，又出于万物之上也。万物有茹饮繁衍之欲，众人有珍馐[1]琼浆之欲，亦有亲昵体肤[2]之欲；有趋利避害[3]之欲，又有纵心[4]滥情之欲；有征伐[5]欺凌之欲，则有驾驭[6]掌控之欲。万物有分限，万物之欲不一也；众人有尔我，众人之欲亦不一也。有近于此欲而远于彼欲者，有近于彼欲而远于此欲者，是以知尔我之性命，则可知众人之欲求也。

[1]《晋书·谢安传》：元帝始镇建业，公私窘罄，每得一豚，以为珍膳。

[2]《孟子·告子下》：故天将降大任于是人也，必先苦其心志，劳其筋骨，饿其体肤，空乏其身，行拂乱其所为。

[3] 汉霍谞《奏记大将军梁商》：至于趋利避害，畏死乐生，亦复均也。

[4] 汉张衡《归田赋》：苟纵心于物外，安知荣辱之所如。

[5]《韩非子·五蠹》：近古之世，桀纣暴乱，而汤武征伐。

[6]《周书·文帝纪下》：恩信被物，能驾驭英豪，一见之者，咸思用命。

万物之欲从乎其性，生养长成之为本也；众人之欲依乎其性，索欢取乐之为先也。众人处其群分，各依其性，多从其欲者，则难均依其性，悉从其欲也。众人各约[1]其性，又止其欲者，则可尽依其性，皆从其欲也。尔我之欲不外于万物之欲，众人之理不出于天地之理。然众人之欲，远于万物之理为多，切于天地之理为少也。众人知其理者，可止其欲[2]也；不知其理者，难止其欲也。故众人以生养成长为本，以索欢取乐为末，止其逾越之欲，然后可以周洽于天地万物也。

[1]《论语·子罕》：夫子循循然善诱人，博我以文，约我以礼。

[2]《周易·蒙·象》：山下有险，险而止，蒙。

定情第二十五

天地有变，万物以感[1]；阴阳有迁，众庶以应。天地生成万物，众庶感应[2]天地，故天地有之变化，则万物之情蔚然[3]而起也。万物无心，亦有性情之变；众庶无知，乃有情性之移。万物之于天地，惟以生养长成，故有选择之行，趋避之为也。顺于其性者，可生欢乐之情；逆[4]于其性者，则起恼怒之情；知命不定[5]者，又有忧惧[6]之情；知命不成者，亦出悲哀[7]之情。万物之情发于天地，流于众人，是以众人之情可通达于天地万物也。

[1]《周易·咸·彖》：天地感而万物化生，圣人感人心而天下和平。

[2]《汉书·礼乐志》：《书》云击石拊石，百兽率舞。鸟兽犹且感应，而况于人乎？况于鬼神乎？

[3] 宋欧阳修《醉翁亭记》：望之蔚然而深秀者，琅琊也。

[4]《尚书·太甲下》：有言逆于汝心，必求诸道。

[5]《庄子·天地》：纯白不备，则神生不定；神生不定者，道之所不载也。

[6]《列子·杨朱》：痛疾哀苦，亡失忧惧，又几居其半矣。

[7]《史记·五帝本纪》：尧辟位凡二十八年而崩，百姓悲哀，如丧父母。

　　天地有阴阳，万物识之理数；众人有性情[1]，尔我见之行为。天地无物，不有尔我之心；万物无情，难有众人之性。众人感应于天地万物，故尔我之心达于天地之心，众人之情通于万物之情也。众人之情，循天地之性而出，从群类之物而发，随应接之事而起。万物有欢乐悲怒之情，无爱憎好恶[2]之情。然众人有心，同于我者则有近爱[3]之情；众人有知，异于我者则有远憎之情。众人之心断乎众人之为，众人之情定乎众人之行，是以知众人爱憎好恶之情，则可明乎众人之性也。

[1]《周书·苏绰传》：人受阴阳之气以生，有情有性。性则为善，情则为恶。

[2]《礼记·王制》：命市纳贾，以观民之所好恶，志淫好辟。

[3]《韩非子·主道》：是故诚有功则虽疏贱必赏，诚有过则虽近爱必诛。疏贱必赏，近爱必诛，则疏贱者不怠，而近爱者不骄也。

天地理数，赋之性情；众人性命，有之循依。众人既接物而生情，则万物之纷然，众人之情亦泛滥也。众人成尔我之分，有至情至性之人，亦有绝情绝性之人。众人知万物之当然，其情未必所以然；尔我明万物之将然，其情不成以必然。众人之欲深于物[1]者，则尔我之情多过于其理；众人之欲浅于物者，则尔我之情又昧于其理。众人之情成于众人之心，是以理正于物[2]，调和于心，融洽于事[3]，则喜怒哀乐之情可以发乎中节[4]也。

[1]《庄子·大宗师》：屈服者，其嗌言若哇。其耆欲深者，其天机浅。

[2]《荀子·王霸》：礼之所以正国也。譬之，犹衡之于轻重也，犹绳墨之于曲直也。

[3]《礼记·仲尼燕居》：凡众之动失其宜，如此则无以祖洽于众也。

[4]《中庸》：喜怒哀乐之未发，谓之中；发而皆中节，谓之和。

养生第二十六

天有阴阳，日分昼夜；物有盈虚，人归生死。万物有生养长成，众庶有衰败[1]凋亡[2]。天地之于万物，谨其生也，慎其养也。万物无生则不以有其形，无形则难以养其体；无体则不以成其状，无状则难以尽其命。万物无生养，难以有之长成；众庶无长成，不以见之生养，故万物以生养为先，以长成为次也。众人出于万物众庶，无生则不以成人，无养则难以成众。故众人亦以生养为先，以长成为次，然后可以应物理事，成其性命也。

[1] 唐卢伦《早春游樊川野居却寄李端校书兼呈崔峒补阙司空曙主簿耿㳫拾遗》：韶光偏不待，衰败巧相仍。

[2]《陈书·世祖纪》：自丧乱以来，十有余载，编户凋亡，万不遗一，中原氓庶，盖云无几。

万物有分限，众人有形体；群类有长短，尔我有性命。万物无分限，则难以出群类；尔我无形体，则不以成众人。是以形体既在，则其性命之有限；性命不一，则其形体之限殊异。众人既生，不当以夭折[1]；众人既养，又何以减寿。然形体无缺，反以短殇[2]之命；躯肢有残，却有百龄[3]之年。众人有殇，无以成之笄冠[4]；众人长寿，多以过之耄耋[5]。众人殇寿之为少，殇寿之间则为多，是以当谨养其形，慎养其体，故可始于笄冠，终于耄耋也。

[1]《荀子·荣辱》：乐易者常寿长，忧险者常夭折：是安危利害之常体也。

[2] 晋王羲之《兰亭集序》：固知一死生为虚诞，齐彭殇为妄作。

[3] 唐王勃《滕王阁序》：舍簪笏于百龄，奉晨昏于万里。

[4]《通典·礼五一》：笄冠有成人之容，婚嫁有成人之事。

[5]《礼记·射义》：幼壮孝母，耆耋好礼。

众人形体既在，可以知天明命；众人形体不存，难以应物理事。故众人养生之为，归于应天地之万物，理群类之事宜也。万物有形[1]无心，是以止养其形[2]也；众人有体有心，是以既养其体[3]，亦养其心[4]也。养体之为，在于限制之饮食，适宜之衣裳[5]，谨慎之医药，经久之游戏；养心之迹，在于依天地之理，从自身之性，秉善恶之知，止逾越之欲，定泛滥[6]之情。众人穷极于欲则损其性命，恣过于情则害其心志，是以形体之有限，而养生之为无限也。

[1]《韩非子·喻老》：有形之类，大必起于小，行久之物，族必起于少。

[2]《庄子·达生》：养形必先之以物，物有余而形不养者有之矣。

[3]《荀子·正名》：粗布之衣，粗紃之履，而可以养体。

[4]《孟子·尽心下》：养心莫善于寡欲。其为人也寡欲，虽有不存焉者，寡矣。其为人也多欲，虽有存焉者，寡矣。

[5]《周易·系辞下》：黄帝、尧、舜垂衣裳而天下治，盖取诸乾坤。

[6]《孟子·滕文公上》：当尧之时，天下犹未平，洪水横流，泛滥于天下。

格物第二十七

万物既存，依天从地；众人亦在，应物理事。天地深邃，群类[1]栖之其内；万物纷然，众人处于其间[2]。众人感应天地，其心志之所起，行迹之所接，皆以为物也。日月山川、草木飞走为物，思绪[3]名实、言语事功亦为物，故众人往来应接，不外于万物也。天地之内，既生有形之物，又有无体之物；众人之外，既见可知之物，又有不可知之物。万物循之天地，应物者必先知物也；众人效之圣贤，理事者必先明事也。是以众人知物在于格物，明事在于治事也。

[1] 唐张说《为留守作瑞禾杏表》：陛下覆翼万方，植生群类。

[2]《左传·僖公四年》：君处北海，寡人处南海，唯是风马牛不相及也。

[3]《文心雕龙·附会》：且才分不同，思绪各异，或制首以通尾，或尺接以
　　寸附。

　　天地有万物，万物有性命，性命有遂成[1]。是以众人格物在于
致知[2]，致知在于明理[3]，明理在于尽性[4]，尽性在于成命[5]也。
众人既有格物之性，又以格物之命；均有格物之能，亦成格物之
行。众人格一物则可以格万物，格万物则至于格天地，是以众人格
物即是格天也。一物有一物之理，万物有万物之理，万物之理从于
天地之理也。众人格一物可知一物之理，格万物可明万物之理，是
以众人格天地之物，则可知天地之理；明万物之理，则可尽万物之
性也[6]。

[1]《荀子·哀公》：大道者，所以变化遂成万物也。
[2]《礼记·大学》：所谓致知在格物者，言欲致吾之知，在即物而穷其
　　理也。
[3]汉桓宽《盐铁论·申韩》：明理正法，奸邪之所恶而良民之福也。
[4]《中庸》：唯天下至诚，为能尽其性，能尽其性，则能尽人之性，能尽人
　　之性，则能尽物之性。
[5]《周易·说卦传》：和顺于道德，而理于义；穷理尽性，以至于命。
[6]宋朱熹《大学章句》：是以大学始教，必使学者即凡天下之物，莫不因
　　其已知之理而益穷之，以求至乎其极。

　　众人有心，可以格物；众人有欲，不止格物。众人之于万物
也，辨其形，明其状，见其显，探其幽，知其然，索其因，求其果，
观其限，察其全[1]，此为格物之周道[2]也。物不格不知，事不治不
明，故以此格物之道，天地有物可以知也，众人有事亦以明也。格

物之心应天地万物，格物之道成众庶事宜。然有格物之心者，未必明格物之道；有格物之道者，必以成格物之心。故有格物之心，无格物之道者，难以知天地之物，不以明万物之理也。

[1]《荀子·劝学》：君子知夫不全不粹之不足以为美也，故诵数以贯之，思索以通之，为其人以处之，除其害以持养之。

[2]《诗经·小雅·大东》：周道如砥，其直如矢。君子所履，小人所视。

修身第二十八

天地正位，万物滋育[1]；众人明状，尔我彰显。天地失位[2]，则不以成万物也；众人晦状，则难以辨尔我也。众人既生于天地，处于群分，其所为者，在于应物理事；其所成者，归于明德[3]立功[4]。应天地之物者，当格物致知以正其位；理众人之事者，亦修身明德以立其功。万物之位正，则天地之位可以正也；尔我之身修，则众人之身多以修也。是以应物理事，适万物之宜，必先正万物之位也；明德立功，辨众人之别，必先修尔我之身也。

[1] 晋成公绥《天地赋》：何滋育之罔极兮，伟造化之至神。

[2]《九章·涉江》：阴阳易位，时不当兮。怀信佗傺，忽乎吾将行兮。

[3]《大学》：古之欲明明德于天下者，先治其国；欲治其国者，先齐其家；欲齐其家者，先修其身；欲修其身者，先正其心；欲正其心者，先诚其意；欲诚其意者，先致其知，致知在格物。

[4]《左传·襄公二十四年》：豹闻之："太上有立德，其次有立功，其次有立言，虽久不废，此之谓不朽。"

天地成物，不知是非；众人修身，则明善恶。众人观天地之生养万物，是以为善也；察天地之弃绝万物，是以为恶也。天地万物既生生不息[1]，又成成不止，故知天地之善多于恶也。众人之行有仁有义者，是以为善也；众人之为不仁不义者，是以为恶也。仁义之行未绝，是以知众人之善亦多于恶也。众人既知善恶之分，躬行[2]其善者，则可以明其德也；摒除其恶者，又可以立其功也。故众人修身者，当以取善摒恶为依也，以仁义之行为本也。

[1] 宋周敦颐《太极图说》：二气交感，化生万物，万物生生，而变化无穷焉。

[2] 《论语·述而》：躬行君子，则吾未之有得。

天地有判，则分人物[1]；众人有别，可知尔我。尔我有心，则可以格知[2]天地；众人有身，又当以辨行善恶[3]。众人日以行之，月以为之，年以继之，岁以成之[4]，其善者日则以加，其恶者夜则以减[5]，故终可至于君子[6]也。众人格物，然后可以致知；众人修身，其次可以正人。众人之身正，则万物随之以正；众人之身修，则万物即之以修。是以众人修身者，故当诚其意[7]，秉其心[8]，止其欲，定其情，然后格知天地，正万物之位，辨众人之别也。

[1] 《隋书·律历志上》：自夫有天地焉，有人物焉。

[2] 《尚书·大诰》：矧曰其有能格知天命。

[3] 《论语·述而》：三人行，必有我师焉。择其善者而从之，其不善者而改之。

[4] 《孔子家语·六本》：故曰与善人居，如入芝兰之室，久而不闻其香，即与之化矣。与不善人居，如入鲍鱼之肆，久而不闻其臭，亦与之化矣。

[5] 《大戴礼记·文王官人》：其礼先人，其言后人，见其所不足，日日益

者也。

[6]《论语·宪问》：君子道者三，我无能焉；仁者不忧，知者不惑，勇者不惧。

[7]《礼记·大学》：所谓诚其意者，毋自欺也。如恶恶臭，如好好色，此之谓自谦。故君子必慎其独也。

[8]《礼记·大学》：心不在焉，视而不见，听而不闻，食而不知其味，此谓修身在正其心。

成人第二十九

天地流化，在于成物[1]；众庶修身，归于成人[2]。天地阴阳流化，既以赋万物群类之形，又以定众人尔我之性。故众人格物致知，终以察万物众人之性也。察万物之性，可明其将以成也；识众人之性，又知其所以修也。万物受天地之性，尽乎其性则可以成物；尔我知自身之性，尽乎其性[3]则可以成人。不尽天地之性，无以知万物，亦难以成万物也；不尽众人之性，难以知尔我，亦无以成尔我也。是以万物生于天地，则成于天地；尔我出于众人，又成于众人也。

[1]《史记·乐记》：穷高极远而测深厚。乐著大始，而礼居成物。

[2]《论语·宪问》：子路问成人。子曰："若臧武仲之知，公绰之不欲，卞庄子之勇，冉求之艺，文之以礼乐，亦可以为成人矣。"

[3]《礼记·中庸》：唯天下至诚，为能尽其性，能尽其性，则能尽人之性，能尽人之性，则能尽物之性。

众人格物，可知性命；尔我明理，亦知人伦[1]。众人观天地，则知万物之所来；尔我察众人，则知人伦之所在。尔我处于群分，临以天地、社稷[2]、父母、亲友、众人，接以应物理事，当明其位、知其分、慎其行，是以有人伦纲纪[3]也。尔我处众人之内则有人伦，出众人之外亦有纲纪，故众人之性始乎人伦，众人之命终乎纲纪也。尔我有众人之性，亦有众人之命。尔我之性在于知人[4]，尔我之命在于成人，是以成尔我之命在于知尔我之性，然后尽尔我之性也。

[1]《孟子·滕文公上》：人之有道也，饱食暖衣、逸居而无教，则近于禽兽。圣人有忧之，使契为司徒，教以人伦。

[2]《孟子·尽心下》：孟子曰："民为贵，社稷次之，君为轻。"

[3]《汉书·礼乐志》：夫立君臣，等上下，使纲纪有序，六亲和睦，此非天之所为，人之所设也。

[4]《礼记·中庸》：质诸鬼神而无疑，知天也；百世以俟圣人而不惑，知人也。

天地成物，从乎其性；尔我成人，修乎其身。众人既在，有其自身之性命，尔我既知其性，当明理恭行[1]以成其命也。是以众人有敬天地之性，则尔我尽天地之敬也；众人有忠社稷之性，则尔我尽社稷之忠[2]也；众人有孝父母之性，则尔我尽父母之孝[3]也；众人有义亲友[4]之性，则尔我尽亲友之义[5]也；众人有仁万物之性，则尔我尽万物之仁[6]也。故尔我知人伦纲纪之所从来，明敬忠孝义仁之所应用，处之有宜，为之有始，成之有终，则可以尽其性，成其命也。

[1]《尚书·甘誓》：有扈氏威侮五行，怠弃三正。天用剿绝其命，今予惟恭

行天之罚。

[2]《史记·屈原列传》：人君无愚智贤不肖，莫不欲求忠以自为，举贤以
自佐。

[3]《论语·为政》：孟懿子问孝，子曰："无违。"樊迟御，子告之曰："孟孙
问孝于我，我对曰'无违'。"樊迟曰："何谓也？"子曰："生，事之以
礼；死，葬之以礼；祭之以礼。"孟武伯问孝，子曰："父母唯其疾之忧。"

[4]《战国策·赵策一》：孟尝君曰："文甚不取也。夫所借衣车者，非亲友，
则兄弟也。"

[5]《孟子·告子上》：生，亦我所欲也，义，亦我所欲也。二者不可得兼，
舍生而取义者也。

[6]《礼记·乡饮》：南方者夏，夏之为言假也，养之、长之、假之，仁也。

君子第三十

天地有物，始于其类；尔我成人，终乎其分。天地之性在于生
物[1]，则阴阳有成物之为；众人之性在于成人，则尔我有修身之
行。众人之性，有知修身成人者，可以明修身之为；亦有不知修身
成人者，多以昧弃身[2]之行。成物之为依乎天地，修身之行取于众
人，是以有始终成为者，有荒殆修行者。众人知性不一，明命殊
异，尽性修身者可为君子[3]，从欲弃身者终为小人[4]。故众人君子
小人之分，始于知与不知者，次于修与不修者，终于成与不成
者[5]也。

[1]《荀子·礼论》：天能生物，不能辨物也；地能载人，不能治人也。

[2]《梁书·徐勉传》：非徒弃日，乃是弃身，身名美恶，岂不大哉！可不
慎与？

[3]《孝经·圣治章》：君子则不然，言思可道，行思可乐，德义可尊，作事

可法，容止可观，进退可度，以临其民。

[4]《论语·述而》：君子坦荡荡，小人长戚戚。

[5]《论语·季氏》：君子有九思：视思明，听思聪，色思温，貌思恭，言思忠，事思敬，疑思问，忿思难，见得思义。

　　万物生长，既有高低；众人修身，亦有上下[1]。知修身之务，践修身之行者，则有圣人[2]君子也；弃修身之务，昧修身之行者，则有小人竖子[3]也。圣人者，立于人伦之极[4]；君子者，处于人伦之中；小人者，位于人伦之下；竖子者，置于人伦之耻[5]。众人既有恻隐羞耻之心[6]，然行之有大小远近，是以多可为君子，少能成圣人也；又多能为小人，少可为竖子也。众人之性命明于君子之心，尔我之修身在于君子之行，故众人修身者，归于成之君子，远之小人也。

[1]《孟子·告子上》：孟子曰："水信无分于东西，无分于上下乎？"

[2]《周易·乾·文言》：知进而不知退，知存而不知亡，知得而不知丧，其唯圣人乎？知进退存亡而不失其正者，其唯圣人乎！

[3]《史记·项羽本纪》：亚父受玉斗，置之地，拔剑撞而破之，曰："唉！竖子不足与谋！"

[4]《孟子·公孙丑上》：规矩，方圆之至也；圣人，人伦之至也。

[5]《论语·公冶长篇》：巧言、令色、足恭，左丘明耻之，丘亦耻之。

[6]《孟子·告子上》：恻隐之心，人皆有之；羞恶之心，人皆有之；恭敬之心，人皆有之；是非之心，人皆有之。

　　知天地之理，则可尽人伦之道；秉仁义之心，又以成君子之行[1]。君子于仁义之心，不阻不止；于仁义之行，不避不让[2]。观仁义之为，必深与^[3]之；见险恶之行，必深耻之。小人于险恶之心，亦不阻不止；于险恶之行，亦不避不让。观仁义之为，必不与之；见险恶之行，必不耻之。待君子以君子之道，必以多庆^[4]；待小人以君子之道，或可取祸^[5]。待君子以小人之道，多以无事；待小人以小人之道，或可致庆。故众人应物理事，当以君子小人之道相待其人也。

[1]《周易·乾·文言》：君子体仁足以长人，嘉会足以合礼，利物足以和义，贞固足以干事。君子行此四德者，故曰，乾，元亨利贞。

[2]《论语·卫灵公》：当仁不让于师。

[3]《论语·先进》：莫春者，春服既成，冠者五六人，童子六七人，浴乎沂，风乎舞雩，咏而归。夫子喟然叹曰：吾与点也！

[4]《周易·坤·文言》：积善之家，必有余庆；积恶之家，必有余殃。

[5]《荀子·天论》：顺其类者谓之福，逆其类者谓之祸。

第 四 卷

劝学第三十一

　　天地之成，有其理数；万物之治，有其道术。不知天地之道理，则无以统万物；不明万物之术数，则难以治庶事[1]。故君子众人有所格也，亦有所学也。天地之理数，可格而知之；万物之道术，可学而明之。天地万物不格不知，君子众人不学不成。故众人不格则无以明道理，不学则难以知术数[2]。众人既学，则可知万物之本源，众庶之流变，应物之术数，理事之根本也。是以众人应物理事，君子修身成人，皆在于为学，故不可不劝之[3]也。

[1]《尚书·益稷谟》：元首明哉，股肱良哉，庶事康哉！
[2]《后汉纪·献帝纪二》：（蔡邕）博学，有俊才，善属文，解音声、伎艺并术数之事，无不精综。
[3]《荀子·劝学》：君子博学而日参省乎己，则知明而行无过矣。

　　观乎近身[1]，察于远人，则知众人有生而知之者，有学而知之者[2]。生而知之者为圣贤，圣贤非不格而知、不学而明，依其性而自知天地之道理；学而知之者为庶人，庶人非格而不知、学而不明，从其学而可知万物之术数。众人为学，皆以其所知临不知之

· 87 ·

域，则广其知；以其所明加不明之处，又益其明。众人生以有别，然学以无类，始均为无知，终皆为有获。生而为圣贤，弃学则终为小人；生而为庶人，从学则可成君子[3]。是以君子小人成乎其人，皆在于为与不为也。

[1]《周易·系辞下》：古者包羲氏之王天下也，仰则观象于天，俯则观法于地，观鸟兽之文与地之宜，近取诸身，远取诸物，于是始作八卦，以通神明之德，以类万物之情。

[2]《论语·季氏》：子曰："生而知之者，上也；学而知之者，次也；困而学之，又其次也；困而不学，民斯为下矣。"

[3]《论语·学而》：贤贤易色；事父母，能竭其力；事君，能致其身；与朋友交，言而有信。虽曰未学，吾必谓之学矣。

众人应物，止于其术；君子理事，在于其道。是以众人之学有君子之学[1]，亦有小人之学[2]也。小人之学，止于术数，则不知乎天理，不明于大道[3]；君子之学，止于道理，故知乎事术，明于物数[4]。圣贤知天地万物之性命，是以君子以圣贤之道为学[5]，循圣贤之迹，行圣贤之事也。知君子之学者，则知修身之所为；行君子之学者，又有尽性之所成。众人皆有循理之性，明道之心，故劝其起于小人之学，终于君子之学[6]，然后可以知天地之道理，治万物之事宜也。

[1]《荀子·劝学》：君子之学也，入乎耳，著乎心，布乎四体，形乎动静。端而言，蠕而动，一可以为法则。

[2]《荀子·劝学》：小人之学也，入乎耳，出乎口；口耳之间则四寸耳，曷足以美七尺之躯哉！

[3]《荀子·劝学》：君子之学也，以美其身；小人之学也，以为禽犊。

[4]《礼记·大学》：大学之道，在明明德，在亲民，在止于至善。

[5]《通书·陋第三十四》：圣人之道，入乎耳，存乎心，蕴之为德行，行之为事业。彼以文辞而已者，陋矣。

[6]《荀子·劝学》：学恶乎始？恶乎终？曰：其数则始乎诵经，终乎读礼；其义则始乎为士，终乎为圣人。

经传第三十二

天地之理，则有流行；圣贤之学，则有文章[1]。天地不言，万物为征，故格万物可以见天地之理；圣贤不作，经传为文，故览经传[2]可以明圣贤之心[3]。圣贤之言及于天地之物，圣贤之心达乎天地之理[4]，故知圣贤之言，可以识天地之理也。天地之理见于圣贤之言则为经[5]，敷于君子之文则为传[6]。是以天地有理，圣贤有经，君子有传也。经传之衍义，在于彰明天地之道理。众人为学，难于格天地之理，易于览经传之文，故君子修身成人者，不可不览之经传也。

[1] 汉公孙弘《请为博士置弟子员议》：诏书律令下者，明天人分际，通古今之义，文章尔雅，训辞深厚，恩施甚美。

[2]《史记·太史公自序》：六艺经传以千万数，累世不能通其学，当年不能究其礼。

[3] 明王阳明《传习录·中》：夫圣人之心，以天地万物为一体，其视天下之人，无外内远近，凡有血气，皆其昆弟赤子之亲，莫不欲安全而教养之，以遂其万物一体之念。

[4]《庄子·知北游》：天地有大美而不言，四时有明法而不议，万物有成理而不说。圣人者，原天地之美而达万物之理。

[5] 汉班固《白虎通义·五经》：五经何谓？谓《易》、《尚书》、《诗》、《礼》、《春秋》也。

[6]《文心雕龙·史传》：传者，转也；转受经旨，以授于后，实圣文之羽翮，记籍之冠冕也。

　　天地者，万物之循依；经书者，圣贤之纲纪；传文者，君子之准则。圣贤知天地之理，明万物之道，书之于载籍[1]，布之于方策[2]，则众人可以得而读之，获而览之也。天地之理既在经，读之可明万物之道；经文之义又在传，览之又识经书之要。读一经可以通诸经，通诸经则可达天理也；览一传可以彻诸传，彻诸传则可明圣心也。明理之一端，推而衍之[3]，可以明理之万端；知事之一端，援而应之，又以知事之万端。故明理知事者，当读之经也，又览之传也。

[1]《史记·伯夷列传》：夫学者载籍极博，犹考信于六艺。
[2]《中庸》：文武之政，布在方策，其人存，则其政举；其人亡，则其政息。
[3]《汉书·公孙刘田王杨蔡陈郑传赞》：博通善属文，推衍盐铁之议，增广条目，极其论难，著数万言。

　　天地之理不变，则经传之义亦不变。然知天理之圣贤为少，述经义之作者为多。经以文字[1]，不足以涵盖万物；传以说辞，难尽以归纳经文。是以经传文字之为小，衍义之为大也。读传以解经，经或有不解[2]；览经以明理，理多有不明。训诂之释，可知文字之构，难以识天地之理，故览经以明理为上，训诂为下。传文之析，可识经文之来，未必明圣贤之心，故读传以通经[3]为上，以知文为下。是以读传而有经义[4]之辩论，览经而有体悟[5]之知行，则可以有所发挥[6]也。

[1]《颜氏家训·勉学》：夫文字者，坟籍根本，世之学徒，多不晓字。

[2]《师说》：人非生而知之者，孰能无惑？惑而不从师，其为惑也，终不解矣。

[3]《后汉书·蔡邕传》：昔孝宣会诸儒于石渠，章帝集学士于白虎，通经释义，其事优大，文武之道，所宜从之。

[4]《汉书·张禹传》：宣之来也，禹见之于便坐，讲论经义，日晏赐食，不过一肉卮酒相对。

[5]明王阳明《传习录·下》：良知明白，随你去静处体悟也好，随你去事上磨炼也好。

[6]《周易·乾·文言》：刚健中正，纯粹精也。六爻发挥，旁通情也。

庭训第三十三

天地顺序[1]，春夏秋冬；万物依次，生长收藏。日夜有晨昏暮午，众人有少壮老成[2]。天地以少为之多，万物以小为之大，众人以幼为之壮。故天地无阴阳之化，则不成万物之多；万物无风雨之养，则难成群类之广；众人无父母之育，则罔成君子之类。众人生于婴儿[3]，亡父母之育，形体不以成人；失双亲之养，知行难以应事[4]。众人聆[5]父母之训，则可以有知；听父母之命，又可以有行。是以众人不从父母之庭训[6]，则难以有长成知行也。

[1]《后汉书·爰延传》：动静以礼，则星辰顺序；意有邪僻，则晷度错违。

[2]《论语·季氏》：君子有三戒：少之时，血气未定，戒之在色；及其壮也，血气方刚，戒之在斗；及其老也，血气既衰，戒之在得。

[3]《老子》：我独泊兮，其未兆，如婴儿之未孩。

[4]《列子·说符》：投隙抵时，应事无方，属乎智。

[5] 汉扬雄《法言·五百》：聆听前世，清视在下，鉴莫近于斯矣。

[6]《旧唐书·刘赞传》：赞久为廉察，厚敛殖货，务贡奉以希恩。子弟皆亏庭训，虽童年稚齿，便能侮易骄人，人士鄙之。

　　天地依阴阳流化，万物随时序变迁。众人既有孩幼[1]之齿，又有父母之年；已有数秩之岁，则有耄耋之龄。众人孩抱于父母，则少观父母之言，察父母之行；养成[2]于父母，则长行父母之事，从父母之志。父母以其言行为庭训，众人亦以其言行为子孙之庭训也。是以有父母者则有其众人也，知众人者亦知其父母也。众人不修身，则难以为父母；众人不庭训，则无以为长成。是以众人生于父母，亦成于父母也；众人庭训于父母，亦父母于庭训也。

[1]《焦氏易林·渐之大畜》：襁褓孩幼，冠带成家，出门如宾，父母何忧。

[2]《吕氏春秋·本生》：始生之者，天也；养成之者，人也。

　　众人知父母者，则可以成父母；众人有庭训者，则可以为庭训。父母之庭训者，在于众人幼识天地之物，少有成人之志，长明万物之理，成治物事之宜也。众人从之庭训者，归乎知万物之性命，君子之行从，始于应物理事，终于修身成人也。然后有仁有义，有诚有信，有情有性，有志有为，有礼有仪[1]；不凝不固，不荡不流[2]，不虚不妄[3]，不狂不悖[4]，不暴不弃[5]。是以众人庭训者，知此生之所成，则有所以为之也；明此生之所取，又有所以弃之也。

[1]《诗经·小雅·楚茨》：为豆孔庶为宾为客。献酬交错，礼仪卒度，笑语

卒获。

[2] 《楚辞·远游》：意荒忽而流荡兮，心愁悽而增悲。

[3] 《论衡·书虚》：世信虚妄之书，以为载于竹帛上者，皆贤圣所传，无不
然之事，故信而是之，讽而读之。

[4] 《国语·周语下》：若视听不和，而有震眩，则味入不精，不精则气佚，
气佚则不和。于是乎有狂悖之言，有眩惑之明。

[5] 《孟子·离娄上》：自暴者，不可与有言也；自弃者，不可与有为也。

尊师第三十四

天地有理，随以流化；众人有知，从以教授[1]。众人生养长
成，有所不知也，亦有所不明也。然众人应物理事，内有父母之庭
训，外有师长[2]之传授[3]，故可知其不知也，明其不明也。是以众
人出于家室[4]，游于乡里[5]，不可不有之师[6]也。众人从师之受
教，可以博其知，广其闻，定其志，谨其言，慎其行[7]也，故众人
不可不尊师[8]也。众人有师长之教，可以补父母之庭训；众人有师
长之尊，又可尽知行之传授。是以众人格物明理，修身成人，必有
其师也，亦当尊其师也。

[1] 《史记·仲尼弟子列传》：子夏居西河教授，为魏文侯师。

[2] 《周礼·地官》：教三行，一曰孝行，以亲父母；二曰友行，以尊贤行；
三曰顺行，以事师长。

[3] 《春秋繁露·身之养重于义》：此大治之道也，先圣传授而复也。

[4] 《诗经·周南·桃夭》：桃之夭夭，灼灼其华。之子于归，宜其室家。

[5] 《管子·立政》：劝勉百姓，使力作毋偷，怀乐家室，重去乡里，乡师之事也。

[6] 唐韩愈《师说》：古之学者必有师。师者，所以传道受业解惑也。

[7] 《礼记·中庸》：博学之，审问之，慎思之，明辨之，笃行之。

[8]《礼记·学记》：大学之礼，虽诏于天子，无北面，所以尊师也。

众人从师之问，可以明天地之道理；众人从师之学，又以知君子之行为。故为师者[1]，当知天地之理，明万物之道，体圣贤之训，赋经传之义，辨事宜之术也。天地有可知之物，万物有可明之理，是以知众人不知之物，明尔我不明之理，皆可以为众人之师也。故为师者不必穷知万物，然不可不知一物；不必尽明万理，然不可不明一理。师者无大小，知者有先后[2]。有师者广知天地之道理，有师者多明万物之术数，故众人从其师者，或以有之道也，或以有之术也，或可以皆有之道术也。

[1]《论语·为政》：温故而知新，可以为师矣。
[2] 唐韩愈《师说》：是故弟子不必不如师，师不必贤于弟子，闻道有先后，术业有专攻，如是而已。

众人从于师，师者当有之传授；众人尊于师，师者必有之德行。师者知天地之理，可以明圣贤之心；赋经传之义，又以为君子之行。是以不明圣贤之心者，不为君子之行者，虽束脩以往[1]，传授以道术，亦不可以为师也。众人尊其师者，尊其德行[2]也，是以无德行者，不可以尊之，亦不可以敬[3]之，故尊师必以其道也。众人尊师不以其道，则有师之名而无师之实[4]者处于其列，大坏为师之纲纪也。众人幼则从父母，少则从师长，壮则从君子，故长大成人者，不可不慎择其师也。

[1]《论语·述而》：自行束脩以上，吾未尝无诲焉。

[2]《礼记·中庸》：故君子尊德性而道问学，致广大而尽精微，极高明而道中庸。

[3]《诗经·周南·葛覃》序：服浣濯之衣，尊敬师傅，则可以归安父母，化天下以妇道。

[4]《国语·晋语八》：叔向见韩宣子，宣子忧贫，叔向贺之。宣子曰："吾有卿之名，而无其实，无以从二三子，吾是以忧，子贺我，何故？"

交友第三十五

天地生养，群分以类；众人长成，辨别[1]以友。万物之性者相近，则其类者以聚；众人之性者不远，则其友者以来。众人性情相同者，谓之其群；众人心志不异者，为之其友[2]。故观其群者，可知众人之性；察其友者，又明众庶之人。众人居则有父母之庭训，出则有群友[3]之规劝，外则有师长之教授，是以格物以知，讲论[4]以明，切磋[5]以行，久相以荡，转相以益，故可日夜精进[6]也。众人为学修身，有友者可以相砺，无友者难以相益，是以众人交友者之为大矣。

[1] 宋曾巩《范贯之奏议集序》：或矫拂情欲，或切劘计虑，或辨别忠佞而处其进退。

[2]《后汉书·马援传》：春卿事季孟，外有君臣之义，内有朋友之道。

[3]《周易·兑卦》：象曰：丽泽，兑，君子以朋友讲习。

[4] 汉班固《西都赋》：讲论乎六艺，稽合乎同异。

[5]《荀子·天论》：若夫君臣之义，父子之亲，夫妇之别，则日切瑳而不舍也。

[6] 宋李纲《雷阳与吴元中书》：卦之象无所不取，而君子观之，无所不法。自强不息，积小而大，非精进乎？

天地化物，成乎其类；众人交友，取乎其分。众人性情不一，其友者差别，故知自身之性情，则可以择其友也。君子以君子为友，小人以小人为友，情理之然也。众人性命在于成人，心志归于修身，是以有其友者，相袭[1]于圣贤之迹，共践于君子之为也。众人言语娴雅[2]者，可以为友也；德行纯厚者，亦以为友也；事功谨慎者，又以为友[3]也。有君子之友者，则可近乎君子；有小人之友者，故多从于小人[4]。是以众人为学修身，不可不慎交其友[5]也。

[1]《文心雕龙·封禅》：虽复道极数殚，终然相袭，而日新其采者，必超前辙焉。

[2]《后汉书·马援传》：（朱）勃衣方领，能矩步，辞言娴雅，援裁知书，见之自失。

[3]《礼记·儒行》：儒有合志同方，营道同术；并立则乐，相下不厌；久不相见，闻流言不信；其行本方立义，同而进，不同而退。其交友有如此者。

[4]《论语·季氏》：益者三友，损者三友。友直、友谅、友多闻，益矣；友便辟、友善柔、友便佞，损矣。

[5]《论语·学而》：子曰："君子不重则不威，学则不固。主忠信，无友不如己者，过则勿惮改。"

众人交友，慎以择之；众人临友，谨以处之。众人之友日以接之，月以对之，是以互知其善者，亦知其恶者；相知其有余者，亦知其不足者。众人言则其友规之失，行则有其友谏之过，是以其恶者多销，其不足者益减也。然众人知友者之失，可以规之，不可以狎之；识友者之过，可以谏之，不可以侮之[1]。圣贤有主数之训，君子有友谏之戒[2]。故众人交之不以其色，处之不以其疵[3]，言之不避其辞，行之不嫌其让，是以可成其友也，亦成其人也。

[1]《礼记·曲礼》：礼不逾节，不侵侮，不好狎。修身践言，谓之善行。

[2]《论语·里仁》：子游曰："事君数，斯辱矣；朋友数，斯疏矣。"

[3]《周易·系辞上》：悔吝者，言乎其小疵也。

结党第三十六

天地流化，无其心也；众人理治[1]，有其心也。天地无心，故可以成其公[2]；众人有心，则多以为其私[3]。天地生之万物，众人成之社稷，是以天地以万物致其公，众人以社稷行其私。然众人孤身无以成之，群聚难以尽之，是以有结党之为也。众人以私之名结党者为其私，以公之名结党者亦为其私，故结党[4]以行其私者，可以尽成之也。众人结党者难以为公，皆以行其人之私，又可成其党之私。是以君子修身，不以私为念者，当谨处其群，禁结其党[5]也。

[1]《礼记·昏义》：教顺成俗，外内和顺，国家理治，此之谓盛德。

[2]《礼记·礼运》：大道之行也，天下为公，选贤与能，讲信修睦。

[3]《老子》：天长地久。天地所以能长且久者，以其不自生，故能长生。是以圣人后其身而身先，外其身而身存。非以其无私邪？故能成其私。

[4] 宋曾巩《分宁县云峰院记》：意向小戾，则相告讦，结党诈张，事关节以动视听。

[5]《隋书·卢恺传》：自周氏之降，选无清浊，及恺摄吏部，与薛道衡、陆彦师等甄别士流，故涉党锢之谮，遂及于此。

众人应物理事，为学修身，悉以其性情者也。是以君子者有君子之行，小人者有小人之行。君子有群分[1]之类，小人有私党[2]之结。小人以其情好利近者为同类，故从于其党者为是，异于其党者为非[3]；在乎其党者有成，出乎其党者有败。众人有心之于结党，则无志之于群分；有心之为小人，则无志之为君子。众人结党为其私者，难以体圣贤之心，从君子之行也。众人之交友者，在于砥砺[4]成之德行，非结党以之营私[5]，故众人不可不禁绝其党[6]也。

[1]《论语·卫灵公》：君子矜而不争，群而不党。

[2]《韩非子·八奸》：父兄大臣上请爵禄于上，而下卖之以收财利及以树私党。

[3]《后汉书·党锢列传》：及汉祖杖剑，武夫兴，宪令宽赊，文礼简阔，绪余四豪之烈，人怀陵上之心，轻死重气，怨惠必仇，令行私庭，权移匹庶，任侠之方，成其俗矣。自武帝以后，崇尚儒学，怀经协术，所在雾会，至有石渠分争之论，党同伐异之说，守文之徒，盛于时矣。

[4]《荀子·王制》：案平政教，审节奏，砥砺百姓，为是之日，而兵剸天下劲矣。

[5]《汉书·宣帝纪》：吏或营私烦扰，不顾厥咎，朕甚闵之。

[6]《后汉书·党锢列传》：至王莽专伪，终于篡国，忠义之流，耻见缨绋，遂乃荣华丘壑，甘足枯槁。虽中兴在运，汉德重开，而保身怀方，弥相慕袭，去就之节，重于时矣。逮桓、灵之间，主荒政缪，国命委于阉寺，士子羞与为伍，故匹夫抗愤，处士横议，遂乃激扬名声，互相题拂，品核公卿，裁量执政，婞直之风，于斯行矣。

天地依其阴阳，以一成多；众人从其群党，以多为一。天地之所以为天地，在于万物也；社稷之所以成社稷，归乎众人也。结党者以其论为天地之理，以其私为社稷之公，以其人为众庶之先，故以其心志事功，为众人之心志事功。然众人有其心志，非从私党之心志；众人有其事功，非从私党之事功。是以结党者，昧天地之理，晦万物之道，乱社稷之序，逆众人之情，失尔我之心也。众人结党之为大恶[1]，营私之为大奸[2]，故无益于社稷，亦不利于众人也。

[1]《左传·庄公二十四年》：先君有共德，而君纳诸大恶，无乃不可乎？
[2]《管子·明法》：佼众誉多外内朋党，虽有大奸，其蔽主多矣。

言语第三十七

天地可知，万物有声[1]；心志可达，众人有言[2]。万物依阴阳之动静，则情动于内，声发于外[3]也；众人从心志之浮沉，则意起于里，言见于表[4]也。是以天地以万物为之声，众人以心志为之言。万物以声可以相知，众人以言则以互明。故知众人之言，可以明众人之志，识众人之心也。天地之理既存，众人之心亦在，然天地之理难明，众人之心不达。是以天地以圣贤之为言，观其言则可明天地之理也；众人以君子之为言，察其言又可明众人之心也。

[1]《诗经·大雅·文王有声》：文王有声，遹骏有声。遹求厥宁，遹观厥成。文王烝哉！
[2]《论语宪问》：子曰："有德者必有言，有言者不必有德。"
[3]《毛诗序》：诗者，志之所之也，在心为志，发言为诗。情动于中而形于言。
[4] 明朱舜水《答安东守约书三十首》：来书十读，不忍释手，真挚之情，溢于言表。

天地不彰，是以无言；众人表明，故以有言。众人志有所定，意有所出，系之以辞气[1]，则为言语也。众人有君子小人之分，言语有善恶是非之别。故观之言语，则可见其众人；睹之众人，又以知其言语。君子之言诚，小人之语伪[2]；君子之言实，小人之语罔[3]；君子之言深，小人之语浅；君子之言远，小人之语近；君子之言明，小人之语晦；君子之言贞，小人之语流[4]；君子之言雅，小人之语俗。是以众人应物理事，交接以言语者，则可以知众人之为人也。

[1]《论语·泰伯》：君子所贵乎道者三：动容貌，斯远暴慢矣；正颜色，斯近信矣；出辞气，斯远鄙倍矣。

[2]《论语学而》：巧言令色，鲜矣仁！

[3] 汉刘向《说苑·谈丛》：君子之言寡而实，小人之言多而虚。

[4]《左传·昭公八年》：君子之言，信而有征，故怨远于其身；小人之言，僭而无征，故怨咎及之。

万物不明，则辩之以明；众人不知，可言之以知。万物有当辩者[1]，亦有不当辩者；众人有可言者，亦有不可言者[2]。辩不当辩者，尽其语难以明辩之本；言不可言者，穷其辞无以知言之义，故君子以不辩为之辩，以不言成之言也。小人以辩者为事，以言者为功，是以多辩不当辩者，又言不可言者[3]也。万物有可辩可言者，众人有不可辩不可言者[4]，辩不可辩之物，言不可言之人，则失其辩者也，又失其言者也[5]。是以众人不可不谨其言者，亦慎其语[6]者也。

[1]《孟子·滕文公》：公都子曰："外人皆称夫子好辩，敢问何也？"孟子

曰："予岂好辩哉？予不得已也！"

[2]《论语·雍也》：子曰："中人以上，可以语上也；中人以下，不可以语上也。"

[3]《老子》：信言不美，美言不信；善者不辩，辩者不善。

[4]《论语·为政》：子曰："多闻阙疑，慎言其余，则寡尤。多见阙殆，慎行其余，则寡悔。"

[5]《论语·卫灵公》：子曰："可与言而不与之言，失人；不可与言而与之言，失言。知者不失人，亦不失言。"

[6]《礼记·缁衣》：子曰："君子道人以言而禁人以行，故言必虑其所终，而行必稽其所敝，则民谨于言而慎于行。"

德行第三十八

　　天地之名，均以其化；众人之称[1]，皆以其行。天地随阴阳流化，则有成物之为；众人从圣贤传授，故有仁义之行。天地不以生长万物为德，众人以知行仁义为德[2]，是以众人谓天地之有德[3]，君子亦有德[4]也。天地无生长之为，难以见德性之明；众人无仁义之行，不以识德性[5]之彰。众人应物理事，有其言语者，亦有其德行[6]者。言语之出易，德行之为难，是以有言语者未必有德行，有德行者未必有言语[7]也。故君子之于众人，不以其言语，则以其德行也。

[1]《论语·卫灵公》：君子疾没世而名不称焉。

[2]《尚书·武成》：惇信明义，崇德报功，垂拱而天下治。

[3]《周易·系辞下》：天地之大德曰生，圣人之大宝曰位。

[4]《尚书·皋陶谟》：日宣三德，夙夜浚明有家；日严祗敬六德，亮采有邦。翕受敷施，九德咸事，俊乂在官。

[5]《传习录·上》：孔子所定三百篇，皆所谓雅乐，皆可奏之郊庙，奏之乡党，皆所以宣畅和平，涵泳德性，移风易俗。

[6]《孟子·公孙丑上》：宰我、子贡善为说辞；冉牛、闵子、颜渊善言德行。

[7]《论语·宪问》：有德者必有言，有言者不必有德。仁者必有勇，勇者不必有仁。

天地流化，万物感应；君子坦荡[1]，众人仁义。天地有仁义之为者谓之德，众人从仁义之行者亦谓之德。天地仁义于万物，则德于万物；众人仁义于尔我，故德于尔我。天地有至德[2]，流阴阳之化，依万物之性，成众庶之命也；圣贤有上德[3]，循天地之理，明物类之道，知时势之变也；君子有大德[4]，袭圣贤之迹，从仁义之行，顺众人之情也。是以众人之有德者，随物而应之，随事而治之，随人而成之，故可明天地之理，成往来之物也。

[1]《论语·述而》：君子坦荡荡，小人长戚戚。
[2]《周易·系辞上》：阴阳之义配日月，易简之善配至德。
[3]《韩非子·解老》：虚则德盛；德盛之谓上德。
[4]《周易·系辞上》：富有之谓大业，日新之谓盛德。

天地之理在于明也，众人之德在于行[1]也。有先生之授，则天地之理可知；无此身力行[2]，则众人之德难见。众人明天地之理者，故有仁义之知行。有仁义之知，而无仁义之行，是以知而不行[3]也；众人有仁义之行，而无仁义之知，是以行而不知[4]也。众人之德见于其行，众人之行成乎其德[5]。故众人有德者，既有仁义之知，又有仁义之行。众人知而不行者，是以无德[6]也；行而不知者，是以有德也。故众人既知仁义之心，当行仁义之事，则可以成仁义之德也。

[1]《论语·述而》：德之不修，学之不讲，闻义不能徙，不善不能改，是吾忧也。

[2]《礼记·中庸》：好学近乎知，力行近乎仁，知耻近乎勇。

[3]《传习录》：未有知而不行者，知而不行只是未知。

[4] 明王阳明《答顾东桥书》：以是而言，可以知致知之必在于行，而不行之不可以为致知也明矣。知、行合一之体，不益较然矣乎？

[5]《礼记·中庸》：是故君子戒慎乎其所不睹，恐惧乎其所不闻。莫见乎隐，莫显乎微，故君子慎其独也。

[6]《国语·晋语九》：君子哀无人，不哀无贿；哀无德，不哀无宠；哀名之不令，不哀年之不登。

事功第三十九

天地无为，终以有成；众人有为[1]，或以无成[2]。天地依性，则有万物之成；众人应物，则有事功之振[3]。是以观万物之多可知天地之性，察事功之振以识众人之为。圣贤以事功见之其心，君子以事功见之其人。众人言出于意，则言有不明[4]也；德在于行，然德有不彰[5]也；功起于振，又功有不成也。故众人多以言语者知人，以德行者识人，以事功者论人。众人不振事功，则其言语无之以明，其德行难之以彰。是以众人为学[6]，君子治事者，不可不振事功也。

[1]《周易·系辞上》：是以君子将有为也。

［2］《春秋繁露·天道无二》：事无大小，物无难易，反天之道无成者。

［3］《宋史·儒林传三》：当是时，帝初政，锐意事功。

［4］《庄子·秋水》：可以言论者，物之粗也；可以意致者，物之精也；言之所不能论，意之所不能察致者，不期精粗焉。

［5］《世说新语·自新》：且人患志之不立，何忧令名不彰邪？

［6］唐韩愈《上考功崔虞部书》：夫古之人四十而仕，其行道为学，既已大成，而又之死不倦，故其事业功德，老而益明，死而益光。

天地之理，格之可明；众人之事，为之可成。明天地之理者，谓尔我之心性；成群类之物者，谓众人之事功。故有一天理者，则有一众之心性；有一成物者，故有一人之事功。众人知其理于物，则明之以见心性；众人有其心于物，则成之以出事功。故知天理者可以明心性，明心性者则以振事功也。然众人难明于心性，易见于事功，是以有心性无事功者，难知其心性也；有事功无心性者，多识其事功也。故众人有心性者，当以振事功也；众人有事功者，必以明心性也。

众人之事功既振，众人之心不一，或以为义也，或以为利[1]也。然众人之事功，可以言利也，亦可以言义[2]也。有义之利，取之为义；不义之利[3]，取之为不义。故利者可为义，义者可为利也；言利者必以义，言义者可以利也。事功之利，有益于义也，则何为而不取？事功之义，有益于利也，又何取而不为？众人之振事功者，止取无义之利，则殊不可为也。圣贤多为无利有义之事功，君子可为有义有利之事功，小人惟为无义有利之事功，故不以见其心性，又难以见其德行也。

[1]《老子》：埏埴以为器，当其无，有器之用。凿户牖以为室，当其无，有室之用。故有之以为利，无之以为用。

[2]《孟子·梁惠王上》：孟子见梁惠王。王曰："叟不远千里而来，亦将有以利吾国乎？"孟子对曰："王何必曰利？亦有仁义而已矣。"

[3]《孟子·公孙丑上》：行一不义，杀一不辜，而得天下皆不为也。

箴铭第四十

夫观上天之峻轻，下地之厚重；察道理之精赅，性命之幽深，然后知天理之昭明[1]，小子之蒙昧。圣贤敬天应物，正心[2]理事，故谨其所观，慎其所处，惧其所行，畏[3]其所言也。昔汤之盘铭[4]，武之践席[5]；孟轲择邻[6]，墨翟当染[7]。夫子有芝兰之譬[8]，荀卿有蓬沙之喻[9]。循天地之道理[10]，接圣贤之行迹，箴言[11]铭文刻之于旁，则可彰乎天理，显乎己过，然后戒自身之失度，补尔我之不足。是以箴铭[12]次序列之于左，望众人览而知之，辨而识之，遵而行之，终可修身以成君子矣。

[1]《韩诗外传》：故天不变经，地不易形，日月昭明，列宿有常。

[2] 汉董仲舒《士不遇赋》：虽矫情而获百利兮，复不如正心而归一善。

[3]《尚书·汤誓》：夏氏有罪，予畏上帝，不敢不正。

[4]《大学》：汤之盘铭曰，苟日新，日日新，又日新。

[5]《文心雕龙·铭箴》：成汤盘盂，著日新之规；武王户席，题必戒之训。

[6]《列女传》：邹孟轲之母也，号孟母。其舍近墓，孟子之少也，嬉游为墓间之事，踊跃筑埋。孟母曰："此非吾所以居处子也。"乃去，舍市傍。其嬉戏为贾人炫卖之事。孟母又曰："此非吾所以居处子也。"复徙舍学宫之傍，其嬉游乃设俎豆揖让进退。孟母曰："真可以居吾子矣。"遂居之。及孟子长，学六艺，卒成大儒之名。

[7]《墨子·所染》：子墨子言，见染丝者而叹曰："染于苍则苍。染于黄则黄。所入者变，其色亦变。五入必，而已则为五色矣。故染不可不慎也。"

[8]《孔子家语·六本》：与善人居，如入芝兰之室，久而不闻其香，即与之化矣。

[9]《荀子·劝学》：蓬生麻中，不扶而直，白沙在涅，与之俱黑。

[10]《春秋繁露·循天之道》：循天之道以养其身，谓之道也。

[11]《尚书·盘庚上》：相时憸民，犹胥顾于箴言。

[12]《文心雕龙·铭箴》：箴铭异用，罕施于代。

毋不敬[1]天地，毋不孝父母。毋傲慢于长，毋欺凌于幼。毋浅识于理，毋暗知于性。毋逾越于礼，毋昧行于义。毋泛滥于情，毋放纵于欲。毋癫狂于郊庙，毋悖乱[2]于庭堂。毋深信于龟筮[3]，毋不疑于占卜[4]。毋谬从于巫祝，毋妄作[5]于谶纬。毋贪羡于异端，毋忝求于香火[6]。

[1]《礼记·曲礼》：毋不敬，俨若思，安定辞，安民哉！

[2]《荀子·性恶》：无师法则偏险而不正，无礼义则悖乱而不治。

[3]《尚书·大禹谟》：朕志先定，询谋佥同，鬼神其依，龟筮协从。

[4]《晋书·张昌传》：每自占卜，言应当富贵。

[5]明王阳明《传习录上》：只为世间有一种人，懵懵懂懂的任意去做，全不解思惟省察，也只是个冥行妄作。

[6]《北史·高祖神武帝》：兆曰："香火重誓，何所虑邪？"绍宗曰："亲兄弟尚难信，何论香火！"

毋自残于肢体，毋刻陋于形容。毋文身于肌肤，毋袒裸于广众。毋奇异于衣冠，毋酗饮于旨酒[1]。毋饱食[2]于羹味，毋沉湎[3]

于赌毒。毋通奸于有妇，毋淫诱于有夫。毋仆役于他人，毋玷污于良家。毋卖身于月坊，毋取嫁于风尘。毋婚姻于近亲，毋曝弃于婴儿。毋施暴于家室，毋阋墙[4]于兄弟。

[1]《诗经·小雅·鹿鸣》：我有旨酒，以燕乐嘉宾之心。

[2]《论语·阳货》：饱食终日，无所用心，难矣哉！

[3]《尚书·酒诰》：又惟殷之迪诸臣惟工，乃湎于酒，勿庸杀之，姑惟教之。

[4]《诗经·小雅·棠棣》：兄弟阋于墙，外御其务。

毋迷恋于干禄[1]，毋滥权于位阶。毋劫取于淫威，毋交构[2]于应援。毋离间于戚友，毋迫使于部曲。毋结党于营私，毋群分于排斥[3]。毋敛财于失窃，毋厚葬于盗取。毋奢靡[4]于器物，毋暴殄[5]于日用。毋诽谤[6]于无端，毋斗杀于忿恨[7]。毋有私于公义，毋无耻[8]于行从。

[1]《论语·为政》：子张学干禄。子曰："多闻阙疑，慎言其余，则寡尤。多见阙殆，慎行其余，则寡悔。言寡尤，行寡悔，禄在其中矣。"

[2]《后汉书·陈蕃传》：而今左右群竖，恶伤党类，妄相交构，致此刑谴。

[3]《后汉书·宦者传序》：虽时有忠公，而竟见排斥。

[4]宋司马光《训俭示康》：众人皆以奢靡为荣，吾心独以俭素为美。

[5]唐陈子昂《为副大总管屯营大将军苏宏晖谢表》：契丹凶狡，敢窃边陲，毒虐生灵，暴殄天物。

[6]《韩非子·难言》：大王若以此不信，则小者以为毁訾诽谤，大者患祸灾害死亡及其身。

[7]《汉书·赵充国传》：岑父母求钱财亡已，忿恨相告。岑坐非子免，国除。

[8]《孟子·尽心章句上》：人不可以无耻。无耻之耻，无耻矣。

毋强执于己见，毋轻率于认辨。毋虚词于见证，毋苟得[1]于裁决[2]。毋过劳于修业[3]，毋安逸于暇日[4]，毋旷废于读书[5]，毋荒绝于精思[6]。毋远拒于君子，毋近接于小人。毋止欲于行善，毋存志于为恶。毋避让于德行，毋摒弃于事功。

[1]《礼记·曲礼上》：临财毋苟得，临难毋苟免。

[2]《魏书·宋世景传》：世景明刑理，著律令，裁决疑狱，剖判如流。

[3]《周易·乾·文言》：子曰："君子进德修业。忠信所以进德也。修辞立其诚，所以居业也。"

[4]《孟子·梁惠王上》：壮者以暇日修其孝悌忠信，入以事其父兄，出以事其长上，可使制梃以挞秦、楚之坚甲利兵矣。

[5]《礼记·文王世子》：凡宗秋学礼，执礼者诏之；冬读书，典书者诏之。

[6]《新唐书·虞世南传》：与兄世基同受学于吴顾野王十余年，精思不懈，至累旬不盥栉。

嗟尔众人[1]，知有此篇；临以敬，览以庄[2]，志以笃[3]，行以恭[4]，则君子之成，庶几无过也，庶几不及也。

[1]《荀子·劝学》：《诗》曰："嗟尔君子，无恒安息。靖共尔位，好是正直。神之听之，介尔景福。"神莫大于化道，福莫长于无祸。

[2]《论语·为政》：季康子问："使民敬忠以劝，如之何？"子曰："临之以庄，则敬。孝慈，则忠。举善而教不能，则劝。"

[3]《礼记·中庸》：博学之，审问之，慎思之，明辨之，笃行之。

[4]《论语·颜渊》：君子敬而无失，与人恭而有礼，四海之内皆兄弟也。

理学衍义补正（下）

第 五 卷

礼乐第四十一

天地纲纪，万物流行；众庶礼乐[1]，上下依从。天地有纲纪之为，圣贤有礼乐之制[2]。天地无纲纪，则难以成万物；众庶无礼乐，则不以成人伦。圣贤循天地之理，明众庶之性，察往来之时，制礼作乐[3]，使众庶知而行之，依而从之，故可成乎人伦也[4]。是以万物生成于天地，天地统万物于纲纪；众庶依从于圣贤，圣贤临众庶以礼乐[5]。万物无纲纪，则品类[6]乱序；众庶无人伦，则尔我失准[7]。故天地之理见于万物之纲纪，圣贤之心明于众庶之礼乐也。

[1]《礼记·乐记》：乐也者，情之不可变者也；礼也者，理之不可易者也。乐统同，礼辨异。礼乐之说，管乎人情矣。

[2]《礼记·乐记》：乐者敦和，率神而从天；礼者别宜，居鬼而从地。故圣人作乐以应天，制礼以配地。

[3]《礼记·明堂位》：朝诸侯于明堂，制礼作乐，颁度量，而天下大服。

[4]《礼记·礼运》：故礼义也者，人之大端也，所以讲信修睦，而固人之肌肤之会，筋骸之束也。

[5]《孝经》：移风易俗，莫善于乐。安上治民，莫善于礼。

[6]《春秋繁露·玉英》：春秋理百物，辨品类，别嫌微，修本末者也。

[7]《论语·学而》：有子曰："礼之用，和为贵。先王之道，斯为美。小大由之，有所不行。知和而和，不以礼节之，亦不可行也。"

　　天地有理，众人有礼[1]；天地有情，众人有乐[2]。天地有阴阳聚散之状，则万物有屯萌、苗壮、茂盛、衰亡之理；众人有生死长成之事，则尔我有宗庙、冠婚、夫妇、丧葬之礼。天地有动静流止之象，则万物有喜悦、哀伤[3]、郁闷、悲愤[4]之情；众人有轻重缓急之性，则尔我有沉厚[5]、清澈、温和、激越[6]之乐。圣贤观天察地，知人明众，故取十伦[7]之为礼，调五音[8]之为乐，施而教之，行而化之，则众人日用而不知[9]，夜行而不持。故礼乐之本源于天地，天地之理见于礼乐[10]也。

[1]《晏子春秋·谏上二》：凡人之所以贵于禽兽者，以有礼也。

[2]《周易·豫·象》：先王以作乐崇德，殷荐之上帝，以配祖考。

[3]《汉书·匡衡传》：陛下秉至孝，哀伤思慕，不绝于心。

[4]《后汉书·列女传》：后感伤乱离，追怀悲愤，作诗二章。

[5]《旧唐书·韦贯之传》：性沉厚寡言，与人交，终岁无款曲，未曾伪词以悦人。

[6]三国吴杨泉《物理论》：犹人之内气，因喜怒哀乐激越而发也。

[7]《礼记·祭统》：夫祭有十伦焉：见事鬼神之道焉，见君臣之义焉，见父子之伦焉，见贵贱之等焉，见亲疏之杀焉，见爵赏之施焉，见夫妇之别焉，见政事之均焉，见长幼之序焉，见上下之际焉。此之谓十伦。

[8]《礼记·乐记》：宫为君，商为臣，角为民，徵为事，羽为物。五者不乱，则无怙懘之音矣。

[9]《周易·系辞上》：百姓日用而不知，故君子之道鲜矣。

[10]《礼记·乐记》：礼乐顺天地之诚，达神明之德，降兴上下之神。

礼乐之始，在于天地；礼乐之终，归于人伦。天地不可失以纲纪，众庶难以丧之人伦。圣贤制礼作乐，不逆万物之理，不违众庶之情。故众人感应万物，通达天地，可以知天地之情理而从之，明圣贤之礼乐而行之。礼者，循依理数也；乐者，陶冶[1]性情也。礼乐之知，可以明天地之理；礼乐之行，又以洽万物之情。故众人应物理事，在于礼也；修心养性[2]，在于乐也。礼乐始乎天地，成于众庶，终于人伦，故礼乐之制于天下，既为之大[3]矣，亦当为之盛矣。

[1]《汉书·董仲舒传》：臣闻命者天之令也，性者生之质也，情者人之欲也。或夭或寿，或仁或鄙，陶冶而成之，不能粹美。

[2]《孟子·尽心上》：存其心，养其性，所以事天也。

[3]《论语·先进》：宗庙会同，非诸侯而何？赤也为之小，孰能为之大？

祭祀第四十二

天生万物，众庶以兴；地载多方[1]，品类以成。万物兴成[2]，不出天地之外；众人往来，皆在万物之间。万物生养之以天地，众人长成之以万物。众人观之日月，则知时岁[3]；识之山川，则知通行；察之草木，则知蔽体；辨之禽兽，则知实腹。天地既生成万物，则万物始分乎众人，尔我终归于万物。是以圣贤感天地之所生，明众人之所成，则有祭祀[4]之礼乐也。祭祀之礼乐出于天地，成于万物[5]，故不修[6]祭祀之礼乐者，难以知天地万物也。

[1]《尚书·多方》：王若曰，猷告尔四国多方。

[2]《凌虚台记》：物之废兴成毁，不可得而知也。

[3]《后汉书·桓帝纪》：比起陵茔，弥历时岁，力役既广，徒隶尤勤。

[4]《史记·周本纪》：汉兴九十有余载，天子将封泰山，东巡狩至河南，求周苗裔，封其后嘉三十里地，号曰周子南君，比列侯，以奉其先祭祀。

[5]《汉书·礼乐志》：人函天、地、阴、阳之气，有喜、怒、哀、乐之情。天禀其性而不能节也，圣人能为之节而不能绝也，故象天、地而制礼、乐，所以通神明，立人伦，正情性，节万事者也。

[6]《左传·襄公二十八年》：不修其政德，而贪昧于诸侯，以逞其愿，欲久，得乎？

天地有春夏秋冬之时，万物有山川草木之类，众人有圣贤[1]君子之分，是以有天地之祭，四时之祭[2]，山川之祭，圣贤之祭[3]也。郊野之祭[4]，可知天地之生；庙堂之祭，则明万物之养；山川之祭，可知社稷之在；圣贤之祭，则明众人之化。冬至之祭[5]，可知万物之始；春分之祭[6]，又识众庶之生；夏至之祭[7]，可知万物之长；秋分之祭[8]，又识众庶之成。故祭祀之礼乐，必以时[9]，亦必以类[10]也。非其时而祭之，则失之时[11]；非其类而祭之，则伤之类，是以天地不与[12]，万物不佑[13]，君子不助也。

[1]《周易·鼎卦》：圣人亨以享上帝，而大亨以养圣贤。

[2]《礼记·祭统》：凡祭有四时：春祭曰礿，夏祭曰禘，秋祭曰尝，冬祭曰烝。

[3]《礼记·祭法》：夫圣王之制祀也，法施于民则祀之，以死勤事则祀之，以劳定国则祀之，能御大灾则祀之，能捍大患则祀之。

[4]《春秋繁露·郊祭》：《春秋》之义，国有大丧者，止宗庙之祭，而不止郊祭，不敢以父母之丧，废事天地之礼也。

[5]《礼记·月令》：是月也，日短至。阴阳争，诸生荡。……芸始生，荔挺出，蚯蚓结，麋角解，水泉动。

[6]《礼记·月令》：是月也，日夜分。雷乃发声，始电，蛰虫咸动，启户

始出。

[7]《礼记·月令》：是月也，日长至。阴阳争，死生分。……鹿角解，蝉始鸣。半夏生，木董荣。

[8]《礼记·月令》：是月也，日夜分。雷始收声，蛰虫坏户，杀气浸盛，阳气日衰，水始涸。

[9]《孟子·尽心下》：牺牲既成，粢盛既洁，祭祀以时，然而旱干水溢，则变置社稷。

[10]《论语·为政》：非其鬼而祭之，谄也。见义不为，无勇也。

[11]《左传·庄公二十年》：哀乐失时，殃咎必至。

[12]《春秋公羊传·僖公二年》：不与诸侯专封也。曷为不与？实与而文不与。

[13]《尚书·汤诰》：上天孚佑下民，罪人黜伏。

礼乐不知，难以敬之天地；祭祀不修，无以诚之万物。祭祀天地，可以知万物之所来，众庶之所往；祭祀圣贤，可以明众人之所教，尔我之所化。故祭祀者，在于修敬[1]立诚[2]也，非止于祈福[3]避祸也。祭祀者无敬[4]无诚[5]，则非祭祀也，惟是求取也。以求取之心为之，则有福之祭祀，多以无福；远祸之祭祀，又以近祸。故祭祀之心必以诚也，祭祀之为当以敬也。以无诚[6]之心祭祀，则祭祀之为难以有敬，故君子之修祭祀者，不可不诚之敬之也。

[1]《晏子春秋·谏下》：夫冠足以修敬，不务其饰。

[2]《文心雕龙·祝盟》：凡群言发华，而降神务实，修辞立诚，在于无愧。

[3]《礼记·月令》：令民无不咸出其力，以共皇天上帝名山大川四方之神，以祠宗庙社稷之灵，以为民祈福。

[4]《论语·为政》：子游问孝，子曰："今之孝者，是谓能养；至于犬马皆能有养。不敬，何以别乎？"

[5]《孟子·离娄上》：至诚而不动者，未之有也；不诚，未有能动者也。

[6]《河南程氏遗书》：无信不立，无诚不久。

宗庙第四十三

天降众庶，祖衍子孙[1]；物分类聚，众别宗族[2]。万物以天地为始，众人以祖宗[3]为先。是以知天地者，则识万物之所滥觞[4]；明祖宗者，故知众人之所从来。不知万物之始，难以明万物之终；不明众人之来，无以识众人之往。故有万物者，则有之天地；有众人者，必有之祖先[5]。天地不存，万物无以为在；祖先不在，子孙何以为存。是以圣贤感万物之所出，明众人之所衍，则有宗庙[6]之礼乐也。宗庙之礼乐出于祖宗，成于子孙，故不修宗庙之礼乐者，难以知祖宗子孙也。

[1]《诗经·周南·螽斯》：螽斯羽，诜诜兮，宜尔子孙，振振兮。
[2]《左传·僖公二十四年》：召穆公思周德之不类，故纠合宗族于成周而作诗。
[3]《礼记·祭法》：殷人禘喾而郊冥祖契而宗汤。周人禘喾而郊稷，祖文王而宗武王。
[4]《孔子家语·三恕》：夫江始出于岷山，其源可以滥觞。
[5]《周易参同契》：子继父业，孙踵祖先。
[6]《国语·鲁语上》：夫宗庙之有昭穆也，以次世之长幼，而等胄之亲疏也。

万物以性命为分，众人以血脉为别。血缘一脉者为宗[1]，故宗者之始者为祖[2]；血缘相近者为族[3]，故祖之衍者为宗。众人有宗者，必有其祖；众人有祖者，亦有其宗。故众人知其祖宗者，则知其身也，亦知其位也。是以宗庙之礼[4]，在于知远近，明子孙，聚宗族，立人伦也。宗族有事，则告之于宗庙[5]；众人有难，可祝之于宗庙[6]。子孙有过，则诫之于宗庙[7]；众人有成，又传之于宗庙。是以宗庙之礼，上达于祖先，中明于子孙，下及于宗族，不可不谨为之也。

[1]《左传·哀公十四年》：所不杀子者，有如陈宗。

[2]《汉书·王莽传上》：今加九命之锡，其以助祭，共文武之职，乃遂及厥祖。

[3]《尚书·尧典》：克明俊德，以亲九族。

[4]《礼记·中庸》：宗庙之礼，所以序昭穆也。序爵，所以辨贵贱也；序事，所以辨贤也；旅酬下为上，所以逮贱也；燕毛，所以序齿也。

[5]《左传·桓公二年》：凡公行，告于宗庙，反行，饮至、舍爵、策勋焉，礼也。

[6]《春秋公羊传·襄公二十九年》：诸为君者皆轻死为勇，饮食必祝曰：天苟有吴国，尚速有悔于予身。

[7]《汉书·贾谊传》：前车覆，后车诫。……秦世之所以亟绝者，其辙迹可见也。

　　万物以盛，则有次序；子孙以衍，以有昭穆[1]。万物生于天地，则天地为之尊；子孙出于祖宗，故祖宗为之大[2]。是以宗庙之礼，祖宗之祭必以先也，祀之当以久也。众庶可以成乎万物，则众庶行之为续；子孙可以尊于祖父，则子孙来之为继。是以宗庙之礼，昭穆之祭必以次也，祀之当以位也[3]。祖宗不分，则不知众人之血脉；昭穆不别，则不明众人之先后。故知祖宗之始，明昭穆之序，则可以尽宗庙之礼也，然后祖宗昭穆可各得其位，各尽其飧[4]也。

[1]《礼记·祭统》：夫祭有昭穆。昭穆者，所以别父子、远近、长幼、亲疏之序而无乱也。

[2]《孝经》：故虽天子，必有尊也，言有父也；必有先也，言有兄也。宗庙致敬，不忘亲也；修身慎行，恐辱先也。宗庙致敬，鬼神著矣。孝悌之至，通于神明，光于四海，无所不通。

[3]《周礼·春官》：先王之葬居中，以昭穆为左右。

[4]《礼记·礼论》：飧，尚玄尊而用酒醴，先黍稷而饭稻粱。

家室第四十四

天有所出，物分群类；众有所来，人归家室[1]。万物以天地为在，众人以家室为籍。系之以血脉，则同祖而支流者为宗族，同宗而析流者为家室[2]。众人有家室者，则有祖父、夫妇、兄弟、子孙，故可知亲疏[3]、长幼[4]、远近、大小之序也。众人无家室者，则不知自身之所兴，亦不明自身之所归也。亲疏之情，家室者相近，宗族者次之，是以圣贤感众人之所依，明家族[5]之所成，则有家室之礼乐也。家室之礼乐出于血脉，成于父母，故不修家室之礼乐者，难以知血脉父母也。

[1]《左传·桓公十八年》：女有家，男有室，无相渎也，谓之有礼。

[2]《左传·襄公十二年》：凡诸侯之丧，异姓临于外，同姓于宗庙，同宗于祖庙，同族于祢庙。

[3]《周礼·春官》：（小宗伯）掌三族之别，以辨亲疏。

[4]《论语·微子》：长幼之节，不可废也；君臣之义，如之何其废之？

[5]《管子·小匡》：公修公族，家修家族，使相连以事，相及以禄。

万物有始，众庶广之；父母有源，子孙流之。无祖父者则无夫妇，无夫妇者则无子孙。祖父成家，夫妇立业，子孙荫庇，故祖父为家室之始，夫妇为家室之次，子孙为家室之终。是以家室之礼在于知长幼之位，明大小之分也。然长者不以其年为尊，幼者不以其龄为卑[1]；大者不以其近为亲，小者不以其远为疏[2]，是以家室之礼在于知众人之情，明行为之节也。祖父夫妇各践其位，各尽其责，则可以成家室之和，收宗族之乐，洽众人之欢也。

[1]《礼记·乐记》：所以示后世有尊卑长幼之序也。
[2]《隋书·音乐志上》：礼逾其制，则尊卑乖；乐失其序，则亲疏乱。

万物生成于天地，众人长大于家室。众人庭训于家室者，幼可以取善弃恶[1]，壮可以明理尽性[2]也。一人有成，则益家室之誉；一人有过，则添家室之辱。家室之内不讳不避，不辞不让[3]，是以幼小者有过，则明训之于庭；长大者有失，可微讽之于言[4]。家室之外多讳多避，有辞有让[5]，是以幼小者不与，长大者不取。故尽家室之礼者，必谨于修身，慎于治家[6]也。众人无家室者则无宗庙，无宗庙者则无社稷，是以社稷为之小，家室为之大，天下不可不谨家室之礼也。

[1]《论衡·累害》：贤士之行，善恶相苞。夫采玉者破石拔玉，选士者弃恶取善。
[2]《易经·说卦传》：穷理、尽性，以至于命。

[3]《孝经·谏诤章》：父有争子，则身不陷于不义。故当不义，则子不可以不争于父。

[4]《论语·里仁》：事父母，几谏，谏志不从，又敬不违，劳而不怨。

[5]《春秋公羊传·闵公元年》：为尊者讳，为亲者讳，为贤者讳。

[6] 宋曾巩《光禄少卿晁公墓志铭》：间丘夫人为身治家，皆应仪度。

孝悌第四十五

天地流化，则有万物；父母哺育，以有众人。天地不生，万物无以为成；父母不养，众人难以为长。万物生于天地而成于天地，众人生于父母而成于父母[1]。是以有父母者，则有众人尔我之存；无父母者，故无兄弟[2]姊妹[3]之在。父俨母慈，养之劳之[4]，此孝[5]之所出也；兄友姊助[6]，呵之护之，此悌[7]之所有也。是以圣贤感父母之所养，明兄姊之所成，则有孝悌[8]之礼乐也。孝悌之礼乐出于家室，成于长幼，故不修孝悌之礼乐者，难以知家室长幼也。

[1]《史记·屈原贾生列传》：父母者，人之本也。

[2]《诗经·小雅·棠棣》：凡今之人，莫如兄弟。

[3]《左传·襄公十二年》：无女而有姊妹及姑姊妹。

[4]《诗经·小雅·蓼莪》：哀哀父母，生我劬劳。

[5]《孝经》：夫孝，天之经也，地之义也，民之行也。

[6]《史记·五帝本纪》：使布立教于四方，父义母慈，兄友弟恭，子孝，内平外成。

[7]《论语·学而》：弟子入则孝，出则悌，谨而信，泛爱众，而亲仁，行有余力，则以学文。

[8]《孝经》：教民亲爱，莫善于孝。教民礼顺，莫善于悌。

天地生万物，群类以之茂盛；父母育众人，尔我以之长成。是以万物有反馈之事，众人有孝悌之为。众人尽孝者，当知父母之养，亦明父母之志[1]。父母庭训者，在于众人尽性成命也，故众人知其自身，明其性命，然后应物而接之，修身而治之，则可以成父母之志，此之为大孝也[2]。至于出则承其命，入则听其训；朝夕定省[3]，恭敬[4]父母之心；冬夏温清[5]，谨慎父母之身，此之为小孝也[6]。是以尽父母之孝者，当知小大之分，当明缓急之别，然后践而行之，为而成之也[7]。

[1]《论语·学而》：父在，观其志；父没，观其行；三年无改于父之道，可谓孝矣。

[2]《孝经》：立身行道，扬名于后世，以显父母，孝之终也。夫孝，始于事亲，中于事君，终于立身。

[3]《晋书·王坦之传》：孝宗太后慈爱之隆，亦不必异所生，琅邪王余姚主及诸皇女，宜朝夕定省，承受教诲。

[4]《孟子·告子上》：恭敬之心，人皆有之。

[5]《礼记·曲礼上》：凡为人子之礼，冬温而夏清，昏定而晨省。

[6]《孝经》：孝子之事亲也，居则致其敬，养则致其乐，病则致其忧，丧则致其哀，祭则致其严，五者备矣，然后能事亲。

[7]《礼记·内则》：孝子之养老也，乐其心不违其志，乐其耳目，安其寝处，以其饮食忠养之，孝子之身终，终身也者，非终父母之身，终其身也。是故父母之所爱亦爱之，父母之所敬亦敬之，至于犬马尽然，而况于人乎！

万物无类，不以有援；众人无长，难以有济。众人获父母之养，又有兄姊之助，故交相[1]以学，共相以益，则可以有所成也。兄姊规谏[2]者，在于众人格物明理也，故众人孝悌者，当知兄长之为，亦明兄姊之心。恭敬父母兄长，此孝悌之始也；穷尽尔我性命，此孝悌之终也[3]。众人有孝悌之为，推而广之，可及乡里之士；扩而充之[4]，则达天下之人[5]。是以治天下、理社稷者，皆以孝悌为之本[6]也。孝悌之礼为重也，故君子不可以不尽之也。

[1]《南史·儒林传》：经传互文，交相显发，则知慈加之义，通乎大夫以上矣。
[2]《墨子·非命中》：故上有以规谏其君长，下有以教顺其百姓。
[3]《孝经》：故自天子至于庶人，孝无终始，而患不及者，未之有也。
[4]《孟子·公孙丑上》：凡有四端于我者，知皆扩而充之矣。
[5]《孝经·广扬名》：君子之事亲孝，故忠可移于君。事兄悌，故顺可移于长。居家理，故治可移于官。是以行成于内，而名立于后世矣。
[6]《论语·学而》：有子曰："其为人也孝弟，而好犯上者，鲜矣；不好犯上而好作乱者，未之有也。君子务本，本立而道生。"孝弟也者，其为仁之本与！

冠婚第四十六

天地既生，则有其长；众人以在，又有其成。万物有小大之状，众人有长幼之序。万物之大者，必以其小也；众人之长者，必以其幼也。天地有阴阳之分，众人有男女之别。故众人幼而及长，则有加冠[1]及笄[2]；长以有成，可有往婚来嫁。众人幼少，则无修身之务，仁义之守[3]；众人冠婚[4]，故有言行之正，举止之谨[5]。是以圣贤感礼仪之所始，明先后之所为，则有冠婚之礼乐也。冠婚之礼乐出于男女，成于众人，故不修冠婚之礼乐者，难以知男女众人也。

[1]《说苑·修文》：冠者，所以别成人也。……君子始冠，必祝成礼，加冠以属其心。

[2]《礼记·内则》：十有五年而笄，二十而嫁；有故，二十三年而嫁。

[3]《论语·卫灵公》：知及之，仁不能守之，虽得之，必失之。

[4] 汉贾谊《新书·胎教》：《春秋》之元，《诗》之《关雎》，《礼》之冠婚，《易》之乾坤，皆慎始敬终云尔。

[5]《周易·乾卦》：子曰："龙德而正中者也。庸言之信，庸行之谨，闲邪存其诚，善世而不伐，德博而化。"

　　万物无识，随性[1]而为；众人有知，尽性而成。众人庭训师教，可以知性命理数；众人加冠及笄，则以明修身成人。修身之务起于有知，成人之命出于有识，故加冠及笄之礼为成人之始[2]也。众人既知成人，行从乃有礼仪，则言有所劝，容有所规，行有所矩，貌有所止，是以为礼仪之始也[3]。加冠及笄者，是以为成人也。众人修身者，则可以为君子；众人弃绝者，多沦落为小人。故不修加冠及笄之礼者，无以知礼仪之为，尽自身之性，成君子之命也。

[1]《文心雕龙·明诗》：然诗有恒裁，思无定位，随性适分，鲜能通圆。

[2]《礼记·冠义》：冠者，礼之始也，嘉事之重者也。是故古者重冠；重冠故行之于庙；行之于庙者，所以尊重事；尊重事而不敢擅重事；不敢擅重事，所以自卑而尊先祖也。

[3]《礼记·冠义》：凡人之所以为人者，礼义也。礼义之始，在于正容体、齐颜色、顺辞令。

　　加冠及笄在于成人，知命明理归于修身。成人者可行之婚嫁，修身者则从之交往。众人出于父母，男女别乎众人，婚嫁成之男女[1]。是以婚嫁者，在于结二人之心，合两姓之好[2]，然后可以成家室，衍子孙，广众人也。嫁娶之人当以德也，品行纯厚者，则可以庭训家室，众人长大有礼仪之行，故婚嫁为礼仪之本也[3]。婚嫁者当以其人，不以其门户[4]也。非其人者，则无婚嫁之心；非其心者，又无夫妇之义。婚嫁之礼者，在于知嫁娶之人也，成夫妇之义也。是以冠婚之礼，众人不可以不谨之以始，慎之以终也。

[1]《周易·序卦传》：有天地然后有万物，有万物然后有男女。有男女然后有夫妇，有夫妇然后有父子。

[2]《礼记·昏义》：昏礼者，将合二姓之好，上以事宗庙，而下以继后世也，故君子重之。

[3]《礼记·昏义》：敬慎重正而后亲之，礼之大体，而所以成男女之别，而立夫妇之义也。男女有别，而后夫妇有义；夫妇有义，而后父子有亲；父子有亲，而后君臣有正。故曰：昏礼者，礼之本也。

[4]《颜氏家训·后娶》：异姓宠则父母被怨，继亲虐则兄弟为仇，家有此者，皆门户之祸也。

夫妇第四十七

　　天地性分[1]，则有阴阳；众人情洽，以有夫妇[2]。万物有类聚之势，男女有近从之状。众人相处以久，则生恋慕之心；情好以至，则有婚嫁之意。众人婚嫁，乃成夫妇；夫妇哺育，则衍家室；家室盛多，方有社稷。夫妇谨于庭训者，则子女加冠及笄，然后有礼仪之始，君子之成，社稷之治也。故夫妇者，天地之所成，人伦之所立[3]也。是以圣贤感家室之所在，明社稷之所重，则有夫妇之礼乐[4]也。夫妇之礼乐出于阴阳，成于性情，故不修夫妇之礼乐者，难以知阴阳性情也。

[1]《后汉书·逸民传序》：然观其甘心畎亩之中，憔悴江海之上，岂必亲鱼鸟乐林草哉，亦云性分所至而已。

[2]《周易·序卦》：有天地然后有万物，有万物然后有男女，有男女然后有夫妇，有夫妇然后有父子。

[3]《礼记·内则》：礼，始于谨夫妇，为官室，辨外内。

[4]《礼记·内则》：夫妇之礼，唯及七十，同藏无间。

众人分限，夫妇区别[1]；男女互尊，夫妇相敬[2]。夫有父母兄姊，妇亦有也；妇有庭训师长者，夫亦有也。故知夫娶妇嫁者，当明两姓之所在，二人之所成；非妇从于夫者，亦非夫从于妇者也。成人之义，则夫有妇亦有；君子之为，则夫从妇亦从[3]。故夫妇之礼者，在于知其所当为，明其所不为也。夫为其不当为，则失夫之礼；妇不为其所为，又丧妇之礼。是以不修夫妇之礼者，则不知夫妇之人，亦不识夫妇之义。不知夫妇之人，则无以成夫妇；不识夫妇之义，则难以尽夫妇。故修夫妇之礼者，则可以尽夫妇之义也。

[1]《孟子·滕文公上》：父子有亲，君臣有义，夫妇有别，长幼有叙，朋友有信。

[2]《后汉书·庞公传》：居岘山之南，未尝入城府。夫妻相敬如宾。

[3]《礼记·昏义》：是故男教不修，阳事不得，适见于天，日为之食；妇顺不修，阴事不得，适见于天，月为之食。

天地有阴阳，众人有夫妇；万物有聚散，夫妇有成分。男女情好，则有夫妇之成；夫妇义尽[1]，故有男女之分。是以夫有君子之行，妇有淑女[2]之为，则可以为长久也。夫不修其德[3]，妇不遵其道[4]，则有夫妇之名而无夫妇之实也。故知夫妇之所以成者，当明其之所以分者。有男女者则有夫妇，非有夫妇者则有男女也。有夫妇之义者，当为夫妇之行；无夫妇之行者，则为夫妇之分[5]。夫妇之礼崇于天地，重于社稷，是以众人谨于结为夫妇，慎于分为男女也。

[1]《礼记·郊特牲》：蜡之祭，主先啬，而祭司啬也。祭百种以报啬也。飨农及邮表畷、禽兽，仁之至，义之尽也。

[2]《诗经·周南·关雎》：关关雎鸠，在河之洲；窈窕淑女，君子好逑。

[3]《论语·述而》：德之不修，学之不讲，闻义不能徙，不善不能改，是吾忧也。

[4]《礼记·昏义》：成妇礼，明妇顺，又申之以著代，所以重责妇顺焉也。妇顺者，顺于舅姑，和于室人；而后当于夫，以成丝麻布帛之事，以审守委积盖藏。是故妇顺备而后内和理；内和理而后家可长久也；故圣王重之。

[5]《汉书·匡张孔马传》：夫妇之道，有义则合，无义则离。

乡射第四十八

天地流化，众庶物类；物有先后，众有长幼。天地以生成为先后，众人以年纪为长幼。万物有先后之次，众人有长幼之序[1]。谨修礼仪者[2]，知物事先后，则明进退之次[3]；识长幼之序，又知揖让之节[4]。众人入则家室，出则乡里，故治家之礼仪，可行于乡里也。长幼之序，见于乡饮之时[5]；揖让之节，明于射仪之事[6]，故众人之取在于乡射也[7]。是以圣贤感德行之所立，明礼仪之所成，则有乡射之礼乐也。乡射之礼乐出于君子，成于庶人，故不修乡射之礼乐者，难以知君子庶人也。

[1]《礼记·射义》：乡饮酒之礼者，所以明长幼之序也。

[2]《礼记·曲礼下》：祭祀之礼，居丧之服，哭泣之位，皆如其国之故，谨修其法而审行之。

[3]《后汉书·陈蕃传》：人君者，摄天地之政，秉四海之维，举动不可以违圣法，进退不可以离道规。

[4]《周礼·秋官·司仪》：司仪掌九仪之宾客、摈相之礼，以诏仪容、辞令、揖让之节。

[5]《礼记·乡饮酒义》：乡饮酒之义：主人拜迎宾于庠门之外，入，三揖而后至阶，三让而后升，所以致尊让也。盥洗扬觯，所以致洁也。拜至，拜洗，拜受，拜送，拜既，所以致敬也。

[6]《礼记·射义》：射者，仁之道也。射求正诸己，己正然后发，发而不中，则不怨胜己者，反求诸己而已矣。

[7]《礼记·射义》：是故古者天子以射选诸侯、卿、大夫、士。射者，男子之事也，因而饰之以礼乐也。

乡饮有时，远近皆来；乡饮有序，长幼均列。众人燕居[1]相接[2]，则邻里[3]有年长之人，乡党[4]有行洁[5]之士，故可聚于乡饮之时也。饮食肴味，众人皆可以有之，然长者不可不先饮[6]，洁者不可不先用也。乡饮有次，则有尊老之取；乡饮有序，可见敬贤[7]之与。年长私幼，幼者不可行之；洁行私让，少者不敢为之。众人不僭不越[8]，不争不取，有避有让，是以仁义之为在，孝悌之行见也。故尽乡饮之礼者，众人可知其身之位，修其行之让，明其为之节也。

[1]《礼记·仲尼燕居》：仲尼燕居，子张、子贡、言游侍，纵言至于礼。

[2]《礼记·聘义》：敬让也者，君子之所以相接也。故诸侯相接以敬让，则不相侵陵。

[3]《论语·雍也》：原思为之宰，与之粟九百，辞。子曰："毋以与尔邻里乡党乎！"

[4]《论语·乡党》：孔子于乡党，恂恂如也，似不能言者。

[5]《晋书·卢谌传》：谌名家子，早有声誉，才高行洁，为一时所推。

[6]《礼记·乡饮酒义》：乡饮酒之礼：六十者坐，五十者立侍以听政役，所以明尊长也。

[7]《汉书·谷永传》：敬贤下士，乐善不倦。

[8]《魏书·清河王怿传》：谅以天尊地卑，君臣道别，宜杜渐防萌，无相僭越。

　　众人之行，观乎乡饮；众人之德，见乎射仪[1]。乡饮以见长幼之序，射仪以观礼仪之正。故众人聚于乡饮者，则次射之于校场也。君子之射者，必先谨衣冠[2]，正形体，定心志[3]，然后引弓弦，旋进退，放箭矢[4]，是以射者当以礼也[5]。众人有射仪者，则知其修身之为；有矢中者，又见其礼仪之成。众人射不以礼则不中，不中则不入，故观射可以见君子之德[6]也。览众人之乡饮射仪，可知圣贤之礼乐教化。是以众人立于乡里者，则可取于社稷，故乡射之礼，不可以不广而修之也。

[1]《礼记·射义》：故事之尽礼乐，而可数为，以立德行者，莫若射，故圣王务焉。

[2]《论语·尧曰》：君子正其衣冠，尊其瞻视，俨然人望而畏之，斯不亦威

而不猛乎？

[3]《礼记·射义》：故心平体正，持弓矢审固；持弓矢审固，则射中矣。

[4]《管子·形势》：射者，弓弦发矢也。

[5]《礼记·射义》：故射者，进退周还必中礼，内志正，外体直，然后持弓矢审固；持弓矢审固，然后可以言中，此可以观德行矣。

[6]《礼记·射义》：射者何以射？何以听？循声而发，发而不失正鹄者，其唯贤者乎！若夫不肖之人，则彼将安能以中？

燕飨第四十九

天生万物，类有所聚；地成群庶，众有所集[1]。天地流行，万物援引以见其类；众人相接，尔我交往则成其群。众人出入相接，往来相应，是以有交通[2]之意，投报之好[3]，融洽之情也。众人失亲友之相助，则物不以有济；少上下之相佐，则事无以有成。众人知物事之成，明佐助[4]之为，是以有燕飨[5]也。万物嘤鸣可通其情，众人燕飨则达其意。是以圣贤感众人之往来，致宾朋之融洽，则有燕飨之礼乐也。燕飨之礼乐出于君子，成于庶人，故不修燕飨之礼乐者，难以知君子庶人也。

[1]《诗经·唐风·鸨羽》：肃肃鸨羽，集于苞栩。王事靡盬，不能艺稷黍。

[2]《韩诗外传》：（颜）渊愿贫如富，贱如贵，无勇而威，与士交通终身无患难。

[3]《诗经·卫风·木瓜》：投我以木瓜，报之以琼琚。匪报也，永以为好也！

[4]《盐铁论·本议》：蓄货长财，以佐助边费。

[5]《春秋繁露·服制》：天子服有文章，夫人不得以燕飨，公以庙。

时有丰穰，岁有嘉会；情可尽致，众可俱欢。天地以万物为怀，则万物茂盛以见天地；众人以宾朋为邀，故宾朋洽欢[1]以慰众人。燕飨以饮，则有甘醴之酿[2]，微醺之醉[3]；燕飨以食，又有粱肉之馔[4]，脍炙之味[5]；燕飨以辞，则有酬答之应[6]，深远之诗；燕飨以乐，又有钟鼓之击[7]，清扬之声；燕飨以舞，则有衣袂之起，娴雅之姿。上下进退揖让，主宾觥筹交错[8]，众人怡之悦之，和之洽之[9]，是以知上下之情不阻，明远近之人不忘，故燕飨之礼可为之大成矣。

[1]《史记·孝文本纪》：上从代来，初即位，施德惠天下，填抚诸侯四夷皆洽欢。

[2]《仪礼·士冠礼》：甘醴惟厚，嘉荐令芳。

[3]《宋史·邵雍传》：旦则焚香燕坐，晡时酌酒三四瓯，微醺即止，常不及醉也。

[4]《列子·九命》：子衣则文锦，食则粱肉，居则连欐，出则结驷。

[5]《论语·乡党》：斋必变食，居必迁坐。食不厌精，脍不厌细。

[6]三国魏嵇康《与山巨源绝交书》：而人间多事，堆案盈机，不相酬答，则犯教伤义。

[7]《国风·周南·关雎》：参差荇菜，左右芼之。窈窕淑女，钟鼓乐之。

[8]宋欧阳修《醉翁亭记》：觥筹交错，起坐而喧哗者，众宾欢也。

[9]《史记·屈原贾生列传》：贾生以为汉兴至孝文二十余年，天下和洽，而固当改正朔，易服色。

众人有心，以有亲私；众人有情，故有疏远。燕飨之礼，始于家室，次于乡里，次于社稷，终于天下。酬酢以诚[1]，燕飨以礼[2]，则可尽宾朋之义，厌远近之心，洽众人之欢也。酬酢无诚，玉液[3]珍馐[4]难以厌其心[5]；燕飨无礼，厚颜[6]卑辞[7]不以尽其欢。燕飨之礼在于主人^[8]之诚，非饮食乐舞之陈列也。以天地之物致众人之情，故燕飨之礼必有节度^[9]也。饮食无度，则殄天地之物；乐舞失节，又滥众人之情。是以修燕飨之礼者，不可不立其诚，明其义，知其节也。

[1]《周易·系辞上》：显道神德行，是故可与酬酢，可与祐神矣。

[2]《礼记·燕义》：礼无不答，言上之不虚取于下也。上必明正道以道民，民道之而有功，然后取其什一，故上用足而下不匮也；是以上下和亲而不相怨也。

[3]《楚辞·九思·疾世》：赴昆山兮罿骤，从邛遨兮栖迟。吮玉液兮止渴，齧芝华兮疗饥。

[4] 唐李白《行路难》：金樽清酒斗十千，玉盘珍羞直万钱。

[5] 宋苏洵《〈礼〉论》：圣人之始作礼也，不因其势之可以危亡困辱之者以厌服其心。

[6]《荀子·解蔽》：强钳而利口，厚颜而忍诟。

[7]《旧唐书·代宗纪》：国清卑辞遍拜将士，方免祸，一夕而定。

[8]《仪礼·士相见礼》：主人请见，宾反见，退。主人送于门外，再拜。

[9]《汉书·循吏传》：功曹以为王生素耆酒，亡节度，不可使。

丧葬第五十

天地往来，阴阳变幻；物有始终^[1]，众有生死。天地万物，有其成者必有其败^[2]；众人尔我，有其在者必有其亡^[3]。天地不以久生为心，众人多以长存^[4]为念。众人知其逝者怀其往，见其死者念其生，故服之以丝麻，葬之以坟茔^[5]，立之以牌位，岁时^[6]以敬飨也。众人感祖宗之功德，则祭之以宗庙；报父母之养育，故终之于丧葬[7]。是以圣贤感先人[8]之所去，明近人之所哀，则有丧葬之礼乐[9]也。丧葬之礼乐出于往来，成于生死，故不修丧葬之礼乐者，难以知往来生死也。

[1]《大学》：物有本末，事有终始，知所先后，则近道矣。

[2]《战国策·秦策三》：良医知病人之死生，圣主明于成败之事。

[3]《尚书·太甲下》：与治同道，罔不兴；与乱同事，罔不亡。

[4]《西京赋》：若历世而长存，何遽营乎陵墓？

[5]《后汉书·窦融传》：诏右扶风修理融父坟茔，祠以太牢。

[6]《周礼·春官》：掌其岁时，观天地之会，辨阴阳之气，以明星辰占六梦之吉凶。

[7]《孝经·丧亲章》：生事爱敬，死事哀戚，生民之本尽矣，死生之义备矣，孝子之事亲终矣。

[8]《尚书·多士》：惟尔知惟殷先人，有册有典。

[9]《荀子·礼论》：故丧礼者，无他焉，明死生之义，送以哀敬，而终周藏也。故葬埋，敬藏其形也；祭祀，敬事其神也；其铭诔系世，敬传其名也。

众人之亡，是以有丧；先人之死，则以有葬。众人有父母三年之抱[1]，兄姊七年之养，故临丧[2]知父母兄姊之恩，明众人自身之成，则生悲戚[3]之情，哀痛[4]之感也。众人情发于中，悲起于内，哀形于外，殊不可止，故丧葬之礼可以尽其情，通其悲也。知父母兄姊之死亡，众人告远近之士以赴丧[5]，聚宗族之人以会葬[6]，是以有五服之制[7]也。一脉情深，则有衰服[8]之戴；旁系悲浅，故有功麻[9]之披。停尸入殓[10]，既难见至亲[11]之体；抬棺出殡[12]，又永别往昔之颜，是以丧葬之礼为终也，亦为大也。

[1]《论语·阳货》：子曰："予之不仁也！子生三年，然后免于父母之怀，

夫三年之丧，天下之通丧也。予也有三年之爱于其父母乎？"

[2]《论语·八佾》：子曰："居上不宽，为礼不敬，临丧不哀，吾何以观之哉？"

[3]《后汉书·冯异传》：自伯升之败，光武不敢显其悲戚，每独居，辄不御酒肉，枕席有涕泣处。

[4]《礼记·三年问》：三年之丧，二十五月而毕。哀痛未尽，思慕未忘。

[5]《礼记·奔丧》：凡丧，父在父为主；父没，兄弟同居，各主其丧。亲同，长者主之；不同，亲者主之。

[6]《左传·隐公元年》：惠公之薨也，有宋师，太子少，葬故有阙，是以改葬。卫侯来会葬，不见公，亦不书。

[7]《仪礼·丧服》：丧服，斩衰裳，苴绖杖，绞带，冠绳缨，菅屦者。

[8]《礼记·丧服小记》：斩衰，括发以麻；为母，括发以麻，免而以布。齐衰，恶笄以终丧。

[9]《仪礼·丧服》："大功布衰裳，牡麻绖、缨，布带，三月；受以小功衰，即葛，九月者""小功布衰裳，澡麻带、绖，五月者""缌麻，三月者"。

[10]《礼记·问丧》：或问曰："死三日而后敛者，何也？"曰："孝子亲死，悲哀志懑，故匍匐而哭之，若将复生然，安可得夺而敛之也。"

[11]《礼记·三年问》：然则何以至期也？曰：至亲以期断。是何也？

[12]《左传·僖公三十二年》：冬，晋文公卒，庚辰，将殡于曲沃。

万物兴成，则有衰败；众人生长，亦有死亡。万物当死而往，众人临亡而去，此为天地之理也。众人之情，在于乐生[1]重死也，故知众人之死者，则知其所以生；知众人之生者，又知其所以死[2]。众人生以观其动，死者见其静，是以观死者之事，览存者之为，则知生死之理，丧葬之义[3]也。丧葬之礼，在于慎终也；祭祀之事，在于追远也[4]。形销骨立[5]，非悲伤之应当；心枯意槁[6]，非丧葬之所以，故众人悲哀之情，当止于礼[7]也。是以修丧葬之礼者，不可以不知生死之事也。

［1］《汉书·董仲舒传》：穷急愁苦而上不救，则民不乐生；民不乐生，尚不避死，安能避罪！

［2］《论语·先进》：季路问事鬼神，子曰："未能事人，焉能事鬼?"曰："敢问死。"曰："未知生，焉知死?"

［3］《荀子·礼论》：生，人之始也；死，人之终也，终始俱善，人道毕矣。故君子敬始而慎终，终始如一，是君子之道、礼义之文也。

［4］《论语·学而》：曾子曰："慎终追远，民德归厚矣。"

［5］《南史·梁本纪》：帝形容本壮，及至都，销毁骨立。

［6］汉司马相如《长门赋》：夫何一佳人兮，步逍遥以自虞；魂逾佚而不反兮，形枯槁而独居。

［7］《诗经·毛诗序》：故变风发乎情，止乎礼义。发乎情，民之性也；止乎礼义，先王之泽也。

第 六 卷

为政第五十一

天地成物，则有其类；群庶出众，则有其人。天地有流化之行，众人有理治[1]之事。万物有头领仆从之分，众人有君子庶人之别。故天地以头领为万物之统[2]，众人以君子为庶人之首[3]。血缘一脉，众人有之家室；家室多衍，天下成之社稷。然众人有修身者，或可以治家室也；治家室者，未可以理社稷也。故知家室者则可以治之，明社稷者方可以理之，故众人选其知社稷之情，明理治之道者，处其位，听其训，理乎群庶之事，成乎众人之望，是以有君子之为政[4]也。

[1]《文子·微明》：修之身，然后可以治民；居家理治，然后可移于官长。
[2]《列子·天瑞》：昔者，圣人因阴阳以统天地。
[3]《尚书·益稷》：股肱喜哉！元首起哉！百工熙哉！
[4]《诗经·小雅·节南山》：忧心如酲，谁秉国成？不自为政，卒劳百姓。

天地成化，以有均平；君子为政，故有礼法[1]。社稷出于天地，则不可以不敬天[2]；君子选于百姓，则不可以不畏民[3]；天理[4]见于礼乐，则不可以不崇礼[5]；典诰[6]制于圣贤，则不可以不循法[7]；行从归于仁义，则不可以不明德[8]；笞杖[9]降于众人，则不可以不慎罚[10]。是以君子为政者，天理为之准，礼法为之本，诏令[11]为之末也。故知为政之本末[12]，修礼法之适宜，明众人之性，制典诰之章，取循正[13]之士，敷而陈之，施而从之，治而成之，则君子之政可以有为也。

[1]《商君书·更法》：及至文、武，各当时而立法，因事而制礼。礼、法以时而定，制、令各顺其宜。

[2]《诗经·大雅·板》：敬天之怒，无敢戏豫。敬天之渝，无敢驰驱。昊天曰明，及尔出王。昊天曰旦，及尔游衍。

[3]《大学》：无情者不得尽其辞，大畏民志，此谓知本。

[4]《礼记·乐记》：夫物之感人无穷，而人之好恶无节，则是物至而人化物也。人化物也者，灭天理而穷人欲者也。

[5]《礼记·中庸》：温故而知新，敦厚以崇礼。

[6]《汉书·王莽传中》：各策命以其职，如典诰之文。

[7]《战国策·赵策二》：故势与俗化，而礼与变俱，圣人之道也；承教而动，循法无私，民之职也。

[8]《逸周书·本典》：今朕不知明德所则，政教所行，字民之道，礼乐所生，非不念而知，故问伯父。

[9]清薛允升《读例存疑》：笞杖有二义，有断决时之笞杖，有讯问时之笞杖。

[10]《尚书·康诰》：惟乃丕显考文王，克明德慎罚。

[11]《史记·秦始皇本纪》：臣等昧死上尊号，王为"泰皇"。命为"制"，令为"诏"，天子自称曰"朕"。

[12]《荀子·富国》：故禹十年水，汤七年旱，而天下无菜色者，十年之后，年谷复熟，而陈积有余，是无它故焉，知本末源流之谓也。

[13]《史记·礼书》：循法守正者见侮于世，奢溢僭差者谓之显荣。

应物理事，则尽其位；临众治民，当知其情。是以知众人之情者，可以为政，则在其位[1]也；晦社稷之治者，难以为政，则丧其位也。知货殖[2]之盈者，亦见物产[3]之虚；知公卿[4]之富者，当明庶人之贫；知上位[5]之达者，必识下人[6]之穷。故君子为政者，在于殖产业，尽才用[7]，均贫富[8]，矜废疾[9]，怜老弱[10]，不唯于上，不失于下，是以天下皆有所养，众人皆有所乐也。君子为政，百姓有崇礼之为，公卿有尚义之举，社稷有当仁[11]之吏，故为政可以成其德也，然后上下熙然[12]，众人洽和[13]也。

[1]《论语·泰伯》：不在其位，不谋其政。

[2]《论语·先进》：赐不受命，而货殖焉，亿则屡中。

[3] 晋左思《三都赋》：徒以江湖崄陂，物产殷充。绕溜未足言其固，郑白未足语其丰。

[4]《论语·子罕》：出则事公卿，入则事父兄。

[5]《周易·乾卦》：是故居上位而不骄，在下位而不忧。

[6]《后汉书·朱晖传》：盐利归官，则下人穷怨。

[7]《宋书·彭城王义康传》：太子詹事刘湛有经国才用。

[8]《论语·季氏》：丘也闻有国有家者，不患寡而患不均，不患贫而患不安。盖均无贫，和无寡，安无倾。夫如是，故远人不服，则修文德以来之。既来之，则安之。

[9]《礼记·礼运》：矜寡孤独废疾者皆有所养。

[10]《孟子·梁惠王下》：凶年饥岁，君之民老弱转乎沟壑，壮者散而之四方者，几千人矣！

[11]《论语·卫灵公》：子曰："当仁不让于师。"

[12]《荀子·儒效》：熙熙兮共乐人之臧也。

[13] 宋曾巩《饮归亭记》：古者海内洽和，则先礼射，而弓矢以立武，亦不废于有司。

取士第五十二

　　天生众人，蕴之以秀；众有君子，成之以性。群庶成于天地，然万物殊乎其类[1]；君子出于众人，则大众分乎其人。是以天地有优秀[2]之物，众人有君子之士[3]。万物美好，则位品类之上；君子逾越，犹处众人之间。君子修身明众，可以理社稷者，是以为之士也[4]。圣人治世[5]，则贤良[6]为之用；君子为政，则士人为之取。圣贤制礼作乐，无士君子[7]则不以成其事；社稷布政[8]施策，无士君子则难以致其功[9]。是以为政取乎士君子者，在于协治众人，理治物事，循抚[10]社稷也。

[1]《晋书·许孜传》：咸称殊类致感，猛兽弭害。

[2]《后汉书·蔡邕传》：若器用优美，不宜处之冗散。

[3]《白虎通义·爵》：士者事也，任事之称也。故传曰：通古今，辩然否，谓之士。

[4]《论语·子路》：子曰："行己有耻，使于四方不辱君命，可谓士矣。"

[5]《史记·商君列传》：治世不一道，便国不必法古。

[6]《汉书·孔光传》：退去贪残之徒，进用贤良之吏。

[7]《荀子·非相》：先虑之，早谋之，斯须之言而足听，文而致实，博而党正，是士君子之辩者也。

[8]《左传·成公二年》：《诗》曰："布政优优，百禄是遒。"

[9]《春秋繁露·考功名》：不能致功，虽有贤名，不予之赏；官职不废，虽有愚名，不加之罚。

[10]《战国策·齐策六》：内牧百姓，循抚其心，振穷补不足，布德于民。

天地流行，在于成物；君子为政，归于取人[1]。士君子怀天下之心，知性命之成，明社稷之事，识庶人之务，是以修乎自身，治乎齐家，应乎社稷也。士君子燕居者，则讲论圣人之道，通达古今之学，发明万物之理；士君子为用者，则诚乎众人之情，明乎典章之制，理乎本末之事。是以士君子修身治家者，入则以居，出则为用，故可以临一乡之众，理一方之政也。一乡则有一乡之士，一邑则有一邑之士，一国则有一国之士，然士之多矣，取士者为少[2]，故为政者不可以不知人取士[3]也。

[1]《史记·仲尼弟子列传》：吾以言取人，失之宰予；以貌取人，失之子羽。

[2] 汉司马迁《悲士不遇赋》：虽有形而不彰，徒有能而不陈。何穷达之易惑，信美恶之难分。时悠悠而荡荡，将遂屈而不伸。

[3]《孟子·告子下》：士无世官，官事无摄，取士必得，无专杀大夫。

万物从天，众人随性；小人怨天[1]，君子知命[2]。众人惟利者，士君子取义[3]；众人见小者，士君子知大；众人观近者，士君子识远[4]。士君子明察心性，众人不知；士君子默行事功，众人不识，是以士君子行为多穷[5]也。然士君子持守正道[6]，砥砺绝学，故众人不知则不愠[7]，众人不识则不馁[8]也。士君子知穷通之以命，修身之为务，是以穷则修身，通则亦修身；贫则尽性，达则亦尽性，故不以贫穷避众人之位，不以通达远众人之列。是以士君子修身尽性者，不可不知其命[9]，定其志[10]，从其事[11]也。

[1]《论语·宪问》：子曰："不怨天，不尤人，下学而上达，知我者其天乎！"

[2]《荀子·荣辱》：自知者不怨人，知命者不怨天；怨人者穷，怨天者无志。

[3]《孟子·告子上》：生，亦我所欲也；义，亦我所欲也，二者不可得兼，舍生而取义者也。

[4] 汉王逸《〈楚辞章句〉叙》：故智弥盛者其言博，才益多者其识远。

[5]《论语·卫灵公》：君子固穷，小人穷斯滥矣。

[6]《礼记·燕义》：上必明正道以道民，民道之而有功。

[7]《论语·学而》：学而时习之，不亦说乎？有朋自远方来，不亦乐乎？人不知而不愠，不亦君子乎？

[8]《孟子·公孙丑上》：其为气也，至大至刚，以直养而无害，则塞于天地之间。其为气也，配义与道，无是，馁也。是集义所生者，非义袭而取之也。行有不慊于心，则馁矣。

[9]《论语·尧曰》：不知命，无以为君子。

[10]《礼记·大学》：知止而后有定，定而后能静，静而后能安，安而后能虑，虑而后能得。

[11]《论语·泰伯》：曾子曰："以能问于不能，以多问于寡；有若无，实若虚，犯而不校。昔者吾友尝从事于斯矣。"

教化第五十三

天以生物，则有流化；众以成人，可有知行[1]。万物之形，近似之处则有绝异；众人之状，士庶[2]之间则有圣贤。圣贤知天地之理，明性命之成，立人伦之事，故可施教[3]于众人也；众人依礼乐之制，从仁义之行，识善恶之为，则可成化[4]于圣贤也。圣贤生而可知，行而可成；众人不学则不知[5]，不教则不行，是以圣人所教者，皆在于尽众人之性，成自身之命也。圣贤教于上，众人化于下，则学与不学[6]者，明与不明者，皆可知廉耻、明礼义[7]、识进退，然后悉以尽其性，成其命也。

[1]《礼记·中庸》：夫妇之愚，可以与知焉及其至也，虽圣人亦有所不知焉。夫妇之不肖，可以能行焉及其至也，虽圣人亦有所人能焉。

[2]《管子·大匡》：君有过，大夫不谏；士庶人有善，而大夫不进，可罚也。

[3]《管子·弟子职》：先生施教，弟子是则，温恭自虚，所受是极。

[4] 汉班固《西都赋》：佐命则垂统，辅翼则成化。流大汉之恺悌，荡亡秦之毒螫。

[5]《荀子·非十二子》：不知则问，不能则学，虽能必让，然后为德。

[6]《论语·为政》：学而不思则罔，思而不学则殆。

[7]《礼记·礼运》：故礼义也者，人之大端也，所以讲信修睦而固人之肌肤之会，筋骸之束也。

天地之理，万物所依；圣贤之教，众人所从。天地有阴阳之化，圣贤有君子之教。圣贤之教无类别[1]，众人之化有深浅。故众人学而知之[2]，知而行之[3]，则有温柔敦厚[4]者，刚毅[5]勇猛[6]者；恭敬庄重[7]者，晏然[8]退豫者；宛转悠扬者，铿锵[9]激荡者；深幽精微者，浅显[10]广大者；可以知渺远之事，又以明近来之务；可以辨善恶是非，又以知纲纪名分。众人从圣贤教化者，皆有之所获也。观众人之行为，则知众人之教化[11]；知一乡之教化，则识一乡之为政，故为政者不可以不重教化也。

[1]《论语·卫灵公》：子曰："有教无类。"

[2]《论语·季氏》：生而知之者，上也；学而知之者，次也；困而学之，又其次也；困而不学，民斯为下矣。

[3] 宋张栻《论语解·序》：行之力则知愈进，知之深则行愈达。

[4]《礼记·经解》：其为人也，温柔敦厚，《诗》教也。

[5]《礼记·中庸》：发强刚毅，足以有执也。

[6]《汉书·杜业传》：窃见朱博忠信勇猛，材略不世出，诚国家雄俊之宝臣也。

[7]《新唐书·李峤传》：峤，美风仪，以庄重称，当时有宰相望。

[8]《后汉书·方术传上》：虽在布衣之列，环堵之中，晏然自得。

[9]《汉书·张禹传》：禹将崇入后堂饮食，优人管弦铿锵极乐，昏夜乃罢。

[10]《拟恭进〈四书直解〉鉴表》：以浅显之辞，发高深之理。

[11]汉桓宽《盐铁论·授时》：是以王者设庠序，明教化，以防道其民。

　　君子为政，依乎教化；众人从化，归于仁义。社稷无圣贤，则无以知教化；乡里无众人，则难以成教化。众人皆以不知以至于知，以不明以至于明，是以君子为政，先之以教化，次之于刑罚[1]也。教化既始，众人知而行之，明而从之，则取之以仁义；教化有终[2]，众人知而不行，明而不从，则施之于刑罚。是以圣贤临众，君子为政者，皆有教有罚也。不教而罚，则众人不从[3]；有教而罚，则众人可服[4]。故君子之于教化，其为之也小，其成之也大，是以教化之义深矣，又以明矣。

[1]《旧唐书·韦凑传》：善善者，悬爵赏以劝之也；恶恶者，设刑罚以惩之也。

[2]《诗经·大雅·荡》：荡荡上帝，下民之辟。疾威上帝，其命多辟。天生烝民，其命匪谌。靡不有初，鲜克有终。

[3]《论语·尧曰》：不教而杀谓之虐。

[4]《荀子·富国》：故不教而诛，则刑繁而邪不胜；教而不诛，则奸民不惩。

风俗第五十四

天地生养，因地而处；众人长成，随性而在。万物以地理成其状，众人以性命使之然。万物循成，则有形状之异；众人自为，故有风俗[1]之别。众人之行为，应接以有之，相顾以成之，是以皆从者谓之风，均为者谓之俗[2]。故众人有一时[3]之风者，亦有一代之俗也。众人之举止[4]，有其先者则有其后，有其小者又有其大，然后渐以成风，习以成俗[5]也。故众人有一乡之风者，亦有一地之俗也。圣贤教化，在于成人；时代[6]风俗，归于成众，是以君子为政之于众人，必正之以始，又谨之其端也。

[1]《荀子·疆国》：入境，观其风俗，其百姓朴，其声乐不流污，其服不挑，甚畏有司而顺，古之民也。及都邑官府，其百吏肃然，莫不恭俭、敦敬、忠信而不楛，古之吏也。

[2]《礼记·曲礼上》：入竟而问禁，入国而问俗，入门而问讳。

[3]《孟子·公孙丑下》：彼一时，此一时也。五百年必有王者兴，其间必有名世者。

[4]《左传·桓公十三年》：莫嚣必败，举止高，心不固矣。

[5]《魏书·高允传》：虽条旨久颁，而俗不革变。将由居上者未能悛改，为下者习以成俗，教化陵迟，一至于斯。

[6]《宋书·礼志一》：况三国鼎峙，历晋至宋，时代移改，各随事立。

众人行为，出于性命；众人风俗，成于行为。众人之性命有从善[1]者，亦有取恶[2]者，是以众人之风俗有淳好者，亦有败坏者。风俗淳好者，则众人知善恶，依正道，主诚信，行恭敬，睦乡邻^[3]，可添上下之好也；风俗败坏者，则众人混是非，从邪径，执虚伪^[4]，为僭越，悖里巷，惟取自身之利也。是以众人风俗良善，则可以自治也；众人风俗荒淫^[5]，则难以自治也。可以自治者，典章^[6]之行者少矣；难以自治者，方策之施者多矣。故君子为政，当知社稷之于风俗谨小也，风俗之于社稷大功^[7]也。

[1] 汉刘歆《移书让太常博士》：犹欲保残守缺，挟恐见破之私意，而无从善服义之公心。

[2]《左传·襄公十四年》：与人而不固，取恶莫甚焉。

[3]《尚书·尧典》：九族既睦，平章百姓。

[4]《庄子·盗跖》：子之道狂狂汲汲，诈巧虚伪事也，非可以全真也，奚足论哉！

[5]《诗经·齐风·鸡鸣》序：哀公荒淫怠慢，故陈贤妃贞女夙夜警戒相成之道焉。

[6]《后汉书·顺帝纪》：即位仓卒，典章多缺，请条案礼仪，分别具奏。

[7]《尚书·大诰》：敷贲敷前人受命，兹不忘大功。

天地万物，有以变化；众人风俗，则以移迁。风俗之所从来，有以众人自为者，可以圣贤教化者，又以为政刑罚者。是以众人自为之风俗，可教化以移，刑罚以迁也。然教化可及于从善，刑罚无助于止恶。为政者移风易俗^[1]，在于众人改之败坏，迁于良善也。君子为政，则教化临之众人；众人修身，则风俗成之社稷。众人从之风俗，依之教化，是以风俗未变，则众人不移；风俗有改，则众人可迁。社稷以风俗之为大，为政以教化之为先。众人无教化者，则君子难以为政，故知风俗之不同，则可以明教化之所在也。

[1]《礼记·乐记》：故乐行而伦清，耳目聪明，血气和平，移风易俗，天下皆宁。

讽谏第五十五

天地赋形，则有小大[1]；君子为政，以有上下[2]。万物小者从于其大，众人下者依乎其上。然小大有相掩之势，上下有相蔽[3]之情。万物小者不及其大，则物有所伤；庶人下者难达其上，故众有所晦。下之所晦者，上以不知；下之所明者，上又不行，是以众人有所怨望[4]也。物伤其类，则哀鸣[5]于天地；众怨其人，故悲吟[6]于郊野。君子为政，众人之情不见，众人之状不明，是以在下者有之讽谏[7]也。众人讽之于君子，谏之于上位，则可以下情上达[8]，上明下状，然后知其为政之过失也。

[1]《尚书·顾命》：柔远能迩，安劝小大庶邦。

[2]《尚书·周官》：宗伯掌邦礼，治神人，和上下。

[3]《荀子·解蔽》：众异不得相蔽以乱其伦也。

[4] 汉贾谊《过秦论》：百姓怨望，而海内叛矣。

[5] 唐白居易《琵琶行》：其间旦暮闻何物？杜鹃啼血猿哀鸣。

[6] 汉蔡琰《悲愤诗》：旦则号泣行，夜则悲吟坐。

[7]《史记·滑稽列传》：优孟，故楚之乐人也。长八尺，多辩，常以谈笑讽谏。

[8]《管子·明法》：下情不上通，谓之塞。

圣人临众，故有告诉[1]；贤良在位，当有讽谏。君子在上者，视之不过奏对，听之不过逢迎，语之不过朝官，望之不过阶庭，故其视听[2]语望皆为独[3]也。布政方策，或有过失，移之就下，则庶人中伤[4]；情状难达，晦之于上，故君子不改。是以君子知讽谏者，可以去独取众，明察[5]物事也。众人不讽谏，则上位多暗；君子不更改[6]，故众人多伤。众人之讽谏，可以规君子之过，正上位之失，故君子为政者，不可以无讽谏之事，晦上下之情[7]也。

[1]《史记·龟策列传》：王有德义，故来告诉。

[2]《墨子·尚同中》：夫唯能使人之耳目助己视听；使人之吻助己言谈。

[3]《尚书·泰誓下》：独夫受洪惟作威，乃汝世仇。

[4]《后汉书·庞参传》：太尉庞参，竭忠尽节，徒以直道不能曲心，孤立群邪之间，自处中伤之地。

[5]《孟子·梁惠王上》：明足以察秋毫之末，而不见舆薪。

[6]《汉书·韩延寿传》：颖川由是以为俗，民多怨仇，延寿欲更改之，教以礼让。

[7] 明王鏊《亲政篇》：故上下之情，壅而不通，天下之弊，由是而积。

山川壅塞[1]，为之决堤；讽谏禁锢[2]，成之作乱[3]。君子为政者，当深于察人，明于治事，广于讽谏也。然为政者皆视其所欲视，听其所欲听[4]，故多有言禁之令，加以党锢之祸。是以壅言壅行，则有召公之诚，厉王之败[5]；知议知论，则有子产之训，郑国之成[6]。众人之讽谏，当谨于辞，明其状也；出于实，明其情也；辞过于其状，情失于其实，则非讽谏也。是以为政者除言禁之令，绝党锢之祸，则众人之情可明于下，君子之过可改于上也。

[1]《礼记·月令》：完堤坊，谨壅塞，以备水潦。

[2]《汉书·云敞传》：初，章为当世名儒，教授尤盛，弟子千余人，莽以为恶人党，皆当禁锢，不得仕宦。

[3]《论语·学而》：不好犯上而好作乱者，未之有也。

[4]《论语·为政》：视其所以，观其所由，察其所安，人焉廋哉？人焉廋哉？

[5]《国语·周语》：厉王虐，国人谤王。召公告曰："民不堪命矣。"王怒，得卫巫，使监谤者，以告，则杀之。国人莫敢言，道路以目。王喜，告召公曰："吾能弭谤矣，乃不敢言。"召公曰："是障之也。防民之口，甚于防川。川壅而溃，伤人必多。民亦如之。是故为川者，决之使导；为民者，宣之使言。故天子听政，使公卿至于列士献诗，瞽献曲，史献书，师箴，瞍赋，矇诵，百工谏，庶人传语，近臣尽规，亲戚补察，瞽史教诲，耆艾修之，而后王斟酌焉。是以事行而不悖。民之有口，犹土之有山川也，财用于是乎出；犹其原隰之有衍沃也，衣食于是乎生。口之宣言也，善败于是乎兴。行善而备败，其所以阜财用衣食者也。夫民虑之于心而宣之于口，成而行之，胡可壅也？若壅其口，其与能几何？"王不听，于是国莫敢出言。三年，乃流王于彘。

[6]《左传·襄公三十一年》：郑人游于乡校，以论执政。然明谓子产曰："毁乡校，何如？"子产曰："何为？夫人朝夕退而游焉，以议执政之善否。其所善者，吾则行之；其所恶者，吾则改之。是吾师也，若之何毁之？我闻忠善以损怨，不闻作威以防怨。岂不遽止？然犹防川：大决所犯，伤人必多，吾不克救也；不如小决使道，不如吾闻而药之也。"然明曰："蔑也今而后知吾子之信可事也。小人实不才。若果行此，其郑国实赖之，岂唯二三臣？"

位阶第五十六

天地往来，以有次序；君臣上下，则有职分[1]。天轻地沉，则雨露为之降下；山高谷深，故溪水为之流远。临众治事，圣贤则以其人；布政方策，君子可以其位。圣贤不以其人，则教化无以为至；君子不以其位，则方策难以成行。众人理事，无上位则不知其从；君子为政，无下位[2]则难成其治。是以理社稷，布方策者，则有上下位阶之分也。上以令下，方策则以为之行；下以从上，事功又以为之成。是以在上者尽其位，在下者尽其分，则可以协理多方，均治万物也。

[1]《前出师表》：兴复汉室，还于旧都，此臣所以报先帝，而忠陛下之职分也。

[2]《周易·乾卦》：是故居上位而不骄，在下位而不忧。

物有品类，事见区别；众分君庶，职成位阶。众人小大有祭祀、家室、日用、纷争、存亡之事，则社稷上下有内史[1]、教授、行政[2]、决狱[3]、卫戍之职。祭祀天地，则敬乎万物，是以内史为之首；依从圣贤，则成乎风俗，是以教授为之次；推举[4]君子，则理乎物事，是以行政为之次；厘定名分[5]，则止乎纷争，则决狱为之次；讲修[6]兵戎，则存乎家邦[7]，则卫戍为之次。位阶有上下之分，物事无小大之别，故上下以位阶为序，社稷以位阶为治也。上下之人各司其职[8]，各为其政，是以社稷之治则可有成也。

[1]《左传·襄公十年》：使周内史选其族嗣，纳诸霍人，礼也。

[2]《孟子·梁惠王上》：为民父母，行政，不免于率兽而食人，恶在其为民父母也？

[3]《管子·小匡》：决狱折中，不杀不辜，不诬无罪，臣不如宾胥无。

[4]《淮南子·泰族训》：废公趋私，内外相推举，奸人在朝，而贤者隐处。

[5]《商君书·定分》：夫卖兔者满市，而盗不敢取，由名分已定也。

[6]《三国志·孙和传》：常言当世士人，宜讲修术学，校习射御，以周世务。

[7]《诗经·大雅·思齐》：刑于寡妻，至于兄弟，以御于家邦。

[8]《尚书·周官》：六卿分职，各率其属，以倡九牧，阜成兆民。

社稷名分，则有其位；上下相接，故有其礼。上下循之于名分，社稷成之于礼乐，故上下位阶者，当行之以仁义，从之于礼乐也。上之有礼，下可以尽其事；下之有礼，上又以尽其心。是以上以尊下，则下以敬上；上以诚下，则下以信上，上下无间[1]，则政事[2]不违[3]也。君子为政，上行者下效[4]，左依者右从，相接不以礼，则失上下之心，故政事无成也。是以为政者必谨从其法，慎行其权，绝其恣意[5]，止其任欲[6]，修上下之礼，明上下之分，然后可以出乎位阶，入乎为政也。

[1]《汉书·萧望之传》：萧望之历位将相，籍师傅之恩，可谓亲昵亡间。
[2]《逸周书·大匡》：不谷不德，政事不时，国家罢病。
[3]《论语·为政》：子曰："吾与回言终日，不违，如愚。"
[4]《白虎通义·三教》：教者，何谓也？教者，效也。上为之，下效之。
[5]《列子·周穆王》：游燕宫观，恣意所欲，其乐无比。
[6]《后汉书·皇后纪序》：爰逮战国，风宪逾薄，适情任欲，颠倒衣裳，以至破国亡身，不可胜数。

服制第五十七

天地成化，赋以形状；众人应接[1]，饰以衣冠[2]。万物随天地生成，无有是非；众人依圣贤教化，则有羞耻。万物无是非之分，则其形状为显露；众人有羞耻之心[3]，故其衣冠为遮蔽。圣贤临众，教以人伦，晓以廉耻，化以风俗，然后有衣冠之制也。形体服之衣冠，则有其众人；乡里聚之众人，故有其风俗。是以观众人之衣冠，则知教化之分别；识衣冠之服制[4]，可知风俗之变迁。衣冠不存，则礼乐为之荡然[5]；衣冠不在，则教化从之殆尽[6]。故君子观众人衣冠者，可以知教化之行，礼仪之在，风俗之别也。

[1]《后汉书·马援传》：客卿幼而岐嶷，年六岁，能应接诸公，专对宾客。

[2]《史记·孔子世家》：故所居堂弟子内，后世因庙藏孔子衣冠琴车书，至于汉二百余年不绝。

[3]《孟子·告子上》：乃若其情，则可以为善矣，乃所谓善也。若夫为不善，非才之罪也。恻隐之心，人皆有之；羞恶之心，人皆有之；恭敬之心，人皆有之；是非之心，人皆有之。

[4]《春秋繁露·服制》：天子服有文章，夫人不得以燕飨，公以庙；将军大夫不得以燕飨，以庙，将军大夫以朝官吏；以命士止于带缘。散民不敢服杂采，百工商贾不敢服狐貉，刑余戮民不敢服丝玄纁乘马，谓之服制。

[5]《后汉书·党锢传》：其后黄巾遂盛，朝野崩离，纲纪文章荡然矣。

[6]《旧唐书·郭子仪传》：兵及陈涛，为贼所败，丧师殆尽。

　　圣贤应物，则有其制；众人理事，则有其服。众人少以修身，长以施治，成以为政，下始于家室，次接之社稷，上终乎天地，是以有日用之服、燕居之服、政事之服、宗庙之服、祭祀之服也。效之天地，而有冠履[1]；采之自然，则有五色[2]。依于仁义，而有环佩[3]；识于阴阳，则有妆冶[4]。从乎物类，以有位阶；参乎人情，故有便宜[5]。然后可以适众人之体，洽上下之心，成衣冠之制也。既以衣冠之服制，出众人之仪表[6]，见君子之风度[7]，故祭祀天地，经纶[8]政事，便宜日用者，不可不慎之衣冠也。

[1]《史记·儒林列传》：冠虽敝，必加于首；履虽新，必关于足。何者，上下之分也。

[2]《尚书·虞书·皋陶谟》：以五采彰施于五色，作服，汝明。

[3]《礼记·经解》：行步则有环佩之声，升车则有鸾和之音。

[4] 南朝陈陈叔宝《三妇艳》：小妇新妆冶，拂匣动琴徽。长夜理清曲，余娇且未归。

[5]《史记·廉颇蔺相如列传》：以便宜置吏，市租皆输入莫府，为士卒费。

[6] 南朝梁沈约《齐丞相豫章文宪王碑》：位冠朝首，仪表瑰雄，风神秀杰。

[7]《后汉书·窦融传》：尝独详味此子之风度，虽经国之术无足多谈，而进退之礼良可言矣。

[8]《礼记·中庸》：唯天下至诚，为能经纶天下之大经，立天下之大本，知天地之化育。

众庶之人，识以衣冠；衣冠之服，见以众庶。众人相接之际，视其衣冠，听其言语，观其行为，则可以知其人也。众人谨其衣冠者，亦慎其为人；慎其为人者，又察其衣冠。奇装[1]异服[2]者，不可行之于祭祀；坦体裸肤[3]者，难以处之于宗庙；错位乱阶者，无从为之于政事。是以君子修身理治者，当明其心志，正其衣冠，肃其行为也。衣冠之服制，可以知天地之理，内外之分，长幼之序，步趋之节也，又可以明教化，成风俗，彰众人也。故圣人之道行于天下，必以服制为始，以礼乐为终矣。

[1]《楚辞·涉江》：余幼好此奇服兮，年既老而不衰。
[2]《礼记·王制》：作淫声、异服、奇技、奇器以疑众，杀。
[3]《宋史·外国传七》：旁有毗舍邪国，语言不通，袒裸盱睢，殆非人类。

刑名第五十八

　　天地成物，则有理数；圣贤临众，以有刑名[1]。万物有春夏之生者，亦有秋冬之杀，故天地有风雨之落，又有霜雪之降。君子有温良[2]之行者，亦有威怒之为，故圣贤有礼乐之化，又有刑名之罚。圣贤明上下之情状，告众人之可为；众人从圣贤之教化，知自身之当为。然众人行为，时有过失；泥而不改，多成罪愆。是以圣贤立刑名以正过失，施黜罚[3]以纠罪愆。管蔡作乱[4]，成王拟康诰之训[5]；四方不宁[6]，穆王作吕刑之命[7]。刑名不立，则众人不知其所为[8]；罪愆不彰，则众人不明其所止。故君子为政，不可不立之刑名，彰之罪愆，然后有过失者可以纠正[9]，有刑罚者又以改迁也。

[1] 《韩非子·二柄》：人主将欲禁奸，则审合刑名。

[2] 《论语·学而》：子禽问于子贡曰："夫子至于是邦也，必闻其政。求之与？抑与之与？"子贡曰："夫子温、良、恭、俭、让以得之。夫子之求之也，其诸异乎人之求之与？"

[3] 唐柳宗元《送薛存义之任序》：向使佣一夫于家，受若值，怠若事，又盗若货器，则必甚怒而黜罚之矣。

[4] 《史记·管蔡世家》：管叔鲜、蔡叔度者，周文王子而武王弟也。……武王既崩，成王少，周公旦专王室。管叔、蔡叔疑周公之为不利于成王，乃挟武庚以作乱。周公旦承成王命伐诛武庚，杀管叔，而放蔡叔。

[5] 《尚书·康诰》：成王既伐管叔、蔡叔，以殷余民封康叔，作《康诰》《酒诰》《梓材》。

[6] 《史记·周本纪》：穆王将征犬戎，祭公谋父谏曰："不可。先王耀德不观兵。夫兵，戢而时动，动则威；观则玩，玩则无震。"

[7] 《尚书·吕刑》：吕命穆王训夏赎刑，作《吕刑》。惟吕命，王享国百

年，耄荒，度作刑，以诘四方。

[8]《左传·宣公十二年》：桓子不知所为，鼓于军中曰：先济者有赏！

[9]《后汉纪·顺帝纪一》：是时司隶校尉虞诩，纠正邪枉无所回避。

　　众人不明，施之教化；教化不行，加之刑罚。罪罚[1]之所定，依乎刑名；刑名之所成，在于罪罚。是以必有刑名之立，然后有罪罚之加也。君子立之刑名，当循之天理，明于物事，洽乎人情也。不循天理，则众庶难知其是；不依物事，则众庶难明其非；不从人情，则众庶难广其行。依于圣贤，众庶难达其极[2]；从于小人，众庶易致其端。故刑名之立，不依于圣贤，不从于小人，当准于众庶也。拔乎其上[3]，众人皆以有罪；止乎其下，众人悉以无罚。故刑名之立，不拔乎上，不止乎下，惟取乎中[4]也。刑名立乎中者，则圣贤不用，众庶可从，小人有罚，然后刑名可以施行[5]，众庶又以从化也。

[1]《管子·八观》：是以民之道正行善也若性然，故罪罚寡而民以治矣。

[2]《礼记·大学》：《诗》曰："周虽旧邦，其命维新"，是故君子无所不用其极。

[3]《晋书·夏侯湛传》：弱年而入公朝，蒙蔽而当显举，进不能拔群出萃，却不能抗排当世。

[4]《礼记·中庸》：子曰："舜其大知也与！舜好问而好察迩言。隐恶而扬善。执其两端，用其中于民。其斯以为舜乎！"

[5]诸葛亮《出师表》：愚以为宫中之事，事无大小，悉以咨之，然后施行。

　　刑名之立，错而不用[1]；罪罚之成，慎而相从。众人有愆误者则临之刑名，有刑名者则施之罪罚，有罪罚者则见之轻重。当于其罪者，则依之而刑；过于其罪者，可重之而刑；失于其罪者，故轻之而刑[2]。昧天理、绝人伦、弃众庶者，其罪愈为重，则刑罚亦当以重；明天理、从人伦、取众庶者，其罪愈为轻，则刑罚亦当以轻。故刑罚不重者则无以彰其恶，明其非也；不轻者则难以见其善，知其是也。众人行为随之时势，成之风俗，是以时势有变迁，风俗有改移，则刑罚从之以轻重也。风俗浇薄[3]者，教化不行，则重其刑罚；风俗淳厚者，教化大治[4]，则轻其刑罚。故君子为政者，观之时势，察之风俗，然后可以立乎刑名[5]、成乎罪罚也。

[1]《北史·循吏传》：若使官尽王伽之俦，人皆李参之辈，刑厝不用，其何远哉！

[2]《尚书·吕刑》：上下比罪，无僭乱辞，勿用不行，惟察惟法，其审克之！上刑适轻，下服；下刑适重，上服。轻重诸罚有权。

[3]《新唐书·循吏传》：海内之人皆为兄弟，变浇薄之风。

[4]《礼记·礼器》：是故圣人南面而立，而天下大治。

[5]《尚书·吕刑》：刑罚世轻世重，惟齐非齐，有伦有要。罚惩非死，人极于病。非佞折狱，惟良折狱，罔非在中。

循法第五十九

天地成化，万物随从；圣贤制作[1]，众人循依。天地随物之性，故有成物之理；圣贤循物之数，则有应物之法。有天地者则有其物，有其物者则有其理，有其理者则有其法，故天地有定理[2]，万物有常数[3]，众人有成法[4]也。故知物事之情，明物事之状者，可以定理也；知众人当行，明众人可为者，可以成法也。圣贤有教化，众人知其当为；众人有成法，尔我知其所为。故明众庶之法[5]者，则知其所以应物；循理治之法[6]者，可知其所以成物。是以君子庶人皆当循法也，然后可以明天地之理，尽物类之性，成众人之事也。

[1]《史记·礼书》：今上即位，招致儒术之士，令共定仪，十余年不就。或言古者太平，万民和喜，瑞应辨至，乃采风俗，定制作。

[2]《韩非子·解老》：凡理者，方圆、短长、粗靡、坚脆之分也。故理定而后物可得道也。故定理有存亡，有死生，有盛衰。夫物之一存一亡，乍死乍生，初盛而后衰者，不可谓常。

[3]《战国策·秦策三》：语曰："日中则移，月满则亏。"物盛则衰，天之常数也。

[4]《鹖冠子·道端》：贤君循成法，后世久长；惰君不从，当世灭亡。

[5]《盐铁论·申韩》：是以圣人审于是非，察于治乱，故设明法，陈严刑，防非矫邪，若隐括辅檠之正弧剌也。故水者火之备，法者止奸之禁也。

[6]《战国策·赵策二》：故势与俗化，而礼与变俱，圣人之道也；承教而动，循法无私，民之职也。

　　理之既定，当有所依；法之又成，必有所循。成法者在于明理知情[1]，循法者在于应物理事。无法[2]者难以明理知情，逆法[3]者不以应物理事，是以循法者，当以理为本，以法是准也。物事之理已明，循依之法有差[4]，则变法[5]以从理也；物事之理未明，循依之法有定，则谨法以明理也。是以法者随物事之理而定，不随上下之人而变，故循法者当知其所以循者，亦知其所以变者。众人循法而不知理者，则从法以昧理；众人依理而不知法者，又循理以昧法。物事之理未变，则拒之以从法；物事之理已变，可顺之以成法。是以君子众人，不可不明物事之理，不察循依之法也。

[1]《后汉书·孔融传》：《汉律》与罪人交关三日已上，皆应知情。
[2]《孝经·五刑》：非圣人者无法，非孝者无亲，此大乱之道也。
[3]《韩非子·有度》：诈说逆法，倍主强谏，臣不谓忠。
[4]《后汉书·张敏传》：今托义者得减，妄杀者有差，使执宪之吏得设巧诈。
[5]《商君书·更法》：今吾欲变法以治，更礼以教百姓，恐天下之议我也。

　　天地成理，则有其物；众庶循法，故有其人。物事既在，则法者有以所成；众庶既从，则循依有以所次。是以君子为政，社稷有之大法；士人修身，家室有之小法；众庶行为，日用有之程法[1]。君子不循法，庶人不从，则社稷难以为治；士人[2]不循法，外族[3]不服，则家室难以为齐；众庶不循法，尔我不信，则日用难以为处。是以法之不循，过之在上；法之不行，害之在下；法之不依，误之在左；法之不从，失之在右。是以循法者必自上位者始，左位者依，右位者从，下位者终也。君子知社稷之事，士人明家室之为，大众识日用之行，皆当谨循其法，慎处其事也。

[1]《宋史·理宗纪五》：辛卯，宰臣奏："太子语臣等言：'近奉圣训……平日所讲修身齐家之道，当真履实践，勿为口耳之学。'请宣付史馆，永为世程法。"
[2]《晋书·刘颂传》：今世士人决不悉良能也，又决不悉疲软也。
[3]《资治通鉴·梁简文帝》：由是百姓虽死，终不附之。又禁人偶语，犯者刑及外族。

决狱第六十

　　天地生成，则有其物；众人取弃，则有其分。天地生物者以多，然取物者亦多；众人有物者以多，无物者亦多。众人接之万物，则有其名；万物从之众人，则有其分。万物无名之时，众人皆取之为有；万物有名之时，众人皆执之为妄。故知万物之名，则明众人之所有[1]；明众人之分，则识万物之所归。万物相蔽，则有侵凌[2]之行；众人相接，或有妄取[3]之为。众人所获之身，所取之物，皆有群己之限，尔我之分也，故妄取者不当成有，罔失者不得为无。万物名分不定，众人纷争不休；万物名分有定，众人妨害[4]不止，是以明万物之名分，止众人之纷争，则有狱讼[5]之决也。惟其公者可以有公，惟其允者可以成允，是以狱讼之事，必待君子[6]而后决也，则众人可以有其物，当其分，明其止也。

[1]《孟子·公孙丑下》：古之为市也，以其所有易其所无者，有司者治之耳。

[2]《墨子·天志下》：今天下之诸侯，将犹皆侵凌攻伐兼并，此为杀一不辜人者，数千万矣。

[3]《春秋繁露·五行相胜》：侵伐暴虐，攻战妄取。

[4]《荀子·仲尼》：援贤博施，除怨而无妨害人。

[5]《周礼·地官》：凡万民之不服教而有狱讼者，与有地治者听而断之，其附于刑者，归于士。

[6]《论语·子张》：子夏曰："君子信而后劳其民；未信则以为厉己也。信而后谏，未信则以为谤己也。"

众人争讼[1]，在于直曲[2]；君子决狱，归于反正[3]。知两造[4]之所争，明左右之所求，循理以析之，按物以辨之，援法以准之，出论以成之，然后可以为公允也。是以君子决狱者，当从之于天理，依之于物情[5]，准之于成法也。不从天理，难以知众人善恶；不依物情，难以明众人之是非；不援成法，难以定众人之依从。明乎天理者，片言可以决狱[6]；暗乎物情者，累牍[7]难以知实；昧乎成法者，尽辞无以服众。故定万物之名分，察众人之行为，准成法之科条[8]，可以尽物事之情，决左右之狱也。旬日不决[9]，则罔失者难反其正；迁延多时，又妄取者无直其曲。罔失者伤之已深，当以立决；妄取者害之既大，可以即惩。是以君子决狱，当谨于其事，敏于其行，成于公断，曲以直之，反以正之，然后求众人之无讼[10]也。

[1]《韩非子·用人》：争讼止，技长立，则强弱不觳力，冰炭不合形，天下莫得相伤，治之至也。

[2]《荀子·王霸》：不恤是非，不治曲直。

[3]《汉书·息夫躬传》：天之见异，所以敕戒人君，欲令觉悟反正，推诚行善。

[4]《尚书·吕刑》：两造具备，师听五辞。

[5]《释私论》：情不系于所欲，故能审贵贱而通物情。

[6]《论语·颜渊》：片言可以折狱者，其由也与？

[7]《史通·覈才》：遂使握管怀铅，多无铨综之识；连章累牍，罕逢微婉之言。

[8]《战国策·秦策一》：科条既备，民多伪态，书策稠浊，百姓不足。

[9]《隋书·段文振传》：迟疑不决，非上策也。

[10]《论语·颜渊》：子曰："听讼，吾犹人也。必也使无讼乎！"

众人行从，皆依其心；君子决狱，当原其本。众人刑名之一者，则其行从多也；众人行为之同者，则其心迹[1]异也。众人行从易知，然其心迹难明，是以君子决狱，不可不原众人之心[2]也。万物从天，无知以为害也；众人依性，有心以为恶也。有心为善者，则其行从不恶；有心为恶者，则其行从不善。故众人行从之恶，其心之善者，则决狱当以轻；众人行从之善，其心之恶者，则决狱必以重。天地之威，则有雷霆[3]之动；众人之怒，故有刑狱[4]之加。万物逆于天者，无所逃其罪也；众人违于理者，难所避其罚也。然万物无知以逃其罪，众人有心以避其罚，故有罪受其罚者可以嘉之，避其罚者必以惩之。君子决狱者，非徒以决事[5]也，又在于明理也，是以听众人之辞伪，察物事之情虚，逃其罪者重其罚，避其罚者重其罪，然后众人可以知善恶之分，明是非之为也。

[1]《宋书·傅亮传》：考旧闻于前史，访心迹于污隆。

[2]《汉书·王嘉传》：圣王断狱，必先原心定罪，探意立情，故死者不抱恨而入地，生者不衔怨而受罪。

[3]《周易·系辞上》：鼓之以雷霆，润之以风雨。

[4]《左传·文公六年》：正法罪，辟刑狱。

[5]《汉书·刑法志》：（秦始皇）躬操文墨，昼断狱，夜理书，自程决事，日县石之一。

第 七 卷

上农第六十一

　　天生万物，皆有其养；地载众人，均有其食。天地不养，万物随之以死；尔我不食，众人即之以亡。故以之生养，可有万物之存；以之饮食[1]，又有众人之在。一朝未食，尔我有一夕之饥[2]；一时不饮，众人有一刻之渴[3]。饮食不济[4]，则众人难有恒心[5]；饥渴又深，则社稷多以穷民[6]，故君子为政之先，当赡[7]众人饮食不至于饥渴[8]也。垦者[9]稼穑[10]，可有谷物；艺者[11]植耘[12]，则有蔬果；牢者[13]孳养，又有鸡豚[14]。万物有之收获，然后众人可以啜蔬食肉[15]，饮醴酌浆也。是以无农则众人难为饮食，故社稷之大事者，当上之以农也。

[1] 《礼记·郊特牲》：凡食养阴气也，凡饮养阳气也。

[2] 《韩非子·外储说右上》：齐尝大饥，道旁饿死者不可胜数也。

[3] 《诗经·王风·君子于役》：行道迟迟，载渴载饥。

[4] 《礼记·礼运》：饮食男女，人之大欲存焉。

[5] 《孟子·梁惠王上》：苟无恒心，放辟邪侈，无不为已。

[6] 《孟子·梁惠王下》：老而无妻曰鳏，老而无夫曰寡，老而无子曰独，幼而无父曰孤。此四者，天下之穷民而无告者。

[7] 《魏书·食货志》：行者十五六，道路给粮糒，至所在，三长赡养之。

[8]《孟子·尽心上》：孟子曰："饥者甘食，渴者甘饮，是未得饮食之正也，饥渴害之也。"

[9]《管子·轻重甲》：今君躬犁垦田，耕发草土，得身谷矣。

[10]《尚书·无逸》：厥父母勤劳稼穑，厥子乃不知稼穑之艰难。

[11]《诗经·齐风·南山》：艺麻之如何？衡从其亩。

[12] 晋陶渊明《归去来兮辞》：怀良辰以孤往，或植杖而耘籽。

[13]《诗经·大雅·公刘》：执豕于牢，酌之用匏。

[14]《孟子·梁惠王上》：鸡豚狗彘之畜，无失其时，七十者可以食肉矣。

[15]《孟子·梁惠王上》：七十者衣帛食肉，黎民不饥不寒，然而不王者，未之有也。

饮食之物，依乎其地；作物之殖，从乎其人。土地[1]殖谷物以食，溪川出清水以饮，是以农者识地而耕，分水而溉，择种而稼[2]也。地力[3]不丰，则百谷[4]无以为兴；河渠不通，则禾木空以为长；良莠不辨[5]，则产出难以为多。谷物所植者，春雨以生之，夏热以长之，秋风以收之，冬雪以藏之。农者察之天时，从之地力，通之河渠，尽之耕耘[6]，然后可以有成也。谷物有成则年岁丰穰[7]，众人有食则社稷嘉庆[8]，是以上下无饥渴之饮食也。故上农之政，在于知稼者之道，教以从之，施以成之，然后成百谷之殖也。

[1]《周礼·地官》：乃经土地，而井牧其田野。

[2]《孟子·滕文公上》：后稷教民稼穑，树艺五谷。

[3]《韩非子·五蠹》：严其境内之治，明其法禁，必其赏罚，尽其地力以多其积。

[4]《尚书·舜典》：帝曰："弃，黎民阻饥，汝后稷，播时百谷。"

[5]《左传·成公十八年》：周子有兄而无慧，不能辨菽麦，故不可立。

[6]《荀子·子道》：有人于此，夙兴夜寐，耕耘树艺，手足胼胝，以养其亲，然而无孝之名，何也？

[7] 宋曾巩《送程公辟使江西》：袴襦优足遍里巷，禾黍丰穰馨郊野。

[8] 汉焦赣《易林·萃之夬》：千欢万悦，举事为决，获受嘉庆，动作有得。

农之所出，获于所耕；物之所成，取于所耘。众人有耕之力者，则有耘之为也，然徒手难广乎耕种，惟身不久以耘杖。一锄之作，旬月不过十亩；一牛之耕，朝夕难以五井[1]；一器之力，日中可至半顷。是以划地覆土，耒耜[2]不及牛马；耕耘植杖[3]，牛马不及器具。农者耕之以器，耘之以具，则施之力者以少，出之物者为多也。然土地不一，作物有差，是以南稻者北麦，上稷者下菽[4]，故知作物之地，则明耕耘之具也。农者为天下之大本，众人食则以耕，耕则以器，是以上农之政，当深为耕耘之器具也。

[1]《周礼·考工记》：九夫为井，井间广四尺，深四尺，谓之沟。

[2]《孟子·滕文公上》：陈良之徒陈相，与其弟辛，负耒耜而自宋之滕。

[3]《论语·微子》：子路从而后，遇丈人，以杖荷蓧。子路问曰："子见夫子乎?"丈人曰："四体不勤，五谷不分。孰为夫子?"植其杖而芸。

[4]《国语·晋语》：黍稷无成，不能为荣。黍不为黍，不能蕃庑。稷不为稷，不能蕃殖。

慎医第六十二

天地之物，有以衰败；众庶之人，则以疾病[1]。万物有枯死之日，众人有病亡之时。众人之事，不过生死[2]，生死之大，在于饮食疾病也。饮食以存，疾病则亡；疾病多有，饮食不将[3]，故有饮食无疾病者，可以久存；有疾病无饮食者，多以速亡。时有饥乏[4]，饥之可缓则止饿；或有小疾，疾之不除则成病，是以众人无饮食之忧，然有疾病之患也。众人求生避死，故尔我饥渴[5]，则求饮食；众人疾病，则索医药[6]，然后饥渴可以接济，疾病又以祛除也。是以无医则众人难为疾病，故社稷之大事者，当慎之以医也。

[1]《礼记·乐记》：强者胁弱，众者暴寡，知者诈愚，勇者苦怯，疾病不养，老幼孤独不得其所，此大乱之道也。

[2]《荀子·礼论》：礼者，谨于治生死者也。生，人之始也；死，人之终也。

[3] 唐元结《吕公表》：呜呼！使公年寿之不将也，天其未厌兵革，不爱苍生软？

[4]《史记·平准书》：其明年，山东被水灾，民多饥乏。

[5]《诗经·王风·君子于役》：君子于役，苟无饥渴。

[6]《史记·扁鹊仓公列传》：自意少时，喜医药，医药方试之多不验者。

天地洽和，众人茁壮；阴阳失调，形体疾病。众人有疾病之症[1]，医者[2]有施治之方[3]。阴阳既化，则有众人；众人以成，则有形体；形体生发，则有血气[4]；血气运行，则有经络[5]；经络相连，则有脏腑[6]；脏腑滋养，则有津液[7]。是以阴阳不协[8]，血气则生紊乱；调和不正，脏腑又出疾病。阴阳先以失衡，众人或有不知；形体既有症状，众人随之可知。医者察疾病之状，则有观望[9]；探疾病之源，则有内外；明疾病之因，则有淫伤[10]；知疾病之治，则有汤药[11]。一症有多病之形，一病有多症之状；一药有多病之治，一病有多药之施，故医者之于疾病，不可不察其状，辨其症，究其源，然后执其术，施其治，达其灶也。是以医者知疾病之理，明众人之所昧，见众人之所晦，则可以医之众人，祛之疾病也。

[1] 晋王叔和《脉经》：脉沉重而中散者，因寒食成症。

[2]《周礼·天官》：疾医掌养万民之疾病。

[3]《后汉书·百官志三》：药丞主药，方丞主药方。

[4]《礼记·三年问》：凡生天地之间者，有血气之属，必有知；有知之属，莫不知爱其类。

[5]《黄帝内经·素问·三部九候论》：血病身有痛者治其经络。

[6]《吕氏春秋·达郁》：凡人三百六十节、九窍、五脏六腑。

[7]《灵枢·五癃津液别》：津液各走其道。故三焦出气，以温肌肉，充皮肤，为其津；其流而不行者为液。

[8]《左传·成公十二年》：道路无壅；谋其不协，而讨不庭。

[9]《难经》：望而知之者，望见其五色，而知其病；闻而知之者，闻其五音以别其病；问而知之者，问其所欲五味，以知其病所起所在也；切脉而知之者，诊其寸口，视其虚实，以知其病，病在何脏腑也。

[10] 宋陈无择《三因极一病证方论》：夫六淫者，寒暑燥湿风热是也。……天之常气，冒之则先自经络流入，内合于脏腑，为外所因。《金匮要略·血痹虚劳病脉证并治》：食伤、忧伤、饮伤、房室伤、饥伤、劳伤、经络营卫气伤。

[11]《史记·袁盎晁错列传》：陛下居代时，太后尝病，三年，陛下不交睫，不解衣，汤药非陛下口所尝弗进。

众人饥渴，则有饮食；众人疾病，可有医治。众人求之于医者，疾之则有游方，病之以有大夫[1]。医者有救人之心，始有施治之行；亡救人之心，惟以敛财[2]之为。疾病不明，则施之无方；疾病不识，则治之少策。众人绝于疾病之时，生死悬于医者之人，故医者从己之心，尽人之力，疾之难去，病之不治，则可以无怨。医者违己之心，弃人之力，又惑以多症，施以乱方[3]，有疾之不去，有病之难治，则必以多怨[4]。是以形体在病，医者不可不慎之于疾病；疾病在医，众人不可不慎之于医者也。

[1]《容斋三笔·医职冗滥》：医官别设官阶，有大夫、郎、医效、祗候等。

[2]《论语·先进》：季氏富于周公，而求也为之聚敛而附益之。子曰："非吾徒也。小子鸣鼓而攻之，可也。"

[3]《汉书·艺文志》：经方者，本草石之寒温，量疾病之浅深，假药味之滋，因气感之宜，辩五苦六辛，致水火之齐，以通闭解结，反之于平。及失其宜者，以热益热，以寒增寒，精气内伤，不见于外，是所独失也。

[4]《汉书·艺文志》：医经者，原人血脉、经络、骨髓、阴阳、表里，以起百病之本，死生之分，而用度箴石汤火所施，调百药齐和之所宜。至齐之得，犹磁石取铁，以物相使。拙者失理，以愈为剧，以生为死。

巧工第六十三

天地成化，多有其工；众人作物，则有其巧[1]。天地资阴阳，化以成之[2]则有万物；众人依万物，作而假之[3]可有日用。众人蔽身以衣，饮食以器，安宅[4]以屋，出行以车，赏游以玩[5]，交通以币[6]，故日用之器具，事功之资助[7]，皆假于万物也。然众人非徒假之于物，又求物用之工，作物之巧也。是以假人之物，作而当以之工；物用之工，成而必以之巧。众人有求工作巧[8]之心，则日有精用，物有巧工[9]也。众之不巧，则难以作物；物之不工，又无以假人。是以无工者众人难为日用，故社稷之大事者，当巧之以工也。

[1]《周礼·考工记》：天有时，地有气，材有美，工有巧。合此四者，然后可以为良。

[2]《周易·恒卦·象传》：圣人久于其道，而天下化成。

[3]《荀子·劝学》：假舆马者，非利足也，而致千里；假舟楫者，非能水

也，而绝江河。君子生非异也，善假于物也。

[4]《诗经·小雅·鸿雁》：鸿雁于飞，集于中泽。之子于垣，百堵皆作。虽则劬劳，其究安宅？

[5]《晏子春秋·外篇上八》：君之玩物，衣以文绣；君之凫雁，食以菽粟。

[6]《史记·货殖列传》：子贡结驷连骑，束帛之币以聘享诸侯，所至，国君无不分庭与之抗礼。

[7]《孟子·离娄下》：君子深造之以道，欲其自得之也。自得之，则居之安；居之安，则资之深；资之深，则取之左右逢其原，故君子欲其自得之也。

[8]《汉书·食货志四上》：学以居位曰士，辟土殖谷曰农，作巧成器曰工，通财鬻货曰商。

[9]《墨子·法仪》：无巧工不巧工，皆以此五者为法。

天地资助，则成万物；众人假物，可致事功。不有浑仪[1]之巧，则难以观天文；不有指南之巧，则无以识地理；不有轮毂[2]之巧，则难以行山川；不有堰堤[3]之巧，则无以治水利[4]。众人不巧，则制之于物，无所成其事；作物不工，又俎之于邻[5]，无所致其功。是以众人成其事功者，必制于物[6]，俎于邻也。知物之用者可作其物，识物之状者可施其工，明物之性者可成其巧。故众人制于物，当知物之用，识物之状，明物之性也。众人知万物之性，明群类之状，作万物之工，成群类之巧，则可以致万物群类之极也。

[1]《南史·宋纪上》：长安丰稔，帑藏盈积，帝先收其彝器、浑仪、土圭、记里鼓、指南车及秦始皇玉玺送之都。

[2]《晋书·舆服志》：以彩漆画轮毂，故名曰画轮车。

[3]《南史·张邵传》：及至襄阳，筑长围，修立堤堰，创田数千顷，公私充给。

[4]《史记·河渠书》：自是之后，用事者争言水利。

[5]《史记·项羽本纪》：如今人方为刀俎，我为鱼肉，何辞为？

[6]《荀子·天论》：从天而颂之，孰与制天命而用之！

　　作工之成，假借在物；知巧[1]之为，行从在人。物用之工以众人成之，作工之巧以知者为之，故有巧之工者，则有知巧之人[2]也。墨子之作，木鸢可以飞天[3]；鲁班之成，楚人又以攻宋[4]；刘徽[5]之算，径率方以可定[6]；张衡[7]之造，地动不以难测[8]。无巧者作物难以为始，无工者成物难以有终。然众人作物之工者以多，成物之巧者为少。是以君子为政，延知巧之人，广作工之众，精术算[9]之学，资器具之制，除物用之限，则可以悠心游艺[10]，深研[11]以知，综核[12]以明，然后知巧之为，明巧之作，成巧之物也。

[1]《管子·五辅》：古之良工，不劳其知巧以为玩好。

[2]《周官·考工记》：知得创物，巧者述之守之，世谓之工。

[3]《韩非子·外储说左上》：墨子为木鸢，三年而成，蜚一日而败。弟子曰："先生之巧，至能使木鸢飞。"

[4]《墨子·公输》：公输盘为楚造云梯之械，成，将以攻宋。

[5]《晋书·志第六》：魏景元四年，刘徽注《九章》云："王莽时刘歆斛尺弱于今尺四分五厘，比魏尺其斛深九寸五分厘；即荀勖所谓今尺长四分半是也。"

[6]刘徽《九章算术·圆田术注》：割之弥细，所失弥少，割之又割，以至于不可割，则与圆周合体而无所失矣。

[7]《后汉书·张衡传》：张衡字平子，南阳西鄂人也。世为著姓。祖父堪，蜀郡太守。衡少善属文，游于三辅，因入京师，观太学，遂通五经，贯六艺。虽才高于世，而无骄尚之情。常从容淡静，不好交接俗人。

[8]《后汉书·张衡传》：阳嘉元年，复造候风地动仪。以精铜铸成，员径八尺，合盖隆起，形似酒尊，饰以篆文山龟鸟兽之形。中有都柱，傍行八道，施关发机。外有八龙，首衔铜丸，下有蟾蜍，张口承之。其牙机巧

制，皆隐在尊中，覆盖周密无际。如有地动，尊则振龙，机发吐丸，而蟾蜍衔之。振声激扬，伺者因此觉知。虽一龙发机，而七首不动，寻其方面，乃知震之所在。验之以事，合契若神。自书典所记，未之有也。尝一龙机发而地不觉动，京师学者咸怪其无征，后数日驿至，果地震陇西，于是皆服其妙。自此以后，乃令史官记地动所从方起。

[9]《三国志·李撰传》：五经、诸子，无不该览，加博好技艺，算术、卜数、医药、弓弩、机械之巧，皆致思焉。

[10]《论语·述而》：志于道，据于德，依于仁，游于艺。

[11]《周易·系辞上》：夫易，圣人之所以极深而研几也。

[12]《汉书·宣帝纪》：孝宣之治，信赏必罚，综核名实，政事、文学、法理之士咸精其能。

通商第六十四

　　天地流化，虚以实之；众人交通，无以有之。山川草木，天地产物[1]之地不一；日用往来，众人使物之处则同。一地有之物者，则其余之不有；一处之物多者，然区外[2]之殊少。故交天下之人，通四方之物，厌众人之用，则有商旅[3]也。农者[4]以地为本，医者以术为依，工者[5]以物为作，贾者[6]以商为籍。众人皆农，则难以作工；众人皆工，又无以行医[7]，是以农之所出，医之所用，工之所成，皆有待于贾者之交通也。商旅之通可以调万物之有无，均众人之耗羡[8]；补缺者之不足，散多者之盈余。是以无贾者则众人难为有无，故社稷之大事者，当通之以商也。

[1]《论衡·感虚》：天主施气，地主产物。

[2] 晋潘岳《籍田赋》：笋簴嶷以轩翥兮，洪钟越乎区外。

[3]《周礼·考工记·总叙》：通四方之珍异以资之，谓之商旅。

[4]《荀子·儒效》：相高下，视硗肥，序五种，君子不如农人。

[5]《荀子·儒效》：设规矩，陈绳墨，便备用，君子不如工人。

[6]《荀子·儒效》：通财货，相美恶，辨贵贱，君子不如贾人。

[7]《元典章·吏部三》：除医学生员外，应有系隶籍医户，及但有行医之家，皆是医业为生。

[8]《孟子·滕文公下》：子不通功易事，以羡补不足，则农有余粟，女有余布；子如通之，则梓匠轮舆皆得食于子。

万物之作，则有日用；商旅之通，可有货殖。天下东有鱼盐之利[1]，北有牛马之产，南有林木之饶，西有金玉之出。众人通商旅者，则可以有其用；商旅通众人者，又可以获其财[2]。农者粜谷[3]者低其价，工者售物者倍其利，贾者通商[4]者高其值，故社稷多以商旅为租税之所出也[5]。然为政者之于商旅，多有关梁[6]之禁，复以小吏之索。阻之关梁，则商旅无以交通；加之小吏，则商旅难以获利。商旅不通，财货罔以为殖；货殖无利，商旅不以为生。是以通商之政，在于除关梁之禁，绝小吏之索，令有所止[7]，法以约束，则商旅之通可以成行也。

[1]《史记·齐太公世家》：通商工之业，便鱼盐之利。

[2]《史记·货殖列传》：《周书》曰："农不出则乏其食，工不出则乏其事，商不出则三宝绝，虞不出则财匮少。"

[3]《论衡·治期》：五谷生地，一丰一耗，谷粜在市，一贵一贱。

[4]《左传·闵公二年》：务财训农，通商惠工。

[5]《周礼·天官》：以九赋敛财贿：一曰邦中之赋，二曰四郊之赋，三曰邦甸之赋，四曰家削之赋，五曰邦县之赋，六曰邦都之赋，七曰关市之赋，八曰山泽之赋，九曰币余之赋。

[6]《墨子·贵义》：商人之四方，市贾倍徙，虽有关梁之难，盗贼之危，必

为之。

[7]《管子·立政》：令则行，禁则止，宪之所及，俗之所被。如百体之从心，政之所期也。

农夫之作，止谷是获；商旅之行，以利是取[1]。天下有不耕作之游民，无不取利之贾人。商贾[2]取利，无之则有，有之则益，益之则多，多之则绝也。山川经岁[3]之出，工艺三月之产，不及财货一夕之殖，故众人皆趋之于商旅，避之于农工也。商旅之通无是非之分，商贾之人有善恶之为。商贾有积累之财，无仁义之行，惟以敛财之为道者多矣，故遭上下之嫌恶，则有抑商[4]之为也。是以商贾之人，知财货之所殖，明众人之所恶，谨自身之所为，从乎商旅之事，归于仁义之行，则可财物[5]恒流，货殖蕃息[6]，往来有誉[7]，取信于上下之人也。

[1]《史记·货殖列传》：天下熙熙，皆为利来；天下攘攘，皆为利往。

[2]《周礼·天官》：六曰商贾，阜通货贿。

[3]《三国志·毛玠传》：生民废业，饥馑流亡，公家无经岁之储，百姓无安固之志，难以持久。

[4]《史记·秦始皇本纪》：皇帝之功，勤劳本事。上农除末，黔首是富。普天之下，抟心揖志。

[5]《礼记·礼器》：是故昔先王之制礼也，因其财物而致其义焉尔。

[6]《淮南子·天文训》：万物蕃息，五谷兆长，故曰德在野。

[7]《颜氏家训·名实》：祖考之嘉名美誉，亦子孙之冕服墙宇也。

治戎第六十五

天地万物，大以胜小；众人社稷，强以凌弱。万物有求存之义，众人有安生之欲。生存之以物也，然物之有限，众之为多，故有所争，争之不均[1]，则有纷斗[2]。一物难以御多，一人无以敌众[3]，是以万物结以族群，众人成以社稷也。然族群之争，社稷之斗，亦无休止，故万物有御敌之为，社稷有治戎[4]之事。戎之不治，社稷无以为存；兵之不讲，众人难以为在，故社稷成之以众人，众人守之以社稷。兵戎[5]者，社稷存亡之机[6]也。社稷不治戎，外则无以备边，内则难以制乱，则敌寇[7]乘间[8]，家国日销。是以无兵者则众人难为存亡，故社稷之大事者，当治之以戎也。

[1]《荀子·礼论》：人生而有欲，欲而不得，则不能无求。求而无度量分界，则不能不争；争则乱，乱则穷。

[2]《礼记·聘义》：勇敢强有力，而不用之于礼义战胜，而用之于争斗，则谓之乱人。

[3]《逸周书·芮良夫解》：民至亿兆，后一而已，寡不敌众，后其危哉！

[4]《左传·成公三年》：二国治戎，臣不才，不胜其任，以为俘馘。

[5] 魏曹丕《禁复私仇诏》：今兵戎始息，宇内初定。

[6]《孙子·始计》：兵者，国之大事，死生之地，存亡之道，不可不察也。

[7]《左传·文公七年》：凡兵作于内为乱，于外为寇。

[8]《汉书·赵充国传》：内不损威武之重，外不令虏得乘间之势。

社稷之兴，礼和[1]乐洽；内外之存，文修[2]武整[3]。观社稷之别，知内外之分者，在于礼乐风俗也。社稷治戎，则礼乐有以所在；为政崇礼，则兵戎有以所从。故武之不整[4]，则敌之亡我，礼乐为之将变；文之不修，则我之御敌，风俗以之渐移。社稷之事，以兵戎为之先，礼乐为之后；为政之治，以修文为之始，整武为之次。是以治戎之政，先之于礼乐，后之以兵戎。礼乐之不存，则兵戎治之无所用也。礼乐既修，则众人明于义理，知以廉耻[5]；兵戎又整，则众人勇于公战，怯以私斗[6]，故可御敌于国土之内，备边于城门之下也。

[1]《论语·学而》：礼之用，和为贵。先王之道，斯为美。小大由之，有所不行。知和而和，不以礼节之，亦不可行也。

[2]《国语·周语上》：有不祭，则修意；有不祀，则修言；有不享，则修文；有不贡，则修名；有不王，则修德。

[3]《春秋谷梁传·定公十年》：因是以见，虽有文事，必有武备，孔子于颊谷之会见之矣。

[4]《左传·宣公十二年》：盈而以竭，夭且不整，所以凶也。

[5]《淮南子·泰族训》：民无廉耻，不可治也。非修礼义，廉耻不立。

[6]《史记·商君列传》：民勇于公战，怯于私斗，乡邑大治。

攻城拔地[1]，守之以械；出师败北[2]，治之在人。社稷以山川为阻，众人以行阵为劝。山川无守备[3]之械，则不以御寇[4]；行阵无计谋[5]之将，则难以应敌。然兵戎之事，非徒以守械谋将[6]，又决之于众人也。众人不齐，则失攻伐[7]之心；众人齐之，则有攻伐之气，是以一呼而百应，一举而众从。故兵戎之见，上战以众人，中战以计谋，下战以守械[8]也。敌之来犯，知尔我之虚实[9]；我之往御，识内外之多寡[10]，然后察地理之形[11]，齐行阵之列[12]，修守备之械[13]，刑资助之人[14]，惩间谍之为[15]，定防御之计，则可以控弦于千里[16]，饮马于长城[17]也。

[1]《淮南子·兵略训》：攻城略地，莫不降下。

[2]《史记·项羽本纪》：吾起兵至今八岁矣，身七十余战，所当者破，所击者服，未尝败北，遂霸有天下。

[3]《左传·昭公十五年》：穆子使鼓人杀叛人，而缮守备。

[4]《周易·蒙卦》：上九：击蒙，不利为寇，利御寇。

[5]《孙子·九地》：谨养而勿劳，并气积力，运兵计谋，为不可测。

[6] 唐薛登《请选举择贤才疏》：斗将长于摧锋，谋将审于料事。

[7]《国语·周语上》：于是乎有刑罚之辟，有攻伐之兵。

[8]《孙子·谋攻》：故上兵伐谋，其次伐交，其次伐兵，其下攻城。攻城之
法为不得已。修橹轒辒，具器械，三月而后成，距堙，又三月而后已。
将不胜其忿而蚁附之，杀士卒三分之一而城不拔者，此攻之灾也。

[9]《孙子·谋攻》：知彼知己者，百战不殆；不知彼而知己，一胜一负，不
知彼，不知己，每战必殆。

[10]《孙子·谋攻》：故知胜有五：知可以战与不可以战者胜，识众寡之用
者胜，上下同欲者胜，以虞待不虞者胜，将能而君不御者胜。

[11]《孙子·地形》：夫地形者，兵之助也。料敌制胜，计险厄远近，上将
之道也。知此而用战者必胜，不知此而用战者必败。

[12]《孙子·虚实》：故形人而我无形，则我专而敌分。我专为一，敌分为
十，是以十攻其一也，则我众而敌寡；能以众击寡者，则吾之所与战
者，约矣。

[13]《孙子·作战》：凡用兵之法，驰车千驷，革车千乘，带甲十万，千里
馈粮，则内外之费，宾客之用，胶漆之材，车甲之奉，日费千金，然
后十万之师举矣。

[14]《尉缭子·制谈》：损敌一人而损我百人，此资敌而伤我甚焉。

[15]《孙子·用间》：必索敌人之间来间我者，因而利之，导而舍之，故反
间可得而用也。因是而知之，故乡间、内间可得而使也；因是而知之，
故死间为诳事，可使告敌。因是而知之，故生间可使如期。五间之事，
主必知之，知之必在于反间，故反间不可不厚也。

[16]《史记·匈奴列传》：是时汉兵与项羽相距，中国罢于兵革，以故冒顿
得自强，控弦之士三十余万。

[17]《左传·襄公十七年》：卫孙蒯田于曹隧，饮马于重丘。

广众第六十六

天地蕃殖[1]，万物以多；众人长成，生民[2]以广。万物不在，则无以见天地；众人不存，则难以成社稷。故万物孳生[3]，可以见天地之茂；众人繁衍[4]，又以见社稷之盛。社稷之存，以农医为础，以兵戎为柢；社稷之兴，以工艺为钥，以商旅为枢。社稷不存，则家国即之以亡；社稷不兴，则众人随之以乱，故社稷之事，皆以众人之广为其本也。众人既少，社稷难为兵戎之讲[5]；众人不多，社稷空为租税之算，故众人之不广，则难为社稷之事也。废兵戎之讲，则备边无以防御；弃租税之算，则临事[6]不以支取，是以社稷之大事者，当广之以众人也。

[1]《国语·周语下》：夫有和平之声，则有蕃殖之财。

[2]《尚书·毕命》：道洽政治，泽润生民。

[3]《晋书·乐志上》：子者，孳也，谓阳气至此更孳生也。

[4]《周书·于谨传》：子孙繁衍，皆至显达，当时莫与为比焉。

[5]《国语·周语上》：三时务农，而一时讲武，故征则有威，守则有财。

[6]《晏子春秋·杂下十二》：临事守职，不胜其任，则过之。

天地流化，则有其物；百姓生养，可有其众。众人不生，则无孩抱之婴；众人不养，又无长成之壮。孩抱之婴既少，则长成之众人何以为多？犹此无根[1]之木，难求其枝叶[2]茂盛；无源[3]之水[4]，不望其溪川汇流。众人愁活，则无生育[5]之愿；众人乐生[6]，可有抚养[7]之为。哀愁困苦，则众人轻死[8]，社稷难以为安；优裕欢愉，则众人重生[9]，社稷可以成治。是以社稷招之近众[10]，来之远人，当安之以生[11]，乐之以成[12]也。众人所望，饮食之有济，疾病之可医，卧榻之能安，法令之成公，决狱之为平也。社稷难之，则众人多以为苦；社稷成之，则众人可以为乐，故广众之政，不可不乐生众人也。

[1]《管子·内业》：凡道，无根无茎，无叶无荣，万物以生，万物以成，命之曰道。

[2]《后汉书·延笃传》：草木之生，始于萌芽，终于弥蔓，枝叶扶疏，荣华纷缛，末虽繁蔚，致之者根也。

[3]《后汉书·崔骃传》：俯钩深于重渊，仰探远乎九乾；穷至赜于幽微，测潜隐之无源。

[4]宋陆九渊《与曾宅之书》：今终日营营，如无根之木，无源之水；有采摘汲引之劳，而盈涸荣枯无常。

[5]《管子·形势解》：道者，扶持众物，使得生育，而各终其性命者也。

[6]《汉书·董仲舒传》：穷急愁苦而上不救，则民不乐生；民不乐生，尚不避死，安能避罪！

[7]《三国志·王基传》：少孤，与叔父翁居。翁抚养甚笃，基亦以孝称。

[8]《老子》：民之轻死，以其上求生之厚也，是以轻死。

[9]《韩非子·解老》：爱子者慈于子，重生者慈于身，贵功者慈于事。

[10]汉贾谊《论积贮疏》：以攻则取，以守则固，以战则胜，怀敌附远，何招而不至！

[11]《论语·季氏》：夫如是，故远人不服，则修文德以来之。既来之，则安之。

[12]《商君书·更法》：民不可与虑始，而可与乐成。

社稷无物，多以穷竭；众人少财，难以乐生。天下物产[1]货殖有限，社稷治事日用无止，是以物产之出，货殖之利，取之众人无等，分之社稷有差。取之于众人，社稷多者，则众人为少；分之于社稷，富贵少者，则贫穷以多[2]。众人皆贫，则家国无以为富；众人皆富，则社稷难以为贫。官榷[3]盐铁[4]，归之以民生[5]，非敛财于众人；民治产业，利之以社稷，非穷苦于施政。众人无日用之财货，则耕织不肯穷衣食，疾病不敢竭医药，工商不能尽交通。是以社稷生财[6]，货殖取利，当大而成之，均而分之，然后皆有乐生之本，则众人可以广之也。

[1]《史通·杂述》：九州土宇，万国山川，物产殊宜，风化异俗。

[2]《荀子·性恶》：仁之所在无贫穷，仁之所亡无富贵。

[3]《汉书·武帝纪》：天汉三年春二月，初榷酒酤。

[4]《盐铁论·本议》：窃闻治人之道，防淫佚之原，广道德之端，抑末利而开仁义，毋示以利，然后教化可兴，而风俗可移也。今郡国有盐、铁、酒榷，均输，与民争利。散敦厚之朴，成贪鄙之化。是以百姓就本者寡，趋末者众。

[5]《楚辞·离骚》：长太息以掩涕兮，哀民生之多艰。

[6]《礼记·大学》：生财有大道，生之者众，食之者寡，为之者疾，用之者舒，则财恒足矣。

积贮第六十七

天地生物，皆有蓄养；众人治事，当有积贮[1]。天地成之众人，众人互依为生；社稷理之物事，物事相藉而治。一物不蓄，则其余次之难养；一事不治，则从此续之无成。是以社稷施政治事，皆仰仗[2]于财贿之物[3]，众人之力也。社稷有三年之谷，可以施一岁之方策[4]；兵戎有九年之讲，惟以行三月之征伐。君子为政，众人从事，理近者必以图远，治小者当以为大。无事之时，社稷一岁之所出，或补次年之所耗；非常[5]之际，众人三年之所殖，不及一岁之所费[6]。社稷不积贮，无以应非常之事；众人不蓄藏[7]，难以接不时之需，是以社稷之大事者，必有财物之积贮也。

[1] 汉贾谊《论积贮疏》：夫积贮者，天下之大命也。苟粟多而财有余，何为而不成！

[2] 《北史·魏阳平王新成传》：诏徵赴京，勖以战伐之事。对曰："当仰杖庙算，使呼韩同渭桥之礼。"

[3] 《礼记·礼器》：是故昔先王之制礼也，因其财物而致其义焉尔。

[4] 《礼记·中庸》：文武之政，布在方策，其人存，则其政举；其人亡，则其政息。

[5] 《后汉书·独行传》：夫警卫不修，则患生非常。

[6] 《管子·八观》：国侈则用费，用费则民贫。

[7] 《荀子·荣辱》：于是又节用御欲，收敛蓄藏以继之也。

社稷积财[1]，则少其患；众人贮物，可减其忧[2]。社稷有财物之积贮，则可以理政；众人有日用之积贮，故可以应事。上下以饮食为救济[3]，疾病以汤药为医治；众人以器物为日用，社稷以兵戎为御敌。上下无饮食则饥渴；疾病无汤药则沉沦；日用无器物则苦难，社稷无兵戎则败亡[4]。是以饮食之积贮，众人饥之可济；汤药之积贮，疾病至之则医；器物之积贮，日用坏之可使；兵戎之积贮，敌寇来之则御。社稷知积贮之道，则有应当之政；众人识积贮之理，又有必然[5]之行。积贮之物，无之为有，少之以多，故社稷为之，众人从之，则可以接之以往，藏之当下，应之将来[6]也。

[1] 《管子·事语》：非有积财，无以劝下。泰奢之数，不可用于危隘之国。

[2]《周易·系辞下》：作《易》者，其有忧患乎？

[3]《三国志·吴主传》：思平世难，救济黎庶，上答神祇，下慰民望。

[4]《史记·淮阴侯列传》：广武君辞谢曰："今臣败亡之虏，何足以权大事乎！"

[5]《韩非子·显学》：故有术之君，不随适然之善，而行必然之道。

[6]《汉书·匈奴传下》：消往昔之恩，开将来之隙。

　　谨慎有节，积贮以存；奢靡[1]无度，蓄藏以亡。大众有农医工商之人，社稷有器物兵戎之事。耕织者依时，采药者从地，工商者藉势，兵戎者以力，是以财物人力积之者惟艰，贮之者惟难。上下不观形势，不察时序，不明所以[2]，使之者失节，用之者无度，则以往之积贮，必穷之以尽，竭之以困也。淫侈[3]之风大盛，俭朴之俗多衰；狂悖[4]之行日长，谨慎之为夜销。社稷一年之积贮，难抵大众三月之奢靡；乡社五口之蓄藏，不支一人朝夕之耗费。财物人力奢靡已竭，耗费又尽，则施政无所出，应事无所取也。是以积贮之政，当禁之以奢靡，崇之以谨慎也。

[1]《新唐书·魏徵传》：上奢靡而望下朴素，力役广而冀农业兴，不可得已。

[2]《文子·自然》：天下有始主莫知其理，唯圣人能知所以。

[3]《晏子春秋·杂上》：吾托国于晏子也。以其家货养寡人，不欲其淫侈也。

[4]《国语·周语下》：若视听不和，而有震眩，则味入不精，不精则气佚，气佚则不和。于是乎有狂悖之言，有眩惑之明。

防灾第六十八

　　天地正位[1]，万物以生；四时次序，众庶以成。万物从之天地，则有其性；众庶循之时序，可有其状。天地顺之时序，不失万物之状，则众庶可以滋养；天地乱之时序，又违万物之性，则众庶多以灾殃[2]。是以天地不正，时序不次，降之万物，则有灾[3]也；临之众人，则有害也。一朝之火[4]，亡社稷三年之所营[5]；三日之水[6]，败众人一岁之所成。故灾于天地之为小，则害之众人之为大；灾于万物之为少，则害之众人之为多。天地降灾，众人不可以止之；万物生害，众人或可以防之。灾之既防，则害可以有止，损可以多减，是以社稷之大事者，不可不谨之防灾也。

[1]《周易·坤·文言》：君子黄中通理，正位居体。
[2] 汉焦赣《易林·需之复》：凶忧灾殃，日益明章。
[3]《周礼·天官》：天地有灾则不举。
[4]《左传·宣公十六年》：凡火，人火曰火，天火曰灾。
[5]《诗经·大雅·灵台》：经始灵台，经之营之，庶民攻之，不日成之。
[6]《左传·桓公元年》：凡平原出水为大水。

天地失位，既以多灾；上下不赈[1]，加以深祸。天地违时，井田[2]有水旱[3]之至；节气[4]逆序，春夏有霜雪之冻；阴阳失调[5]，山川有崩竭[6]之事；瘴疬[7]不除，社稷有大疫之年。飞沙走石[8]，城池有狂风之乱；深渊[9]浅谷，平原有地动之裂；结茅架椽[10]，宅屋有星火之起；扶苗培叶，耕耘有碎冰之落。蝗虫[11]过境，禾稼多绝收之荒[12]；菌丝遍处，蔬植生减产之患。天地成灾，万物遭其害者已大；上下殆事，众人临其祸者又深。衣食不济，流民有饥寒之迫；疠疫不止，众人有沟壑之填[13]；田园不复，社稷有动荡之乱。故众庶受其殃者，既以天灾[14]，又重之以人祸[15]也。天灾不止，则万物多受其难；人祸不休，则众庶复遭其苦，是以百姓众不聊生^[16]，庶不安业也。

[1]《盐铁论·力耕》：战士以奉，饥民以赈。

[2]《春秋谷梁传·宣公十五年》：古者三百步为里，名曰井田。井田者，九百亩，公田居一。

[3]《周礼·春官》：以五云之物辨吉凶、水旱降、丰荒之祲象。

[4]《论衡·寒温》：寒温天地节气，非人所为明矣。

[5]《汉书·元帝纪》：阴阳不调，黎民饥寒。

[6]《国语·周语上》：三川竭，岐山崩。

[7]《北史·柳述传》：述在龙川数年，复徙宁越，遇瘴疠死。

[8]唐岑参《走马川行奉送封大夫出师西征》：轮台九月风夜吼，一川碎石大如斗，随风满地石乱走。

[9]《诗经·小雅·小旻》：战战兢兢，如临深渊，如履薄冰。

[10]《左传·桓公十四年》：以大宫之椽归，为卢门之椽。

[11]《三国志·武帝纪》：蝗虫起，百姓大饿，布粮食亦尽，各引去。

[12]汉桓宽《盐铁论·水旱》：国无夭伤，岁无荒年。

[13]《战国策·赵策四》：十五岁矣。虽少，愿及未填沟壑而托之。

[14]《尚书·伊训》：古有夏先后，方懋厥德，罔有天灾。

[15]《列女传·鲁公乘姒》：不达人事而相国，非有天咎，必有人祸。子其勿为也。

[16]《战国策·秦策四》：百姓不聊生，族类离散，流亡为臣妾，满海内矣。

　　天地之灾，当知其来；万物之害，亦知其止。灾之不知，则难明从何而起；害之难明，又不知因何而去，是以众人知灾害之以降，则明防御之当为。灾之未起，则防之以绝其来；灾之已至，又御之以止其害。开河凿渠，水旱难以为至；铺草覆毡，霜冻无以为降。汤药之制，疫病可以渐除；积贮之藏，饥寒又以缓济。禁绝火源，宅屋不以有毁；消杀蝗螟，禾稼未以有败。天地有时^[1]，君子不减灾害之忧；社稷无事，君子不少殃祸[2]之患，故有灾害之忧患，则有防御之行为也。社稷有防灾之知，众人有防灾之为，是以防灾之政，不可不兴众人之忧患也。

[1]《周礼·考工记》：天有时以生，有时以杀；草木有时以生，有时以死。

[2]《荀子·天论》：受时与治世同，而殃祸与治世异。

卜筮第六十九

天地不识，以有幽昧[1]；阴阳不测[2]，则有鬼神[3]。天地广大者成以万物，阴阳精微者化以众庶，是以天地生成而不尽，阴阳流化而不竭。众人识广大者为多，知精微者为少，故可感应于天地，难尽识于万物也。万物循依天地，则有其性命；众人理治物事，则有其成败。物有不识，则有疑也；事有难成，又有惑也。疑惑[4]之不解，物事之不成，应之将来，则有恐惧[5]也。众人自身不明，则问之于知者[6]，知者不解，则告之于天地，是以有卜筮[7]也。天地不言，卜筮使其语之；天地不指，龟草[8]使其示之，众人笃信于此，然后知所以从之，明所以为之，故可以无疑惑也。

[1]《隋书·经籍志一》：盖龟龙衔负，出于河洛，以纪易代之微，其理幽昧，究极神道。

[2]《周易·系辞上》：富有之谓大业，日新之谓盛德。生生之谓易，成象之谓乾，效法之谓坤，极数知来之谓占，通变之谓事，阴阳不测之谓神。

[3]《周易·谦卦》：鬼神害盈而福谦，人道恶盈而好谦。

[4]《后汉书·张衡传》：亲履艰难者知下情，备经险易者达物伪。故能一贯万机，靡所疑惑，百揆允当，庶绩咸熙。

［5］《周易·震卦·象》：洊雷，震，君子以恐惧修省。

［6］《论语·子罕》：知者不惑，仁者不忧，勇者不惧。

［7］《周易·系辞上》：以制器者尚其象，以卜筮者尚其占。

［8］《礼记·曲礼上》：龟为卜，策为筮。卜筮者，先圣王之所以使民信时
日、敬鬼神、畏法令也；所以使民决嫌疑、定犹与也。

　　知卜之理，可知其缪；明筮之为，则知其妄。众人之性，无疑
则有定，不惑则可安，故卜筮之事，可以知其久远矣。伏羲有图书
之出[1]，夏商有蓍龟之占[2]，成周有爻卦之用[3]，春秋有观星之
法[4]，田齐有五行[5]之成[6]，秦汉有望气之术[7]。万物皆出之于天
地，故龟草可通于阴阳，万物亦达于阴阳；星气可知乎物事，其余
亦明乎物事。天地之理数无穷，龟草之方术[8]有限，以有限之方术
求无穷之天地，似浅勺取于沧海，若轻权称于泰山。是以卜筮决
疑，则疑愈多也；以龟草解惑，则惑又深也。又以众人不分善恶，
不辨是非者多矣，不明乎理，不从乎道，惟卜筮以之行为，则其应
物理事，殊不可成也。

［1］《周易·系辞上》：河出图，洛出书，圣人则之。

［2］《尚书·洪范》：择建立卜筮人，乃命卜筮。曰雨，曰霁，曰蒙，曰驿，
曰克，曰贞，曰悔，凡七。卜五，占用二，衍忒。立时人作卜筮，三人
占，则从二人之言。

［3］《史记·周本纪》：西伯盖即位五十年。其囚羑里，盖益《易》之八卦
为六十四卦。

［4］《史记·天官书》：自初生民以来，世主曷尝不历日月星辰？及至五家、
三代，绍而明之，内冠带，外夷狄，分中国为十有二州，仰则观象于
天，俯则法类于地。天则有日月，地则有阴阳。天有五星，地有五行。
天则有列宿，地则有州域。三光者，阴阳之精，气本在地，而圣人统理

之。……昔之传天数者：高辛之前，重、黎；于唐、虞，羲、和；有夏，昆吾；殷商，巫咸；周室，史佚、苌弘；于宋，子韦；郑则裨灶；在齐，甘公；楚，唐眛；赵，尹皋；魏，石申。

[5]《汉书·艺文志》：五行者，五常之形气也。《书》云"初一曰五行，次二曰羞用五事"，言进用五事以顺五行也。貌、言、视、听、思心失，而五行之序乱，五星之变作，皆出于律历之数而分为一者也。其法亦起五德终始，推其极则无不至。而小数家因此以为吉凶，而行于世，浸以相乱。

[6]《史记·孟子荀卿列传》：邹衍睹有国者益淫侈，不能尚德，若《大雅》整之于身，施及黎庶矣。乃深观阴阳消息而作怪迂之变，《终始》《大圣》之篇十余万言。

[7]《汉书·宣帝纪》：至后元二年，武帝疾，往来长杨、五柞宫，望气者言长安狱中有天子气，上遣使者分条中都官狱系者，轻重皆杀之。

[8]《后汉书·方术传序》：汉自武帝颇好方术，天下怀协道艺之士，莫不负策抵掌，顺风而届焉。

观乎万物，可以知天；察乎理数，是以知命。众人有疑，则有卜筮之事[1]；君子无惑，故无占卦之为[2]。众人理之当下，应物以成，则谓之吉也；治事而败，则谓之凶也，故卜筮又可以断乎吉凶也。然吉凶不定，以德为依[3]；众人可行，惟理是从。武王伐商[4]，爻象有凶[5]而大功有成[6]；穆姜叛鲁[7]，卜辞有吉[8]而身死已定[9]。天地成乎众人，众人可循于天地，不可制于天地，故众人识天地之万物，知自身之性命，明应接之行为，则可以有成也。众人不知天，则无以明理；众人不知命，则难以从事。格物可以明理，精思又以知命，是以众人明天地之理，则以无疑[10]；知自身之命，次以无惑，不疑不惑[11]，则可以弃卜筮之为也[12]。

[1]《尚书·洪范》：汝则有大疑，谋及乃心，谋及卿士，谋及庶人，谋及

卜筮。

[2]《左传·桓公十一年》：卜以决疑，不疑何卜？

[3]《尚书·蔡仲之命》：皇天无亲，惟德是辅。民心无常，惟惠之怀。

[4]《史记·周本纪》：居二年，闻纣昏乱暴虐滋甚，杀王子比干，囚箕子。太师疵、少师彊抱其乐器而奔周。于是武王遍告诸侯曰："殷有重罪，不可以不毕伐。"乃遵文王，遂率戎车三百乘，虎贲三千人，甲士四万五千人，以东伐纣。

[5]《论衡·卜筮》：周武王伐纣，卜筮之，逆，占曰："大凶。"太公推蓍蹈龟而曰："枯骨死草，何知而凶？"夫卜筮兆数，非吉凶误也，占之不审吉凶，吉凶变乱，变乱，故太公黜之。

[6]《史记·周本纪》：帝纣闻武王来，亦发兵七十万人距武王。武王使师尚父与百夫致师，以大卒驰帝纣师。纣师虽众，皆无战之心，心欲武王亟入。纣师皆倒兵以战，以开武王。武王驰之，纣兵皆崩畔纣。纣走，反入登于鹿台之上，蒙衣其殊玉，自燔于火而死。武王持大白旗以麾诸侯，诸侯毕拜武王，武王乃揖诸侯，诸侯毕从。

[7]《左传·成公十六年》：宣伯通于穆姜，欲去季、孟，而取其室。

[8]《左传·襄公九年》：始往而筮之，遇艮之八。史曰："是谓艮之随。随，其出也。君必速出。"姜曰："亡。是于《周易》曰：随，元、亨、利、贞，无咎，元，体之长也。亨，嘉之会也。利，义之和也。贞，事之干也。体仁足以长人，嘉德足以合礼，利物足以和义，贞固足以干事。然故不可诬也，是以虽随无咎。今我妇人而与于乱。固在下位而有不仁，不可谓元。不靖国家，不可谓亨。作而害身，不可谓利。弃位而姣，不可谓贞。有四德者，随而无咎。我皆无之，岂随也哉？我则取恶，能无咎乎？必死于此，弗得出矣。"

[9]《左传·襄公九年》：穆姜薨于东宫。

[10]三国魏嵇康《释私论》：行私者无所冀，则思改其非；立公无所忌，则行之无疑。

[11]《论语·为政》：吾十有五而志于学，三十而立，四十而不惑，五十而知天命，六十而耳顺，七十而从心所欲，不逾矩。

[12]《汉书·艺文志》：蓍龟者，圣人之所用也。……及至衰世，解于齐戒，

而娄烦卜筮，神明不应。故筮渎不告，《易》以为忌；龟厌不告，《诗》以为刺。

涤除第七十

天地流行，则有仁义；圣贤教化，以有礼乐。圣贤明于天理，则可教化众人；众人从之圣贤，故可应接物事，是以不邪不妄[1]，不偏不倚[2]，知其所当为，绝其不可为也。众人有知者，则可以作为；无识者，则难以成行。然圣贤之化有所不至，众人之知有所不行，是以教化之不尽，道理之不明，则异端[3]之教，不经[4]之论，蔽陋[5]之言，相与乘间而入[6]也。异端之教[7]，惟以众人欲之为说，以众人利之为讲，以众人求之为作，以众人恶之为去，则众人倾心以信之，昧理以从之，竭财以供之[8]，尽力以传之。然后多妨圣贤之教化，大害天理之流行[9]，污之众人[10]，败之其家，是以异端之教，不可不俱之涤除也。

[1] 宋叶适《陈君墓志铭》：奉持其心，不使一思虑杂于邪妄也。

[2] 《中庸章句》：中者，不偏不倚，无过不及之名。

[3] 《论语·为政》：攻乎异端，斯害也已。

[4] 《史记·孝武本纪》：卿因所忠欲奏之。所忠视其书不经，疑其妄书。谢曰："宝鼎事已决矣，尚何以为！"

[5] 《贾子·道术》：辞令就得谓之雅，反雅为陋。

[6] 明刘基《郁离子·麋虎》：谗不自来，因疑而来；间不自入，乘隙而入。

[7] 《二程遗书》卷第十三：杨墨之害，甚于申韩。佛老之害，甚于杨墨。杨氏为我，疑于义。墨氏兼爱，疑于仁。申韩则浅陋易见，故孟子只辟杨墨，为其惑世之甚也。佛老其言近理，又非杨墨之比，此所以为害尤甚。

[8]《汉书·王莽传中》：秦为无道，厚赋税以自供奉，罢民力以极欲。

[9] 宋朱熹、吕祖谦《近思录·异端》：今浮屠极论要归，必谓死生流转，非得道不免。谓之悟道可乎？自其说炽传中国，儒者未容窥圣学门墙，已为引取。沦胥其间，指为大道。乃其俗达之天下，致善恶知愚。男女臧获，人人著信。使英才间气，生则溺耳目恬习之事，长则师世儒崇尚之言。遂冥然被驱，因谓圣人可不修而至，大道可不学而知。故未识圣人心，已谓不必求其迹。未见君子志，已谓不必事其文。此人伦所以不察，庶物所以不明，治所以忽，德所以乱。异言满耳，上无礼以防其伪，下无学以稽其蔽。自古诐淫邪遁之辞，翕然并兴。

[10] 宋朱熹、吕祖谦《近思录·异端》：释氏之说，若欲穷其说而去取之，则其说未能穷，固已化而为佛矣。只且于迹上考之。其设教如是，则其心果如何？固难为取其心，不取其迹。有是心则有是迹。王通言心迹之判，便是乱说。故不若且于迹上断定不与圣人合。其言有合处，则吾道固已有。有不合者，固所不取。如是立定，却省易。

异端之教，多在佛道[1]；修行[2]之论，皆以虚妄。天地成众，则有生死之限，即有养形之为[3]，不过百年之命。然道教欲求之以长生，修之以成仙[4]。养形以延年[5]，或可为也；丹药以长生[6]，不可得也。参心于澄虑[7]，可以有也；炼坐于成仙[8]，难以获也。次之符箓打醮[9]，辟邪[10]取正；穿钱系绳，起死追亡，多归于巫祝[11]，是以殊不可取也[12]。天地流化，则有物事之在；众庶应接，又有人伦之存。然佛教以万物为空[13]，以变幻为性[14]，以生死为苦[15]，以涅槃为乐[16]，必出人伦之外，不入日用之间。天地皆空，则佛法不在；万物惟识[17]，则极乐[18]不住；生死既苦，僧尼[19]当以自尽；涅槃又执，我法[20]无以破除。居于寺庙[21]之内，无职分位阶之让；出于衣食之外，惟香火添盛之求。众人不从，则怖之以轮回[22]；众人从之，则诱之以超脱[23]。是以逆天地之理，悖圣人之道，泯众庶之性，弃人伦之为，行商旅之事，欺信徒[24]之心也。次以密修加持[25]，咒语销解，法术[26]多施，身心愈乱，是以殊不可为也。故知佛道之伪谬，不可不破斥之[27]，至于其余之教，则不足以为论也。

[1]《近思录·异端》：学者于释氏之说，直须如淫声美色以远之。不尔，则骎骎然入其中矣。颜渊问为邦，孔子既告之以二帝三王之事，而复戒以放郑声，远佞人，曰："郑声淫，佞人殆。"彼佞人者，是他一边佞耳，然而于己则危。只是能使人移，故危也。至于禹之言曰："何畏乎巧言令色？"巧言令色，直消言畏，只是须著如此戒慎，犹恐不免。释氏之学，更不消言常戒。到自家自信后，便不能乱得。

[2]《庄子·大宗师》：彼何人者邪？修行无有，而外其形骸。

[3]《庄子·达生》：养形必先之以物，物有余而形不养者，有之矣。

[4]《近思录·异端》：问："神仙之说有诸？"曰："若说白日飞升之类，则无。若言居山林间，保形炼气，以延年益寿，则有之。譬如一炉火，置之风中则易过，置之密室则难过。有此理也。"又问："扬子言圣人不师仙，厥术异也。圣人能为此等事否？"曰："此是天地间一贼。若非窃造化之机，安能延年？使圣人肯为，周孔为之矣。"

[5]《楚辞·天问》：延年不死，寿何所止？

[6]《抱朴子·金丹》：又用五帝符以五色书之，亦令人不死，但不及太清及九鼎丹药耳。

[7]明唐顺之《吏部郎中薛西原墓志铭》：收敛耳目，澄虑默照。

[8]《庄子·大宗师》：堕肢体，黜聪明，离形去知，同于大通，此谓坐忘。

[9]《资治通鉴·后梁纪》：镕晚年好事佛及求仙，专讲佛经，受符箓，广斋醮。

[10]《续博物志》：学道之士居山，宜养白犬白鸡，可以辟邪。

[11]《礼记·檀弓下》：君临臣丧，以巫祝桃茢执戈，恶之也，所以异于生也。

[12]《汉书·艺文志》：神仙者，所以保性命之真，而游求于其外者也。聊

以荡意平心，同死生之域，而无怵惕于胸中。然而或者专以为务，则诞欺怪迂之文弥以益多，非圣王之所以教也。

[13]《心经》：舍利子，色不异空，空不异色，色即是空，空即是色，受想行识亦复如是。

[14]《金刚经》：一切有为法，如梦幻泡影，如露亦如电。

[15]《增一阿含经》：佛在舍卫国只树给孤独园。所谓苦谛者，生苦、老苦、病苦、死苦、忧悲恼苦、怨憎会苦、恩爱别离苦、所欲不得苦。取要言之。五盛阴苦，是谓名为苦谛。

[16]《魏书·释老志》：涅槃译云灭度，或言常乐我净，明无迁谢及诸苦累也。

[17]《楞严经》：我以谛观十方唯识，识心圆明，入圆成实。

[18]唐李绅《题法华寺》：极乐知无碍，分明应有缘，还将意功德，留偈法王前。

[19]《魏书·释老志》：僧尼之法，不得为俗人所使。若有犯者，还配本属。

[20]《成唯识论》卷一：然诸我执略有二种：一者俱生，二者分别。

[21]《晋书·艺术传》：百姓因澄故多奉佛，皆营造寺庙，相竞出家，真伪混淆，多生愆过。

[22]《法华经·方便品》：以诸欲因缘，坠堕三恶道，轮回六趣中，备受诸苦毒。

[23]《夷坚丁志·淮阴民女》：我乃彼家亡女也，沦滞冥路久。适蒙师课经精专之功，遂得超脱。

[24]北魏杨衡之《洛阳伽蓝记·景明寺》：名僧德众，负锡为群；信徒法侣，持花成薮。

[25]《演密钞》曰：言加持者，加谓加被，持谓任持。佛以上神力，加被任持现前大众，得见如是不思议庄严境界。

[26]《晋书·艺术传序》：诡托近于妖妄，迂诞难可根源，法术纷以多端，变态谅非一绪，真虽存矣，伪亦凭焉。

[27]唐韩愈《谏佛骨表》：夫佛本夷狄之人，与中国言语不通，衣服殊制。口不言先王之法言，身不服先王之法服，不知君臣之义、父子之情。假如其身至今尚在，奉其国命来朝京师，陛下容而接之，不过宣政一

见，礼宾一设，赐衣一袭，卫而出之于境，不令惑于众也。况其身死已久，枯朽之骨，凶秽之余，岂宜以入宫禁！

罢黜[1]异端，则有涤除；依从仁义，可有往返[2]。教化周洽，家国有当为之事；异端妨害，社稷有必除之政。知教化之清明，则应往之返之，持之定之；识异端之谬误[3]，则可涤之除之，荡之尽之。佛道有所得，然得之以浅也；佛道有所获，然获之以少也[4]。社稷有涤除之政，君子有荡尽之人，是以讲论于阶庭[5]，辨识于众人，则见佛道义理之谬误，行从之差错；究极于天理，深明于人事，又知佛道诳作[6]之高深，妄言之幽昧。教化既行，众人观圣贤之为正，察佛道之为邪，攻其荒谬，揭其蔽陋，破之斥之，则可以止异端之害也。然后天地归于仁义，行从当于人伦，然后社稷有清明[7]之教，井然之序，熙然之众也。

[1]《汉书·武帝纪》：孝武初立，卓然罢黜百家，表章六经。

[2]唐崔融《则天大圣皇后哀册文》：洒以甘露，覆之庆云，制礼作乐，还淳返朴。

[3]《论衡·答佞》：聪明有蔽塞，推行有谬误，今以是者为贤，非者为佞，殆不得贤之实乎？

[4]《二程遗书》卷十五：天地之间，有生便有死，有乐便有哀，释氏所在便须觅一个纤（一作缀）。奸打讹处，言免死生，齐烦恼，卒归乎自私。老氏之学，更挟些权诈，若言与之乃意在取之，张之乃意在翕之，又大意在愚其民而自智，然则秦之愚黔首，其术盖亦出于此。

[5]《世说新语·言语》：譬如芝兰玉树，欲使其生于阶庭耳。

[6]《抱朴子·勤求》：每见此曹欺诳天下以规世利者，迟速皆受殃罚。

[7]《汉书·礼乐志》：（汉光武帝）即位三十年，四夷宾服，百姓家给，政教清明。

第 八 卷

艺事第七十一

天地者，阴阳之所化；万物者，众人之所处。观乎天文，随二气之交替；察乎地理，从四时[1]之次序。寄旅[2]天地之间，窥万物之变化，识自然之盈虚，明物事之推移，则知人生之于天地，岁纪之分秒，千钧[3]之毫厘，径木之微末[4]，亦将长叹于无穷[5]，深恨于有限也。春去秋来，山川为之改颜；日隐月晦，风雨为之变色。众人通达于天地，感应于万物，既知此身与万物同在，又明我心与天地合一，故可微漾于斯心，萌动于此情矣。是以燕闲[6]暇日，当养性于澹然，怡情于旷虑；亦涉猎[7]于经史，旁达[8]于艺事[9]也。

[1]《礼记·孔子闲居》：天有四时，春秋冬夏。

[2] 唐李白《春夜宴从弟桃花园序》：夫天地者，万物之逆旅也；光阴者，百代之过客也。

[3]《商君书·错法》：乌获举千钧之重，而不能以多力易人。

[4]《老子》：合抱之木，生于毫末；九层之台，起于累土；千里之行，始于足下。

[5]《礼记·中庸》：今夫天，斯昭昭之多，及其无穷也，日月星辰系焉，万物覆焉。

[6] 宋曾巩《中书舍人除翰林学士制》：今宇内嘉靖，朝廷燕闲。

[7]《汉书·贾山传》：山受学袪，所言涉猎书记，不能为醇儒。

[8]《孔子家语·问玉》：瑕不掩瑜，瑜不掩瑕，忠也；孚尹旁达，信也。

[9]《尚书·胤征》：官师相规，工执艺事以谏。

　　方此春夏温热，秋冬寒冷，尺表盈缩，昼夜长短，则有桃李之芳，风雨之落，草木之枯，霜雪之凝。晴朗朝暮，又有云霞弥漫；幽爽晚夕，复以明月垂悬。即景有感，缀词连句[1]，可拟诗赋之文；应物生情，抚琴调筝，而有丝弦[2]之声。摹碑临帖，挥竹施染，既见翰墨[3]之逸；鉴石凿材，镂字雕画，则识篆刻之工。运筹布局，执子落棋，多以对弈之娱；燕处[4]伏案，卷帙编次[5]，又有校书[6]之乐。置炉拨炭，倾水落盏，悠享品茗之娴；浅斟低唱，移杯畅谈，纵此会饮之欢。疏帘月影，焚香洁地，可生陈室之雅；奇山异植，修枝裁叶，又成栽盆之趣。临窗抚栏，披衣敛袂，当知风雪之快；涤烦除虑[7]，静思[8]沉心，亦察夜坐[9]之幽。

[1]《论衡·效力》：况乃连句结章，篇至十百哉！

[2]晋王羲之《兰亭集序》：虽无丝竹管弦之盛，一觞一咏，亦足以畅叙幽情。

[3]三国魏曹丕《典论·论文》：古之作者，寄身于翰墨，见意于篇籍。

[4]《礼记·经解》：天子者，与天地参……其在朝廷，则道仁圣礼义之序；燕处，则听雅颂之音。

[5]《史记·孔子世家》：（孔子）追迹三代之礼，序《书传》，上纪唐虞之际，下至秦缪，编次其事。

[6]《后汉书·文苑传上》：建初中，肃宗博召文学之士，以毅为兰台令史，拜郎中，与班固、贾逵共典校书。

[7]唐皎然《赋得夜雨滴空阶送陆羽归龙山》：气令烦虑散，时与早秋同。

[8]《荀子·解蔽》：辟耳目之欲，而远蚊虻之声，闲居静思则通。

[9] 南朝宋鲍照《代夜坐吟》：冬夜沉沉夜坐吟，含声未发已知心。

众人应接，在以往来之际；物事理治，处以案牍之间。长成不止，则往来难以为少；物事不休，则案牍惟以成多。疲于身者，则形体终将虚耗；累于心者，则精神[1]徒然穷竭。是以案牍充盈，当悠游于暇日；冗事不绝，当逸豫[2]于燕闲。执之一艺，可洽之于当下；取之一事，又应之于将来。故知艺事之执者，择其可为者，选其可行者，试以一艺，聊以一事，则知性情之所趋，心志之所往，日以往之，月以复之[3]，则可慕前人之行迹，修自身之心性，得天地之旨趣也。

[1]《吕氏春秋·尽数》：圣人察阴阳之宜，辨万物之利以便生，故精神安乎形，而年寿得长焉。

[2]《诗经·小雅·白驹》：尔公尔侯，逸豫无期。

[3]《周易·系辞下》：日往则月来，月往则日来，日月相推而明生焉。

鉴识第七十二

艺事者，众人之执取也；雅俗[1]者，上下之鉴识[2]也。艺事之执，则有不同[3]之人；众人之取，则有差别之艺。艺事无大小之类，众人有选择之为，故上下性情不一，则艺事殊远相异。众人行为有雅俗之分，观览有鉴识之别。是以知雅俗之大小，则可明众人之行为；知鉴识之深浅，则可识众人之性情。众人有雅之品位，则无低之鉴识；无高之鉴识，则有俗之品位。有识之人，从之俗事，亦可为风雅；无鉴之人，附之雅事，是以为庸俗。故观众人艺事之执取，行为之依附，言辞之叙述[4]，则可以知其雅俗，明其鉴识也。

[1] 汉王充《论衡·四讳》：雅俗异材，举措殊操。
[2] 《三国志·和洽传》：洽同郡许混者，许劭子也。清醇有鉴识，明帝时为尚书。
[3] 《文心雕龙·定势》：所习不同，所务各异，言势殊也。
[4] 元刘祁《归潜志》：前汉事迹所以灼然传在人口者，以司马迁、班固叙述之工，故学者悦而习焉，其读之详也。

艺事之执，依乎性情；鉴识之分，从乎众人。艺事之清雅[1]者，不饰之以多，不琢[2]之以少，故可出乎其性，成乎其命也。鉴识艺事，可以知万物之美，众人之情，时序之佳，情境之悠，行为之宜。众人不明道理，难识宇宙之精微；不知日月，难识天地之广大；不明依附，难识万物之和洽；不知生死，难识众人之性情。众人拘于小事，泥于小道者，则沉迷[3]不知所向，失落不识所为，以狭促[4]为广远[5]，以蔽陋为彰显矣。是以众人无大小之见，深浅之识，则难以知天地之大美[6]，众庶之大善，艺事之大雅也。

[1] 《三国志·徐宣传》：窃见尚书徐宣，体忠厚之行，秉直亮之性，清雅特立，不拘世俗。
[2] 《淮南子·精神训》：衰世凑学，不知原心反本，直雕琢其性，矫拂其情，以与世交。
[3] 南朝梁丘迟《与陈伯之书》：直以不能内审诸己，外受流言，沉迷猖獗，以至于此。
[4] 《新唐书·陆贽传》：所谓小人者，非悉怀险诐以覆邦家也，盖趋向狭促，以沮议为出众，自异为不群，趣小利，昧远图，效小信，伤大道尔。
[5] 《国语·晋语八》：夫乐以开山川之风也，以耀德于广远也。
[6] 《庄子·知北游》：天地有大美而不言。

执取不分，则雅俗大小不别；性情不变，则鉴识深浅不移。艺事之鉴识，品俗者不知其雅，知浅者不见其深，是以上下之人[1]不可相语也[2]。品位定于其性，深浅成乎其情，故众人之鉴识者，多之以凝滞，少之以变迁。凝滞者学以妨之，论以止之，拘之于所见，昧之于所闻，以其所知为绝知，故其鉴识不过三寸之浅；变迁者学以广之，论以大之，不止于所见，不限于所闻，以其所知为不知，故其鉴识可以万丈之深。知其鉴识之浅者，或可以为深；以其鉴识之深者，则终归为浅，是以众人执取艺事，不可不分之以雅俗，鉴之以深浅也。

[1]《论语·雍也》：子曰："中人以上，可以语上也；中人以下，不可以语上也。"
[2]《管子·小匡》：相语以事，相示以巧，相陈以功。

览书第七十三

文字[1]者，物事之所记[2]也；书籍者，道理之所明也。文字之载，则知往来之事；书籍之志[3]，则识天地之理。物事之见，龟甲[4]有灼烧之字，金石有冶铸之文；章句之览，丝麻有布帛[5]之悬，竹木有简策[6]之编。次以圣贤著述，弟子传注，斫板以刻之[7]，研墨[8]以涂之，纸张以敷之，绞绳以订之，箧椟[9]以藏之，则书籍之为大成也。众人出生，即有言语；众人长成[10]，随以认知。蒙昧以诲，则可识之文字；句读[11]以训，又可览之书籍。然后博之以知事[12]，约之以明理，心有所依，行有所止，则可应接于无穷，往来于有限也。

[1]《说文解字·叙》：盖依类象形，故谓之文；其俊形声相益，即谓之字。

[2]《尚书·洛诰传》：汝受天命厚矣，当辅大天命，视群臣有功者记载之。

[3]《周礼·春官》：保章氏掌天星，以志星辰日月之变动。

[4]《史记·龟策列传》：其卜必北向，龟甲必尺二寸。

[5]《礼记·礼运》：昔者衣羽皮，后圣治其麻丝以为布帛。

[6]《管子·宙合》：是故圣人著之简策，传以告后进。

[7] 宋司马光《答新知磁州陈大夫游古书》：前岁公虞校正先集，欲刻板摹之，广传于世。

[8]《天工开物·丹青》：凡墨烧烟凝质而为之。

[9]《说苑·反质》：天子藏于四海之内，诸侯藏于境内，大夫藏于其家，士庶人藏于箧椟。

[10]《颜氏家训·勉学》：人生小幼，精神专利，长成已后，思虑散逸，固须早教，勿失机也。

[11] 唐韩愈《师说》：彼童子之师，授之书而习其句读者，非吾所谓传其道解其惑者也。

[12]《荀子·大略》：主道知人，臣道知事。

　　天地有道理物事之分，书籍有经史子集[1]之别。览经者，可明圣贤之志；览史者，可识过往之事；览子者，可通诸家之论；览集者，可体众人之情。故众人知道明理，应物治事，不可以不览书也。静心澄虑，是以览书之时；修身养性，多为览书之际。燕然闲暇，悠室清茶，陈榻列案，舒轴开卷[2]，执笔点墨，若有感怀，则为之批文；间有疑惑，可为之标注。晨经暮史，追圣贤之行为；昼子夜集，辨众人之心志，则可朝诵诗书，夕讲文章，昼谈对策[3]，夜论成败，然后接之于当下，应之以来事也。

[1] 明胡应麟《少室山房笔丛·经籍会通二》：经史子集，区分为四，九流百氏，咸类附焉，一定之体也。

[2] 南朝齐王融《天监三年策秀才文》：闭户自精，开卷独得。

[3]《史记·平津侯主父列传》：太常令所征儒士各对策，百余人，弘第居下。策奏，天子擢弘对为第一。

　　物事之存，则有应接之为；书籍之在，则有述作之人。述作之人既多，则文字不可胜数，书籍不可尽览[1]。又以一物多出论议，一事多有方策，故书籍之成，言辞弥多矣，章句愈烦矣，名实又伪[2]矣，义理殊乱矣。名实难知，义理不明，则害之物事不浅，妨之众人又深。是以览书之要，在于识其字，知其文，晓其义，明其理，指其谬，正其误也；览书之人，在于博以观之[3]，慎以思之[4]，辨以明之，论以止之[5]。天下之人，览书在于明理，明理在于从事，故所览之书，所明之理，不可不慎之矣。

[1]《宋史·司马光传》：光常患历代史繁，人主不能遍览，遂为通志八卷以献。

[2]《荀子·性恶》：故圣人化性而起伪，伪起而生礼义，礼义生而制法度。

[3]《史记·平津侯主父列传》：臣闻明主不恶切谏以博观，忠臣不敢避重诛以直谏。

[4]《礼记·中庸》：博学之，审问之，慎思之，明辨之，笃行之。

[5] 唐韩愈《原道》：然则如之何而可也？曰：不塞不流，不止不行。

观游第七十四

　　万物者，天地之所化也；人文[1]者，众庶之所成也。天地之工，则有瑰丽之山川，缤纷之万物；众庶之作，则有绚烂之人文，殊异之风俗。众人居于街坊[2]者，时可达于邻乡；处于社稷者，或可至于他邦。天地有上下南北之限，社稷有城池关隘[3]之阻。长处一地，不见变迁之景色；久居一方，难知远近之风俗。观游天地，圣贤有书籍之作；察览物类，前人有文章[4]之述。故天地山川，可见于书籍；物类风俗，则明于文章。然不至其地，不知山川之秀美[5]；不临其众，不知风俗之淳朴，是以观游可以补览书之所缺，添讲述之所漏也。

[1]《易经·贲卦》：观乎天文以察时变，观乎人文以化成天下。
[2]《旧唐书·职官志》：两京及州县之郭内，分为坊，郊外为村。
[3]《南齐书·萧景先传》：惠朗依山筑城，断塞关隘。
[4]《后汉书·张衡传》：文章焕以粲烂兮，美纷纭以从风。
[5] 宋司马光《知永兴军谢上表》：维此咸秦，昔为畿甸，山川秀美，土地膏腴。

　　万物生成，观于天地山川之内；众人往来，游于物类风俗之间。天下之大，日月可以均在，风雨又以俱出，四季难以次序，作息[1]无以一时；地形之广，东临之于沧海，西被之于流沙[2]，南接之于海礁，北渐之于冻土；物类之多，奇花生于殊草[3]，珍禽间于异兽[4]，茂林[5]处乎瑶植[6]，诡形杂乎怪状；山川之异，落雪积之山岭，沉土堆之沙丘，旷野出之平原，潦水[7]成之沼泽；风俗之殊，饮食多以不一，服饰[8]则以有差，屋宅重以区别，供奉复以相远。一日之景，朝有绮霞之锦绣，昼有流云之变幻，夕有明月之皎洁[9]，夜有群星之灿烂[10]；四时之色，春有萌生之浅青，夏有茂长之浓绿，秋有将收之枯黄，冬有终藏之凝白。是以众人出观乡里，远游社稷，览乎其景，阅乎其色，则可见其所不见，知其所不知也。

[1] 汉王充《论衡·偶会》：作与日相应，息与夜相得也。

[2] 《尚书·禹贡》：东渐于海，西被于流沙，朔南暨，声教讫于四海。禹锡玄圭，告厥成功。

[3] 《西京杂记》：奇花异草，靡不具植。

[4] 《尚书·旅獒》：犬马非其土性不畜，珍禽奇兽不育于国。

[5] 《兰亭集序》：此地有崇山峻岭，茂林修竹。

[6] 《楚辞·涉江》：驾青虬兮骖白螭，吾与重华游兮瑶之圃。

[7] 唐王勃《滕王阁序》：潦水尽而寒潭清，烟光凝而暮山紫。

[8] 《周礼·春官》：辨其名物，与其用事，设其服饰。

[9] 汉班婕妤《怨歌行》：新裂齐纨素，皎洁如霜雪。裁为合欢扇，团团似明月。

[10] 汉张衡《东京赋》：瑰异谲诡，灿烂炳焕。

　　众人穷竭，则无观游之资；众人疲倦，难有行旅之时。拨冗于烦劳，抽身于案牍[1]，则可以驱车[2]于大路，杖策[3]于小径，泛舟于流水，悬栈于危涧也。登于崇山，则有日出之清寒，云海之渺茫；潜于深海，又有游鱼之往返，珠玉之拾掇；出于荒野，则有水草之茂盛，牛羊之遍布；入于大漠，又有斜阳之苍凉，驼铃之悠远。登楼[4]抚栏，感之往昔，则可临风喟叹；览文识字，述之骚人[5]，又可追怀[6]吟咏；求贤访圣，践之行迹，则可同心契合；游村[7]观社，慨之风俗，又可知人教化。众人不观游，则难识寥远之宇宙，恢宏之天地，众庶之性情，圣贤之心志。是以观游之事，上至于天地，下接于众人，不可以不成行也。

[1] 唐刘禹锡《陋室铭》：无丝竹之乱耳，无案牍之劳形。

[2] 《古诗十九首·青青河畔草》：驱车策驽马，游戏宛与洛。

［3］晋陶渊明《归去来兮辞》：策扶老以流憩，时矫首而遐观。

［4］南朝谢灵运《南楼中望所迟客》：登楼为谁思，临江迟来客。

［5］宋范仲淹《岳阳楼记》：然则北通巫峡，南极潇湘，迁客骚人，多会于此，览物之情，得无异乎？

［6］《后汉书·列女传》：后感伤乱离，追怀悲愤，作诗二章。

［7］宋陆游《游山西村》：莫笑农家腊酒浑，丰年留客足鸡豚。山重水复疑无路，柳暗花明又一村。箫鼓追随春社近，衣冠简朴古风存。从今若许闲乘月，拄杖无时夜叩门。

诗文第七十五

诗赋者，情志[1]之言辞也；文章者，物类[2]之叙述也。众人观天地之生成，睹万物之流变，览往事之兴衰[3]，见众人之苦乐，是以有所感怀也。感怀即之以起，情志随之而兴，故众人有欢欣[4]悲伤之情，切近[5]壮远之志。万物振动，既有其声；众人感怀，则有其言，故众人出于情志[6]，发乎吟咏[7]，成于字词，则有诗文也[8]。吟咏切于韵律[9]，字词从于章句，则诗文可以接之天地，应之万物，契之众人也。诗文之作，可以发其情也，见其志也，故有其人者则为其文；诗文之览，可以感其情也，明其志也，故识其文者则知其人。是以吟之诗赋，览之文章，则可知作者性情之分，述者心志之别也。

［1］《古诗十九首·东城高且长》：荡涤放情志，何为自结束？

［2］《列子·周穆王》：一体之盈虚消息，皆通于天地，应于物类。

［3］《北史·崔浩传》：自古以来，载籍所记，兴衰存亡，鲜不由此。

［4］《荀子·礼论》：故人之欢欣和合之时，则夫忠臣孝子亦惝诡而有所至矣。

[5] 宋司马光《乞令六曹删减条贯白札子》：惟取纪纲大体切近事情，朝夕不可无者，方始存留。

[6] 《尚书·舜典》：诗言志，歌咏言，声依永，律和声。

[7] 《晋书·郗鉴传》：少孤贫，博览经籍，躬耕陇亩，吟咏不倦，以儒雅著名。

[8] 《隋书·文学传序》：然则文之为用，其大矣哉！上所以敷德教于下，下所以达情志于上。

[9] 唐元稹《上令狐相公诗启》：常欲得思深语近，韵律调新，属对无差，而风情宛然，而病未能也。

感怀于内，则有情志之发；言表于外，可有诗文之作。诗文作之有成法，为之有定制。诗文之拟，在于众人依之韵律，遣之字词，叙之往事，述之景物，成之章句，抒之情志也。韵律不协，难以顺其吟咏；章句不正，无以通其朗诵，故诗文不可不协其韵律，正其章句也。景物殊类，情志万端，丧之形状，难以辨之万物；失之摹写[1]，无以体之多情。一字不练，难以摹变幻之景物；一词不斟，无以状汹涌之情志。故诗文不可不练其字句[2]，斟其文词也。不以巧思，无新奇[3]之章句；不有丽辞[4]，少精辟之言语；不以比兴[5]，情志不知所起；不有裁决，诗文不知所终。是以众人依之才情[6]，采之丽辞，循之成法，则可纵抒其情，尽言其志也。

[1] 宋苏轼《喜刘景文至》：别后新诗巧摹写，袖中知有钱塘湖。

[2] 《文心雕龙·声律》：是以声画妍蚩，寄在吟咏，吟咏滋味，流于字句。

[3] 《文心雕龙·体性》：新奇者，摈古竞今，危侧趣诡者也。

[4] 《文心雕龙·诠赋》：情以物兴，故义必明雅；物以情观，故词必巧丽。丽词雅义，符采相胜。

[5] 《文心雕龙·比兴》：故比者，附也；兴者，起也。附理者，切类以指

事；起情者，依微以拟议。

[6]《世说新语·赏誉》：许玄度送母，始出都，人问刘尹："玄度定称所闻不？"刘曰："才情过于所闻。"

众人之情，则有深浅；作者之志，则有远近。众人之情浅者，荒荡淡薄；众人之情深者，婉转返还；作者之志近者，耽于儿女之情；作者之志远者，归于家国之事。儿女之情，精细纤微；家国之事，沉厚壮大。是以诗文之作，取事[1]为上也，私情为下也。起兴之情，融于景致[2]；感怀之志，见于物事。风景之幽，拟于作画；世事之艰，若于登天。景致生之意境[3]，有之清丽[4]淡雅[5]，亦有之旷达[6]超越；物事成之格调[7]，有之雄浑[8]悲壮[9]，亦有之奔放[10]婉约[11]。是以诗文之作，格调为先，意境为次也。诗文情感之浇薄，志乡之浅近，文字之粗俗[12]，意境之拘促，格调之低下，皆以为蔽陋之作，不可览之也。故众人观之景物，历之往事，明之道理，又营之意境，振之格调，则可以成佳作也。

[1]《文心雕龙·事类》：综学在博，取事贵约，校练务精，捃理须覈。

[2]唐白居易《题周皓大夫新亭子二十二韵》：规模何日创？景致一时新。

[3]明朱承爵《存余堂诗话》：作诗之妙，全在意境融彻，出音声之外，乃得真味。

[4]晋陆机《文赋》：或藻思绮合，清丽千眠，炳若缛绣，悽若繁弦。

[5]《隋书·牛弘传》：牛弘笃好坟籍，学优而仕，有淡雅之风，怀旷远之度。

[6]《晋书·裴颜传》：处官不亲所司，谓之雅远；奉身散其廉操，谓之旷达。

[7]唐张乔《宿刘温书斋》：不掩盈窗月，天然格调高。

[8]《新唐书·文艺传序》：崇雅黜浮，气益雄浑，则燕许擅其宗。

[9]宋严羽《沧浪诗话·诗辨》：诗之品有九：曰高、曰古、曰深、曰远、曰长、曰雄浑、曰飘逸、曰悲壮、曰凄婉。

[10] 晋陆机《文赋》：或奔放以谐合，务嘈杂而妖冶。

[11] 《文赋》：或清虚以婉约，每除烦而去滥。

[12] 明谢榛《四溟诗话》：诗忌粗俗字，然用之在人，饰以颜色，不失为佳句。

对饮第七十六

饮食者，万物之所欲也；耽好[1]者，众人之所为也。汲之深井，则有纯泉之饮；取之花蕊[2]，可有甘蜜之尝。然饮之纯泉，难有滋味[3]之享；尝之甘蜜，不有馥郁[4]之赏，是以众人求之以浓淡，索之以醺醉也。天地生之嘉木[5]，降以雨露，则有长成[6]；众人殖之谷物，加以耕耘，则有收获。旧枝泛绿，则有新芽之取[7]；植丛成荫，又有翠叶之掇[8]。然后萎之凋之，揉之捻之，文火以干之，炽炭以焙[9]之，故有滋味之茶也。仓廪[10]不开，则有陈谷之积；夏秋又熟，又有新粮之贮，然后倾之舂之，洗之濯之，曲蘖[11]以入之[12]，蔽阴[13]以待之[14]，故有馥郁之酒也。众人狂躁之时，而求悠闲之境；愤懑[15]之际，而有奔放之为。是以三五之友，远来之宾，奉之以瓯盏，敬之以觥筹[16]，然后交情致意，则有洽欢也。

[1] 《后汉书·张衡传》：衡善机巧，尤致思于天文、阴阳，历算，常耽好《玄经》。

[2] 唐李商隐《春日》：欲入卢家白玉堂，新春催破舞衣裳。蝶衔红蕊蜂衔粉，共助青楼一日忙。

[3] 《吕氏春秋·适音》：口之情欲滋味，心弗乐，五味在前弗食。

[4] 宋庞元英《文昌杂录》：近年方以棋楂花悬酒中，不惟馥郁可爱，又能使酒味辛冽。

[5] 唐陆羽《茶经》：茶者，南方之嘉木也，一尺二尺，乃至数十尺。

[6] 宋赵佶《大观茶论·地产》：植产之地，崖必阳，圃必阴。盖石之性寒，其叶抑以瘠，其味疏以薄，必资阳和以发之；土之性敷，其叶疏以暴，其味强以肆，必资阴荫以节之。阴阳相济，则茶之滋长得其宜。

[7] 《大观茶论·采择》：撷茶以黎明，见日则止。用爪断芽，不以指揉，虑气汗熏渍，茶不鲜洁。故茶工多以新汲水自随，得芽则投诸水。凡牙如雀舌谷粒者为斗品，一枪一旗为拣芽，一枪二旗为次之，余斯为下。

[8] 《茶经》：凡采茶，在二月，三月，四月之间。茶之笋者，生烂石沃土，长四五寸，若薇蕨始抽，凌露采焉。

[9] 《大观茶论·制造》：涤芽惟洁，濯器惟净，蒸压惟其宜，研膏惟熟，焙火惟良。饮而有少砂者，涤濯之不精也；文理燥赤者，焙火之过熟也。

[10] 《管子·牧民》：仓廪实而知礼节，衣食足而知荣辱。

[11] 《礼记·月令》：乃命大酋，秫稻必齐，曲蘖必时。

[12] 宋朱翼中《北山酒经》：用酵四时不同，寒即多用，温即减之。酒入冬月用酵紧，用曲少；夏日用曲多，用酵缓。

[13] 《北山酒经》：天气极热，置瓮于深屋，冬月温室多用毡毯围绕之。

[14] 《北山酒经》：言冬月酿酒，令人抱瓮速成而味好。大抵冬月盖覆，即阳气在内，而酒不冻；夏月闭藏，即阴气在内，而酒不动。

[15] 汉司马迁《报任少卿书》：恐卒然不可为讳，是仆终已不得舒愤懑以晓左右。

[16] 宋欧阳修《醉翁亭记》：射者中，弈者胜，觥筹交错，起坐而喧哗者，众宾欢也。

友宾既来，可有对饮之人；幽境又在，则有对饮之时。邀之庭院，有洁净之雅室，裁剪之花枝，缥缈之焚香，器具之陈设；临之溪涧，有苍苔之石径，冷冽之清流，竹林之爽籁[1]，嘤鸣[2]之悠扬；待之四时，有春朝之垂露，夏日之临风，秋夕之望月，冬夜之围炉。炭火以烹之，羽扇[3]以摇之，拨茶以投之，注水以析之，成汤以出之，则可以品茶汤之滋味也；破封以启之，倾液以盛之，落杯以斟之，举觞以酌之，则可以体酒酿之馥郁也。啜饮与心境相契，斟酌与情志同在。一人之品，不如众人之尝；一人独酌[4]，不如众人之饮。是以对饮之际，叙之故旧，论之当下，则可尽众人之心，纵尔我之情也。

[1]《庄子·齐物论》：地籁则众窍是已，人籁则比竹是已。

[2]《诗经·小雅·伐木》：嘤其鸣矣，求其友声。相彼鸟矣，犹求友声；矧伊人矣，不求友生？

[3] 清张燕昌《羽扇谱》：其产以湖州为盛。每岁采羽洗刷，或白或染，汇合成扇，复用利刀破羽管，用鹤颧等尾下毛缀之，以为美观。

[4] 唐李白《月下独酌》：花间一壶酒，独酌无相亲。举杯邀明月，对影成三人。

饮茶有轻爽之畅，酌酒有微醺之醉。茶性惟寒[1]，可以降热止汗，解乏舒身[2]；酒性惟热[3]，可以驱寒行气，补虚通体[4]，是以轻爽之茶，微醺之酒皆可以为药也。茶之多饮，不及滋味之甘；酒之滥酌，多失馥郁之厚，是以滋味之盏，则有其止；斟酌之杯，则有其限。陆子有品茗之诫[5]，周公有饮酒之诰[6]，是以荡心滥情，饮之不时，酌之无度，则弃绝礼仪，丧乱仁德也。昼日崇饮[7]，则众人夜难成寐；暮夕放酌，则尔我朝不即起。茶之已饫[8]，则物事无以行人；酒之复醉，则众人难以从事。是以用药之不慎，多以之伤身；对饮之不节，又以之败事，故茶酒斟饮之事，不可不慎之有节也。

[1]《茶经》：茶之为用，味至寒，为饮最宜。

［2］《茶经》：精行俭德之人若热渴、凝闷、脑疼、目涩、四支烦、百节不舒，聊四五啜，与醍醐、甘露抗衡也。

［3］宋朱翼中《北山酒经》：酒味甘辛，大热有毒，虽可忘忧，然能作疾。然能作疾，所谓腐肠烂胃，溃髓蒸筋。

［4］明李时珍《本草纲目》：（米酒）苦、甘、辛、大热、有毒。主治米酒：行药势，通血脉，润皮肤，散湿气，除风下气，解马肉、桐油毒。

［5］《茶经》：采不时，造不精，杂以卉莽，饮之成疾。

［6］《尚书·酒诰》：文王诰教小子有正有事：无彝酒。越庶国：饮惟祀，德将无醉。

［7］《尚书·酒诰》：惟御事，厥棐有恭，不敢自暇自逸，矧曰其敢崇饮？

［8］《后汉书·刘盆子传》：帝令县厨赐食，众积困馁，十余万人皆得饱饫。

清谈第七十七

清议者，众庶之所明状也；谈论者，物事之所知源也。天地有无之状，万物虚实之变，人事兴衰之因[1]，多可观而知之，察而识之，辨而明之也。不知天地，无以见流行之始终；不明物事，难以识往来之成败。众人循之天地而不知，从于物事而不明，是以多晦于天地，惑于自身也。然众人有发明之心，辨识之志，故有探幽[2]之举止，索微[3]之行为。追问于天地，考察[4]于物事，或以道总之[5]，或以理贯之[6]，则有清议之言语，谈论之分析也，皆欲返万物于源初，归人事于终极。故众人清谈，可以知宇宙之幽昧，明天地之道理，论人事之成败也。

［1］《史记·太史公自序》：猎儒墨之遗文，明礼义之统纪，绝惠王利端，列往世兴衰。

［2］《后汉书·陈宠传》：陛下探幽析微，允执其中，革百载之失，建永年之功。

[3]《三国志·郤正传》：是以达人研道，探赜索微，观天运之符表，考人事之盛衰。

[4]《汉纪·宣帝纪一》：及拜刺史、郡守、辅相，辄亲见问，观其所由，退而考察其行。

[5]《老子》：有物混成，先天地生，寂兮寥兮，独立而不改，周行而不殆，可以为天地母。吾不知其名，强字之曰道，强为之名曰大。

[6]《河南程氏外书》卷第十二：吾学虽有所受，"天理"二字却是自家体贴出来的。

观而不学，故以深疑；察而不思，殊以多惑[1]，有疑有惑，则有清谈之资。言之一物，不有所疑[2]，则难以探究；语之一理，未有所惑，则无以求索[3]。览之书籍，可有所知；历之世事，又有所识，有知有识，则有议论之成。谈之一事，不知成败，则失对策之准；论之一人，不知过往，则无将来之依。众人同阶而列者可以清议，差等而处者难以谈论。是以分庭[4]设座，奉茶对饮，则可昼立而谈理[5]，夜坐而论道[6]也。尔来则我往[7]，主问则客答，则可知其论点，识其脉络也。依之物事，藉之譬喻，正之谬误[8]，故可知自身之失，明他人之得；然后互之以助，相之以彰，则可知事而析理[9]，明理而应事也。

[1]《论语·为政》：学而不思则罔，思而不学则殆。

[2] 宋张载《经学理窟·学大原下》：在可疑而不疑者，不曾学，学则须疑。

[3]《楚辞·离骚》：路曼曼其修远兮，吾将上下而求索。

[4]《汉书·货殖传》：子贡结驷连骑，束帛之币，聘享诸侯，所至，国君无不分庭与之抗礼。

[5]《晋书·殷仲堪传》：其谈理与韩康伯齐名，士咸爱慕之。

[6]《荀子·正名》：故知者论道而已矣。

[7]《礼记·曲礼上》：往而不来，非礼也；来而不往，亦非礼也。

[8]《论衡·答佞》：聪明有蔽塞。推行有谬误，今以是者为贤，非者为佞，殆不得贤之实乎？

[9] 三国魏嵇康《琴赋》：非至精者，不能与之析理也。

　　深于清谈者，当有名实；彻于道理者，必有知行。清议既以明理，谈论又以知数，是以众人喻于虚者，皆归于实；识于理者，俱成于行。清议惟虚，不有所获也；谈论惟名，难有所成也。玄之又玄[1]，则失天地之理；名之又名[2]，又丧万物之实。玄不依理，则清议无所发明；名不从实，则谈论无所应用，故清议当有之准据[3]，谈论应有之援引[4]。清议有方，难以作为；谈论有策，无以施行，故清谈多以妨事，议论又以误人。魏晋谈玄[5]，唐宋论佛，不以日用为视，恐弃礼仪[6]之为次；牛李聚党[7]，东林结社[8]，未以家国为望[9]，惟逞意气之为先，故风之于天下，乱之于社稷。是以清谈之事，众人不可不深知而慎行也。

[1]《老子》：此两者，同出而异名，同谓之玄。玄之又玄，众妙之门。

[2]《老子》：道常无名，朴。虽小，天下莫能臣。侯王若能守之，万物将自宾。天地相合，以降甘露，民莫之令而自均。始制有名，名亦既有，夫亦将知止，知止可以不殆。

[3]《南齐书·礼志上》：永明中起瓦屋，形制宏壮。检案经史，无所准据。

[4]《三国志·臧洪传》：重获来命，援引古今，纷纭六纸，虽欲不言，焉得已哉。

[5]《资治通鉴·魏纪第七》：何晏性自喜，粉白不去手，行步顾影。尤好老、庄之书，与夏侯玄、荀粲及山阳王弼之徒，竞为清谈，祖尚虚无，谓六经为圣人糟粕。由是天下士大夫争慕效之，遂成风流，不可复制焉。

[6]《世说新语·任诞》：阮步兵丧母，裴令公往吊之。阮方醉，散发坐床，箕踞不哭。裴至，下席于地，哭吊喭毕，便去。或问裴：凡吊，主人哭，客乃为礼。阮既不哭，君何为哭？裴曰：阮方外之人，故不崇礼制；我辈俗中人，故以仪轨自居。

[7]《新唐书·李宗闵传》：时德裕自浙西召，欲以相，而宗闵中助多，先得进，即引僧孺同秉政，相唱和，去异己者，德裕所善皆逐之。久之，德裕为相，与宗闵共当国，德裕入谢。文宗曰："尔知朝廷有朋党乎？"德裕曰："今中朝半为党人，虽后来者，趋利而靡，往往陷之。陛下能用中立无私者，党与破矣。"帝曰："众以杨虞卿、张元夫、萧澣为党魁。"德裕因请皆出为刺史，帝然之。

[8]《明史·顾宪成传》：宪成姿性绝人，幼即有志圣学。暨削籍里居，益覃精研究，力辟王守仁无善无恶心之体之说。邑故有东林书院，宋杨时讲道处也，宪成与弟允成倡修之，常州知府欧阳东凤与无锡知县林宰为之营构。落成，偕同志高攀龙、钱一本、薛敷教、史孟麟、于孔兼辈讲学其中，学者称泾阳先生。当是时，士大夫抱道忤时者，率退处林野，闻风响附，学舍至不能容。宪成尝曰：官辇毂，志不在君父，官封疆，志不在民生，居水边林下，志不在世道，君子无取焉。故其讲习之余，往往讽议朝政，裁量人物。朝士慕其风者，多遥相应和。由是东林名大著，而忌者亦多。

[9]清戴名世《弘光朝伪东宫伪后及党祸纪略》：党祸始于万历间，浙人沈一贯为相，擅权自恣，多置私人于要路；而一时贤者如顾宪成、高攀龙、孙丕扬、邹元标、赵南星之属，气节自许，每与政府相持。而顾、高讲学于东林，名流咸乐附之，此东林党祸所自始也。

庭院第七十八

庭院者，暇豫[1]之所处也；屋宅者，寝寐[2]之所在也。远古之世，禽兽[3]不辨；往纪之时，草木不识，众人随采收捕获流迁，是以无安息之所也。时序推移，众人渐有所次，徐有所止也。择之旷野[4]，划地分区，隔篱系扉，则有庭院也；取之深林，缘木攀枝，架梁构椽，又有屋宅也。庭院之落，可以聚天地，收阴阳；屋宅之成，可以遮风雨，蔽寒热，然后众人安其身，治其业，成其事也。无安心[5]之所，众人无以暇顾；丧立身[6]之处，物事难以理治，是以众人皆应有所居，亦当有所住也。众人起则有所出，归则有所入，然后可以孝父敬母[7]，哺儿育女，送往迎来[8]，应之以物，理之以事也。

[1]《国语·晋语二》：优施起舞，谓里克妻曰："主孟啖我，我教兹暇豫事君。"

[2] 汉司马相如《长门赋》：忽寝寐而梦想兮，魄若君之在旁。

[3]《孟子·滕文公上》：草木畅茂，禽兽繁殖，五谷不登，禽兽逼人。

[4]《诗经·小雅·何草不黄》：匪兕匪虎，率彼旷野，哀我征夫，朝夕不暇。

[5]《墨子·亲士》：吾闻之曰："非无安居也，我无安心也。"

[6]《汉书·食货志》：至秦则不然，用商鞅之法，改帝王之制，除井田，民得卖买，富者田连阡陌，贫者亡立锥之地。

[7]《左传·文公十八年》：孝敬忠信为吉德，盗贼藏奸为凶德。

[8]《庄子·山木》：其送往而迎来，来者勿禁，往者勿止。

　　万物以天地为屋宅，以山川为庭院；众人以檐廊为天地，以篱栏为山川。是以庭院纳乎天地，可有一方之山水；屋宅取于自然，则有一寸之景物[1]。庭院有影壁之对门，碎石之铺路，花丛之映草，凿水之流溪，堆石之叠山，砌阶之成台，竹梅之遮道，矮墙之隔景；屋宅有明堂之雅室，屏风之折叠，幽窗之镂刻，日用之摆放，案榻之布置，书剑之悬挂，丝弦之位次，清供之陈设[2]。庭院有时序之变迁，则可春生煦光，夏成浓荫，秋落枝叶，冬积霜雪；屋宅有方寸之往返，则可推窗沐风，拨帘见月，卧榻听鸣，坐席体玄。故庭院之布置，屋宅之陈列，当循之于天地，依之于自然也，然后可以藏之于风水，蕴之于阴阳，处之于高下，收之于远近也。

[1] 南朝宋鲍照《舞鹤赋》：氛昏夜歇，景物澄廓。

[2] 汉应劭《风俗通·声音·琴》：然君子所常御者，琴最亲密，不离于身，非必陈设于宗庙乡党，非若钟鼓罗列于虡悬也。

庭院之营，在于赏心涤虑；屋宅之建，皆以安身酣眠。日以饮食，众人不过三餐；夜以床榻，尔我多止七尺，故知庭院屋宅之为用，则知其所营建[1]也。寄于一庭之内，寓于一室之间[2]，则典雅[3]之为陈，素朴[4]之为设，然后可以养性怡情也。是以日用之器物，当有雅韵；把玩之陈设，亦有高致[5]。拘以一处者，则久以抑郁；狭于一地者，则多生烦闷，是以庭院不可拘促，屋宅不可狭窄也。然竭力穷财，惟苑林之营造；疲心劳志，尽椒房[6]之建设[7]，既失庭院之制，又逾屋宅之用，是以依形从势之为上，雕梁画栋之为下也。庭院生以居之，屋宅死以离之，故众人之营建，不可出之法度[8]，亦当有之节制也。

[1]《后汉书·郎颛传》：又西苑之设，禽畜是处，离房别观，本不常居，而皆务精土木，营建无已。

[2] 晋王羲之《兰亭集序》：夫人之相与，俯仰一世，或取诸怀抱，悟言一室之内，或因寄所托，放浪形骸之外。

[3] 汉王充《论衡·自纪》：深覆典雅，指意难睹，唯赋颂耳！

[4] 汉张衡《东京赋》：遵节俭，尚素朴。思仲尼之克己，履老氏之常足。

[5] 晋潘岳《马汧督诔》：慨慨马生，琅琅高致，发愤图圄，没而犹眠。

［6］《汉书·董贤传》：又召贤女弟以为昭仪，位次皇后，更名其舍为椒风，以配椒房云。

［7］《墨子·尚同中》：古者上帝鬼神之建设国都、立正长也，非高其爵，厚其禄，富贵佚而错之也。

［8］《尚书·大禹谟》：儆戒无虞，罔失法度。

时序第七十九

时节者，天地之物候也；次序者，阴阳之推移也。天地流行，则万物随之以动；阴阳改迁，则众庶即之以变，故天地阴阳为之一体也。阴阳往复[1]，故有时序之变迁；物候流转，又有品类[2]之随从，故万物众庶为之多状也。春生夏长，睹万物之萌兴；秋收冬藏，览众庶之凋零。圭表[3]移位，知日夜之流逝[4]；寒暑[5]代序[6]，识年岁之往替。春夏行秋冬之气[7]，则万物无以为生；温凉乱冷热之候，则众庶难以为成。是以天地不时，物类难以滋养；时序不次，众人无以理治。众人生成于天地，位列于万物，观时节之变化，察时序之移迁，感通其心志，条畅其行为，则可不违之天地，不逆之阴阳也。

［1］晋郭璞《江赋》：呼吸万里，吐纳灵潮，自然往复，或夕或朝。

［2］唐韩愈《皇帝即位降赦贺观察使状》：寰宇斯泰，品类皆苏；渥恩普霈，远近同庆。

［3］《宋史·律历志》：观天地阴阳之体，以正位辨方、定时考闰，莫近乎圭表。

［4］《论语·子罕》：子在川上曰："逝者如斯夫！不舍昼夜。"

［5］《周易·系辞下》：寒往则暑来，暑往则寒来，寒暑相推而岁成焉。

[6]《楚辞·离骚》：日月忽其不淹兮，春与秋其代序。

[7]《礼记·月令》：（孟春）行秋令则其民大疫，飙风暴雨总至，藜莠蓬蒿并兴。行冬令则水潦为败，雪霜大挚，首种不入。……孟夏行秋令，则苦雨数来，五谷不滋，四鄙入保。行冬令，则草木蚤枯，后乃大水，败其城郭。

时序以立春为始[1]，以季冬为终[2]；万物以冬至为兴[3]，以孟春为振[4]。循之时节，则可以纪年；依之次序，又可以从事。时序既来，可有动静之举；物候将去，故有行为之止。春夏生长，众人多以劳作[5]；秋冬收藏，上下当以休息[6]。冬至之日，郊祭[7]以迎天地；秋分[8]之月，飨祀[9]以获万物。东南雨水[10]，衣着渐以轻薄；西北白露[11]，服饰多以沉厚。风尘温热，饮食以之酸苦[12]；冰雪冷冽，品尝以之辛咸[13]。暑天溽湿，庭院避之污池；寒季燥干，屋宅环之深墙。气息肃杀，以有无射黄钟[14]；情志萌发，则有姑洗蕤宾[15]。万物生长有时，可以有收获[16]也；众人行为有序，又以成广大也。故知时节之次序，识物类之行为，正众人之容止[17]，则可同步于天地，周洽于阴阳也。

[1]《礼记·月令》：是月也，以立春。先立春三日，大史谒之天子，曰：某日立春，盛德在木。天子乃齐。

[2]《礼记·月令》：（季冬之月）是月也，日穷于次，月穷于纪，星回于天。数将几终，岁且更始。

[3]《礼记·月令》：是月也，日短至。阴阳争，诸生荡。君子齐戒，处必掩身，身欲宁，去声色，禁耆欲。安形性，事欲静，以待阴阳之所定。芸始生，荔挺出，蚯蚓结，麋角解，水泉动。日短至，则伐木，取竹箭。

[4]《礼记·月令》：是月也，天气下降，地气上腾，天地和同，草木萌动。

[5]《诗经·大雅·民劳》：民亦劳止，汔可小康。惠此中国，以绥四方。

[6]《礼记·月令》：是月也，大饮烝，天子乃祈来年于天宗。大割祠于公社及门闾，腊先祖五祀，劳农夫以休息之。

[7]《礼记·郊特牲》：郊之祭也，迎长日之至也，大报天而主日也。

[8]《礼记·月令》：是月也，日夜分，雷始收声。蛰虫坏户，杀气浸盛，阳气日衰，水始涸。日夜分，则同度量，平权衡，正钧石，角斗甬。

[9]《礼记·月令》：是月也，乃命宰祝，循行牺牲，视全具，案刍豢，瞻肥瘠，察物色。必比类，量小大，视长短，皆中度。五者备当，上帝其飨，天子乃难，以达秋气。

[10]《礼记·月令》：始雨水，桃始华，仓庚鸣，鹰化为鸠。

[11]《礼记·月令》：盲风至，鸿雁来，玄鸟归，群鸟养羞。

[12]《礼记·月令》：（孟春之月）其味酸，其臭膻。……（孟夏之月）其味苦，其臭焦。

[13]《礼记·月令》：（孟秋之月）其味辛，其臭腥。……（孟冬之月）其味咸，其臭朽。

[14]《礼记·月令》：季秋之月，日在房，昏虚中，旦柳中。其日庚辛。其帝少皞，其神蓐收。其虫毛。其音商，律中无射。仲冬之月，日在斗，昏东壁中，旦轸中。其日壬癸。其帝颛顼，其神玄冥。其虫介。其音羽，律中黄钟。

[15]《礼记·月令》：季春之月，日在胃，昏七星中，旦牵牛中。其日甲乙。其帝太皞，其神句芒。其虫鳞。其音角，律中姑洗。……仲夏之月，日在东井，昏亢中，旦危中。其日丙丁。其帝炎帝，其神祝融。其虫羽。其音徵，律中蕤宾。

[16]汉桓宽《盐铁论·相刺》：非良农不得食于收获。

[17]《左传·襄公三十一年》：周旋可则，容止可观。

观时序之往来，可以参悟天地；察万物之变化，又以知晓阴阳。物临其时，则有其依从；人至其序，当有其行为。时节无以变化，物候有之错乱，然颠倒[1]之物候不改次序之时节也。时序将至，暴行无以阻劝；形势已去，强力难以返还。万物有生长衰亡，众人有壮老病死。万物藉岁期之始以生，待大限[2]之终以亡；茂盛者收之以有，凋零者归之以无。众人短殇者[3]望其长寿，久生者欲其不死，获取者恐以丧失，兴成者惧以败亡[4]。老之既至，多求返之以壮；死之将临，犹望起之以生。是以万物之为，皆循依于天地；众人之志，多违逆于阴阳。故众人观于时势，察于次序，依之从之，顺之宁之[5]，则可参契天地，协理阴阳，理治物事也。

[1]《诗经·齐风·东方未明》：东方未明，颠倒衣裳，颠之倒之，自公召之。

[2]晋葛洪《抱朴子·极言》：不得大药，但服草木，可以差于常人，不能延其大限也。

[3]《仪礼·丧服传》：年十九至十六为长殇，十五至十二为中殇，十一至八岁为下殇，不满八岁以下为无服之殇。

[4]《贞观政要·仁义》：古来帝王以仁义为治，国祚延长，任法御人者，虽救弊于一时，败亡亦促。

[5]宋张载《西铭》：富贵福泽，将厚吾之生也；贫贱忧戚，庸玉汝于成也。存，吾顺事；没，吾宁也。

理趣第八十

道理者，天地之所成也；趣味[1]者，众人之所为也。观察天地，体会[2]幽玄[3]，可以明道知理也；感应万物，应接[4]众庶，又以识趣知味也。道理流行于万物，心志感通[5]于天地，故物事应接之时，众人往来之际，则多有趣味也。天地有无穷之道理，归于众人知与不知也；万物有不尽[6]之趣味，在于尔我识与不识也。众人存乎天地，处于万物，目所视者皆以日用，耳所闻者俱以案牍，是以拘于物事者不知众人，蔽于众人者不识天地也。不明天地之理，则万物不通于天地；不识万物之性，则众人不感于阴阳，故难以随心应物，即情理事，亦不知物事之趣味也。

[1]《水经注·江水》：绝𪩘多生怪柏，悬泉瀑布，飞漱其间，清荣峻茂，良多趣味。

[2]《朱子语类》卷五：却是汉儒解"天命之谓性"，云"木神仁，金神义"等语，却有意思，非苟言者。学者要体会亲切。

[3]《周书·武帝纪》：至道弘深，混成无际，体色空有，理极幽玄。

[4]《世说新语·言语》：王子敬云："从山阴道上行，山川自相映发，使人应接不暇。若秋冬之际，尤难为怀。"

[5]《三国志·陈思王传》：王援古喻义备悉矣，何言精诚不足以感通哉。

[6]唐杜甫《登高》：风急天高猿啸哀，渚清沙白鸟飞回。无边落木萧萧下，不尽长江滚滚来。

　　天地流化，则知道理之存；众人行为，则识趣味之在。天地崇阳以始，积阴以终，故阴阳流行于天地，生成充溢[1]于宇宙；阴阳盈满以积，虚亏以散，故理数遍布于万物，变化均衡于众庶。万物有之以无，无之以有；存之以亡，亡之又存；终而复始[2]，往而又返，是以天地以生成之为本也[3]。阶前青草不除[4]，可知生机之无限；庭中御柳已折[5]，则识气息之有终。众人知生成之理，又为仁义之事，一物之不正，一事之不治，则郁结[6]于心也。理有深明，可解他人之惑；力有多出，则助他人之成；财有结余，又济他人之贫，是以众人以襄佐之为美也[7]。天地之理施及众庶，仁义之心周洽物事，则可成天人相契之趣也。

[1]《史记·平准书》：太仓之粟，陈陈相因，充溢露积于外，至腐败不可食。

[2]《黄帝内经·素问》：清阳上天，浊阴归地，是故天地之动静，神明为之纲纪，故能以生长收藏，终而复始。

[3]《易经·系辞下》：天地之大德曰生，圣人之大宝曰位，何以守位曰仁，何以聚人曰财，理财正辞、禁民为非曰义。《二程遗书》：天只是以生为道，继此生理者，即是善也。善便有一个元底意思。元者善之长，万物皆有春意，便是"继之者善也"，成之者性，成却待它万物自成其性须得。

[4]《二程遗书》：周茂叔窗前草不除，问之。云："与自家意思一般。"即好生之意，与天地生意如一。

[5]《二程集》：一日，讲罢未退，上忽起凭槛，戏折柳枝。先生进曰："方春发生，不可无故摧折。"上不悦。

[6]《楚辞·远游》：遭沈浊而污秽兮，独郁结其谁语？

[7]《论语·颜渊》：君子成人之美，不成人之恶。小人反是。

不明道理者，始之以浅薄也；不知仁义者，终之以麻木[1]也。浅薄之人，不识宇宙之深邃[2]，天地之广大；麻木之人，不知万物之生存，众人之日用。众人依天地之性，则成之万物；从自身之命，可为之君子。浅薄者隔绝于物事，视道理为虚妄[3]；麻木者摒弃于众人，视仁义为赘疣，是以既昧之以道理，又丧之以趣味也。故知宇宙之生机，识天地之造化，明万物之和洽[4]，修乎自身，接于众人，应乎物事，然后可以得天地之理趣，感万物之情致[5]也。众人出乎物事，入乎其理；依于其理，成于其事，又养心于旷达，修身于谨慎，格物于道理，行从于淡泊[6]，成人于君子，归终于性命，则可以逍遥[7]于天地，悠游于人世也。

［1］《朱子语类》卷二十五：人既不仁，自是与那礼乐不相管摄。礼乐虽是好底事，心既不在，自是呼唤他不来，他亦不为吾用矣。心既不仁，便是都不醒了。如人身体麻木，都不醒了，自是与礼乐不相干事。

［2］三国魏卞兰《许昌宫赋》：同一宇之深邃，致寒暑于阴阳。

［3］晋王羲之《兰亭集序》：固知一死生为虚诞，齐彭殇为妄作。

［4］《汉书·宣帝纪》：君臣同心，举措曲直，各得其所，是以上下和洽，海内康平。

［5］《世说新语·文学》：其夜清风朗月，闻江渚间估客船上有咏诗声，甚有情致。

［6］三国蜀诸葛亮《诫子书》：君子之行，静以修身，俭以养德，非淡泊无以明志，非宁静无以致远。

［7］《庄子·让王》：舜以天下让善卷，善卷曰："余立于宇宙之中，冬日衣皮毛，夏日衣葛絺；春耕种，形足以劳动；秋收敛，身足以休食；日出而作，日入而息，逍遥于天地之间而心意自得。"

跋

夏后[1]承有虞[2]之业[3]，盘庚从成汤之志[4]，周武修文王之基[5]。前代既作式辟[6]，后人可以继兴；祖先又拟成法[7]，子孙或以守持，故有为者可以依从，无事者多以遵循。周公佐成王以治，识清明之理数，除暗昧之巫祝，诚天命之无定[8]，降于德惠之人[9]；社稷之有常，归于敬慎之士[10]。明天地之理，则敬天[11]崇德[12]也；知众庶之性，则重民[13]慎罚也[14]，参契于往圣，折中[15]于三代，则有礼乐之制[16]也。然后约束诸侯，教化百姓，持定天下，是以武功[17]既成，文治[18]焕盛也。夫子观天地，察众人，理社稷，既知周公之作为，礼乐之大成，故纠春秋之世，正众人之风，则有所取鉴也。克复礼乐[19]，可归于仁义也；明理知行[20]，又成于性命也，是以心志有定，行为可准也。

[1]《史记·夏本纪》：帝舜荐禹于天，为嗣。十七年而帝舜崩。三年丧毕，禹辞辟舜之子商均于阳城。天下诸侯皆去商均而朝禹。禹于是遂即天子位，南面朝天下，国号曰夏后，姓姒氏。

[2]《史记·五帝本纪》：自黄帝至舜、禹，皆同姓而异其国号，以章明德。故黄帝为有熊，帝颛顼为高阳，帝喾为高辛，帝尧为陶唐，帝舜为有虞。

[3]《史记·五帝本纪》：方五千里，至于荒服。南抚交阯、北发，西戎、析枝、渠廋、氐、羌，北山戎、发、息慎，东长、鸟夷，四海之内咸戴帝舜之功。于是禹乃兴九招之乐，致异物，凤皇来翔。天下明德皆自虞帝始。

[4]《史记·殷本纪》：帝阳甲崩，弟盘庚立，是为帝盘庚。帝盘庚之时，殷已都河北，盘庚渡河南，复居成汤之故居，乃五迁，无定处。殷民咨胥皆怨，不欲徙。盘庚乃告谕诸侯大臣曰："昔高后成汤与尔之先祖俱定天下，法则可修。舍而弗勉，何以成德！"乃遂涉河南，治亳，行汤之政，然后百姓由宁，殷道复兴。

[5]《史记·周本纪》：武王即位，太公望为师，周公旦为辅，召公、毕公之徒左右王，师修文王绪业。……居二年，闻纣昏乱暴虐滋甚，杀王子比干，囚箕子。太师疵、少师彊抱其乐器而饹周。于是武王遍告诸侯曰："殷有重罪，不可以不毕伐。"乃遵文王，遂帅戎车三百乘，虎贲三千人，甲士四万五千人，以东伐纣。

[6]《诗经·大雅·江汉》：江汉之浒，王命召虎：式辟四方，彻我疆土。

[7]《鹖冠子·道端》：贤君循成法，后世久长；惰君不从，当世灭亡。

[8]《尚书·召诰》：其惟王勿以小民淫用非彝，亦敢殄戮用乂民，若有功。其惟王位在德元，小民乃惟刑用于天下，越王显。上下勤恤，其曰我受天命，丕若有夏历年，式勿替有殷历年。欲王以小民受天永命。

[9]《尚书·蔡仲之命》：皇天无亲，惟德是辅；民心无常，惟惠之怀。

[10]《诗经·大雅·抑》：敬慎威仪，维民之则。

[11]《尚书·召诰》：皇天上帝，改厥元子兹大国殷之命。惟王受命，无疆惟休，亦无疆惟恤。呜呼！曷其奈何弗敬？

[12]《尚书·召诰》：我不敢知曰，有夏服天命，惟有历年；我不敢知曰，不其延。惟不敬厥德，乃早坠厥命。我不敢知曰，有殷受天命，惟有历年；我不敢知曰，不其延。惟不敬厥德，乃早坠厥命。

[13]《尚书·泰誓》：天视自我民视，天听自我民听。百姓有过，在予一人。

[14]《尚书·康诰》：惟乃丕显考文王，克明德慎罚，不敢侮鳏寡。

[15]《楚辞·九章·惜诵》：令五帝以折中兮，戒六神与向服。

[16]《左传·文公十八年》：先君周公制周礼，曰"则以观德，德以处事"。

[17]《诗经·大雅·文王有声》：文王受命，有此武功。既伐于崇，作邑于丰。

[18]《礼记·祭法》：文王以文治，武王以武功，去民之灾，此皆有功烈于民者也。

[19]《论语·颜渊》：颜渊问仁。子曰："克己复礼为仁。一日克己复礼，天下归仁焉。为仁由己，而由人乎哉？"

[20]《论语·述而》：我欲仁，斯仁至矣。

　　夫子述作，弟子赓续[1]；先师发明，小子传注，故历之往事，观之前人，可以知夫子之学所从来久矣。周公制次序之礼乐，犹不失之于卜筮[2]，亦未彰明天地之理，故众人知之礼乐，不识理数；理数不明，则渐失礼乐；礼乐既衰，则众人不知所以也。夫子睹王道之坏，乱世之来，志存天下[3]，则有礼乐之教；心忧社稷，以有春秋之作[4]；化及众人，故有君子之成。春秋之时，仁义不存，禽兽多行，礼乐之正为先务[5]也，性命之论非当急也。夫子罕言性与天命[6]，非不知性命也，故天地性命之论散见于弟子之述，少明确之文[7]也。继以子思[8]，穷致于天地，究极于人事，则有天道性命之说[9]，作中庸[10]以明夫子之志[11]，然惜其未能广大流传也。至于董子，以阴阳五行为之本，礼乐仁义为之从[12]，固可立于人伦之要[13]，然丧性命道理之源也。唐宋之际，佛道炽盛，先生感夫子之学凋零，则振起代夫子立言，排斥于异端也，然后明之天理性命，修之礼乐仁义，是以有大成也。礼乐仁义之于社稷为重也，天理性命之于众人为本也。礼乐循乎天理，众人依乎性命，故天地之理可以知而从之也。

[1] 宋王安石《周礼义序》：其法可施于后世，其文有见于载籍，莫具乎《周官》之书。盖其因习以崇之，赓续以终之，至于后世，无以复加。

[2]《史记·周本纪》：成王在丰，使召公复营洛邑，如武王之意。周公复卜申视，卒营筑，居九鼎焉。曰："此天下之中，四方入贡道里均。"作《召诰》《洛诰》。

[3]《论语·季氏》：孔子曰："天下有道，则礼乐征伐自天子出；天下无道，则礼乐征伐自诸侯出。自诸侯出，盖十世希不失矣；自大夫出，五世希不失矣；陪臣执国命，三世希不失矣。"

[4]《史记·孔子世家》：至于为《春秋》，笔则笔，削则削，子夏之徒不能赞一辞。弟子受《春秋》，孔子曰："后世知丘者以《春秋》，而罪丘者亦以《春秋》。"

[5]《孟子·尽心上》：尧舜之知，而不遍物，急先务也。

[6]《论语·子罕》：子罕言利与命，与仁。

[7]《论语·季氏》：子曰："君子有三畏：畏天命，畏大人，畏圣人之言。小人不知天命而不畏也，狎大人，侮圣人之言。"《论语·尧曰》：子曰："不知命，无以为君子；不知礼，无以立也；不知言，无以知人也。"

[8]《史记·孔子世家》：伯鱼生伋，字子思，年六十二。尝困于宋。

[9]《礼记·中庸》：天命之谓性，率性之谓道，修道之谓教。

[10]《史记·孔子世家》：子思作《中庸》。

[11] 宋朱熹《中庸章句序》：《中庸》何为而作也？子思子忧道学之失其传而作也。

[12]《春秋繁露·奉本》：礼者，继天地、体阴阳，而慎主客、序尊卑、贵贱、大小之位，而差外内、远近、新故之级者也，以德多为象。

[13]《春秋繁露·仁义法》：春秋之所治，人与我也；所以治人与我者，仁与义也。

夫子之学，存于弟子；夫子之道，在于先贤。然弟子之传，多以散乱；先贤之说，又以缺乏。是以小子狂惑迷乱，不以绳矩[1]测之轮辙，惟闭门[2]造之行车。仲春之月，始以行文；至于孟秋，终以草成。才情匮乏，穷思[3]以构文字；见识[4]短浅，竭虑[5]以成章句。列其篇目[6]，依其结构，从其章节，溯乎天地，明乎理数，或喻之以物，或系之以事，则得之六万余言也。天人相成，情志相通，故天地之理既在事内，又在事外；既在言端，又在言末。文字虽多，不以尽其义也；陈述既少，难以明其理也。探识幽昧，非小子之能及；钩沉[7]往来，非小子之能为，故精深赅论，则有待于贤良[8]之士，方正之人也[9]。若众人藉小子蔽陋之作，而入夫子之道，从先生之学，明天地之理，行仁义之事，振千秋之功，则可以孚小子之望，慰夫子之心也。

[1]《孟子·离娄上》：孟子曰："离娄之明，公输子之巧，不以规矩，不能成方圆；师旷之聪，不以六律，不能正五音；尧舜之道，不以仁政，不能平治天下。"

[2]《后汉书·王充传》：充好论说，始若诡异，终有理实。以为俗儒守文，多失其真，乃闭门潜思，绝庆吊之礼，户牖墙壁各置刀笔。著《论衡》八十五篇，二十余万言，释物类同异，正时俗嫌疑。

[3]唐韩愈《潮州刺史谢上表》：曾不得奏薄伎于从官之内、隶御之间，穷思毕精，以赎罪过。

[4]宋张载《张子语录·后录》：自孟子后，儒者无他见识。

[5]宋欧阳修《论更改贡举事件札子》：选五百人，而日限又迫，使考试之官殆废寝食，疲心竭虑，因劳致昏，故虽有公心而所选多滥，此旧法之弊也。

[6]《汉书·艺文志》：刘向辄条其篇目，撮其指意，录而奏之。

[7]《易经·系辞上》：探赜索隐，钩深致远，以定天下之吉凶，成天下之亹亹者，莫大乎蓍龟。

[8]《周礼·地官》：教三行：一曰孝行，以亲父母；二曰友行，以尊贤良；三曰顺行，以事师长。

[9]《史记·孝文本纪》：上曰："朕闻之，天生蒸民，为之置君以养治之。人主不德，布政不均，则天示之以菑，以诫不治。乃十一月晦，日有食之，适见于天，灾孰大焉！朕获保宗庙，以微眇之身托于兆民君王之上，天下治乱，在朕一人，唯二三执政犹吾股肱也。朕下不能理育群生，上以累三光之明，其不德大矣。令至，其悉思朕之过失，及知见思之所不及，匄以告朕。及举贤良方正能直言极谏者，以匡朕之不逮。"

附　录

定性书

观天明道，在圣在哲[1]；辨物[2]识理，惟知惟行。天地往来，无穷无尽[3]；万物成化，有始有终。动静得体，故无穷尽之理；时势在位，故有始终之义。无形难见，极于八荒之外；有迹可察，征于草木之内。知之者谓之昭彰，不识者称之幽昧。自然成物，老聃有无为之教[4]；天地归一，庄子有坐忘之术[5]。然天人有别，理一分殊[6]。知小者不可以言大，见浅者不可以言深。探于天理[7]，深明者少矣，故荀子有蔽天[8]之论；推之人事[9]，殊惑者多矣，故程子有误人[10]之说。

[1]《尚书·说命上》：知之曰明哲，明哲实作则。
[2]《周易·同人》：孔颖达疏："辨物谓分辨事物各同其党，使自相同不间杂也。"
[3]《朱子语类》卷六七：既谓之蕴，则包含众义，有甚穷尽？
[4]《老子》：道常无为而无不为。侯王若能守之，万物将自化。
[5]《庄子·大宗师》：堕肢体，黜聪明，离形去知，同于大通，此谓坐忘。
[6]《宋史·道学一》：程颐尝言："《西铭》明理一而分殊，扩前圣所未发，与孟子性善养气之论同功，自孟子后盖未之见。"
[7]《礼记·乐记》：夫物之感人无穷，而人之好恶无节，则是物至而人化物

也。人化物也者，灭天理而穷人欲者也。

[8] 《荀子·解蔽》：墨子蔽于用而不知文，宋子蔽于欲而不知得，慎子蔽于法而不知贤，申子蔽于势而不知知。惠子蔽于辞而不知实，庄子蔽于天而不知人。

[9] 汉贾谊《过秦论》：是以君子为国，观之上古，验之当世，参以人事。

[10] 《宋史·道学一》：教人自致知至于知止，诚意至于平天下，洒扫应对至于穷理尽性，循循有序。病学者厌卑近而骛高远，卒无成焉，故其言曰："道之不明，异端害之也。昔之害近而易知，今之害深而难辨。昔之惑人也乘其迷暗，今之惑人也因其高明。自谓之穷神知化，而不足以开物成务，言为无不周遍，实则外于伦理，穷深极微，而不可以入尧、舜之道。天下之学，非浅陋固滞，则必入于此。自道之不明也，邪诞妖妄之说竞起，涂生民之耳目，溺天下于污浊，虽高才明智，胶于见闻，醉生梦死，不自觉也。是皆正路之蓁芜、圣门之蔽塞，辟之而后可以入道。"

开物成务[1]，览乎其效[2]；品类流形[3]，考乎其终[4]。按之载籍，春秋述感应之事；取之人言，对策陈相与[5]之理。然感应多出乎其位[6]，相与又异于其类。圣人生衰周[7]之世[8]，麒麟[9]见无道之鲁[10]。危言危行[11]，不免有功[12]之祸；戒慎戒恐[13]，难逃无妄[14]之灾。大夫隐仕，子推死于大火[15]；御史彻言，晁错诛于东市[16]。积善[17]无益穷困之厄，作恶[18]反致通达之绰。补时救弊[19]，董子获罪于灾异[20]；扬威弄权[21]，霍光[22]邀功于废立[23]。心无是非，不负悔吝[24]之疚；行无仁义，不生经权之衡。故凤凰[25]不至，夫子有已乎之叹[26]；仁义未洽，孟子有难为之情[27]。

[1] 《周易·系辞上》：夫《易》，开物成务，冒天下之道，如斯而已者也！

[2] 汉王充《论衡·非韩》：夫道无成效于人，成效者须道而成。……故事

或无益而益者须之，无效而效者待之。

[3]《周易·乾卦》高亨注：流形谓运动其形体。此二句言天有云行雨降，万物受其滋育，始能运动形体于宇宙之间。

[4]《尚书·洪范》：五曰考终命。孔传曰："各成其长短之命以自终，不横夭。"

[5]《二程遗书》卷第二十二下：又问汉儒谈春秋灾异如何。曰："自汉以来，无人如此。董仲舒说天人相与之际，亦略见些模样，只被汉儒推得太过，何必说某事有某应。"

[6]《周易·艮卦注》：君子以思不出其位。各止其所，不侵害也。

[7]《史记·周本纪》：平王立，东迁于洛邑，辟戎寇。平王之时，周室衰微，诸侯强并弱，齐、楚、秦、晋始大，政由方伯。

[8]《史记·孔子世家》：鲁襄公二十二年而孔子生。生而首上圩顶，故因名曰丘云。字仲尼，姓孔氏。

[9]明何法《征祥记》：麒麟者，牡曰麒，牝曰麟。许云仁宠，用公羊说，以其不履生虫，不折生草也。

[10]《春秋公羊传·哀公十四年》：曷为获麟大之？麟者，仁兽也。有王者则至，无王者则不至。有以告者曰："有麕而角者。"孔子曰："孰为来哉！孰为来哉！"反袂拭面涕沾袍。

[11]《论语·宪问》：邦有道，危言危行；邦无道，危行言逊。

[12]《战国策·秦策三》：明主则不然，赏必加于有功，刑必断于有罪。

[13]《礼记·中庸》：是故君子戒慎乎其所不睹，恐惧乎其所不闻。

[14]《周易·无妄卦》：六三，无妄之灾。或系之牛，行人之得，邑人之灾。

[15]《庄子·盗跖》：介子推至忠也，自割其股以食文公。文公后背之，子推怒而去，抱木而燔死。

[16]《汉书·爰盎晁错传》：后十余日，丞相青翟、中尉嘉、廷尉欧劾奏错曰："吴王反逆亡道，欲危宗庙，天下所当共诛。今御史大夫错议曰：兵数百万，独属群臣，不可信，陛下不如自出临兵，使错居守。徐、僮之旁吴所未下者可以予吴。错不称陛下德信，欲疏群臣百姓，又欲以城邑予吴，亡臣子礼，大逆无道。错当要斩，父母妻子同产无少长皆弃市。臣请论如法。"制曰："可。"错殊不知。乃使中尉召错，绐载

行市。错衣朝衣，斩东市。

[17]《周易·坤卦》：积善之家，必有余庆；积不善之家，必有余殃。

[18]《尚书·洪范》：无有作好，遵王之道；无有作恶，遵王之路。

[19]《白虎通义·三教》：王者设三教何？承衰救弊，欲民反正道也。

[20]《汉书·董仲舒传》：先是辽东高庙、长陵高园殿灾，仲舒居家推说其意，草稿未上，主父偃候仲舒，私见，嫉之，窃其书而奏焉。上召视诸儒，仲舒弟子吕步舒不知其师书，以为大愚。于是下仲舒吏，当死，诏赦之，仲舒遂不敢复言灾异。

[21]《汉书·刘向传》：四人同心辅政，患苦外戚许史在位放纵，而中书宦官弘恭、石显弄权。

[22]《汉书·霍光金日磾传》：自昭帝时，光子禹及兄孙云皆中郎将，云弟山奉车都尉、侍中，领胡、越兵。光两女婿为东西宫卫尉，昆弟诸婿外孙皆奉朝请，为诸曹大夫、骑都尉，给事中。党亲连体，根据于朝廷。光自后元秉持万机，及上即位，乃归政。上廉让不受，诸事皆先关白光，然后奏御天子。光每朝见，上虚己敛容，礼下之已甚。

[23]《汉书·霍光金日磾传》：大将军光送至昌邑邸，光谢曰："王行自绝于天，臣等驽怯，不能杀身报德。臣宁负王，不敢负社稷。愿王自爱，臣长不复见左右。"光涕泣而去。

[24]《周易·系辞上》：悔吝者，忧虞之象也。

[25]《山海经·南山经》：佐水出焉，而东南流注于海，有凤皇、鹓雏。

[26]《论语·子罕》：子曰："凤鸟不至，河不出图，吾已矣夫。"

[27]《孟子·滕文公下》：公都子曰："外人皆称夫子好辩，敢问何也？"孟子曰："予岂好辩哉？予不得已也。"

　　然止于此者，明天理者为未明，惑人事者为长惑也。知其非者，可明于是；探其幽者，反归乎显。物有长短，形有大小，自然[1]之理也；人分彼我，势分穷通，人事之理也。功依乎成败，则谋者不敢竭其智；事准于龟蓍，则疑者不敢尽其行。穷通若定，夫子当自绝于陈蔡[2]；彼我无分，伯夷可馁食于周粟[3]。后知不可以弃前，终败不可以怨始。二世而亡[4]，始皇不悔于一统；七国之乱[5]，文景未愧于图治[6]。并力[7]惟能绥近，兼德而可抚远。孟子曰"夭寿不贰，修身以俟之，所以立命也"[8]，其非至言乎？

[1]《后汉书·李固传》：夫穷高则危，大满则溢，月盈则缺，日中则移。凡此四者，自然之数也。

[2]《吕氏春秋·慎人》：孔子穷于陈、蔡之间，七日不尝食，藜羹不糁。宰予备矣，孔子弦歌于室，颜回择菜于外。子路与子贡相与而言曰："夫子逐于鲁，削迹于卫，伐树于宋，穷于陈、蔡。杀夫子者无罪，藉夫子者不禁，夫子弦歌鼓舞，未尝绝音。盖君子之无所丑也若此乎？"颜回无以对，入以告孔子。孔子憱然推琴，喟然而叹曰："由与赐小人也！召，吾语之。"子路与子贡入，子贡曰："如此者，可谓穷矣！"孔子曰："是何言也？君子达于道之谓达，穷于道之谓穷。今丘也拘仁义之道，以遭乱世之患，其所也，何穷之谓？故内省而不疚于道，临难而不失其德，大寒既至，霜雪既降，吾是以知松柏之茂也。昔桓公得之莒，文公得之曹，越王得之会稽。陈、蔡之厄，于丘其幸乎！"孔子烈然返瑟而弦，子路抗然执干而舞。子贡曰："吾不知天之高也，不知地之下也。"古之得道者，穷亦乐，达亦乐，所乐非穷达也。道得于此，则穷达一也，为寒暑风雨之序矣。

[3]《史记·伯夷列传》：武王已平殷乱，天下宗周，而伯夷、叔齐耻之，隐于首阳山，采薇而食之，及饿且死，作歌。其辞曰："登彼西山兮，采其薇矣。以暴易暴兮，不知其非矣。神农、虞、夏，忽焉没兮，我安适归矣？于嗟徂兮，命之衰矣！"遂饿死于首阳山。

[4]《史记·秦始皇本纪》：阎乐曰：臣受命于丞相，为天下诛足下，足下虽多言，臣不敢报。麾其兵进。二世自杀。……子婴遂刺杀高于斋宫，三族高家以徇咸阳。子婴为秦王四十六日，楚将沛公破秦军入武关，遂至霸上，使人约降子婴。子婴即系颈以组，白马素车，奉天子玺符，降轵道旁。

[5]《汉书·景帝纪》：吴王濞、胶西王卬、楚王戊、赵王遂、济南王辟光、

菑川王贤、胶东王雄渠皆举兵反。大赦天下。遣太尉亚夫、大将军窦婴
将兵击之。斩御史大夫晁错以谢七国。

[6]《汉书·景帝纪》：周、秦之敝，罔密文峻，而奸轨不胜。汉兴，扫除烦
苛，与民休息。至于孝文，加之以恭俭，孝景遵业，五六十载之间，至
于移风易俗，黎民醇厚。周云成、康，汉言文、景，美矣！

[7]《韩非子·显学》：境内必知介，而无私解，并力疾斗，所以禽虏也，而
以上为暴。

[8]《孟子·尽心上》：尽其心者，知其性也。知其性，则知天矣。存其心，
养其性，所以事天也。夭寿不贰，修身以俟之，所以立命也。

　　物之盛衰，随以时势；人之明昧，在乎有为。万物齐生，人伦
拟于天理；天人俱在，行从准乎物类。自然流化，不及于仁义；物
事变迁，当有乎作为。四时失序，草木不辨乎物候；圣贤去教，众
人难明于礼仪。天理既知，在于心术[1]之返本；人事可成，存乎自
身之修敬[2]。时运不来，持其身于正道；私意[3]未去，荡其心于偏
邪。君子多穷[4]，造次不改斯道[5]；小人未达，颠沛必迁他途。知
道而不近，故易折于福祸；明理而不从，殊难断乎吉凶。

[1]《礼记·乐记》：奸声乱色，不留聪明，淫乐慝礼，不接心术。
[2]《三国志·吕范传》：性好威仪，州民如陆逊、全琮及贵公子，皆修敬虔
肃，不敢轻脱。
[3]《管子·明法解》：私意者，所以生乱长奸而害公正也，所以壅蔽失正而
危亡也。故法度行则国治，私意行则国乱。
[4]《论语·卫灵公》：君子固穷，小人穷斯滥矣。
[5]《论语·里仁》：君子无终食之间违仁，造次必于是，颠沛必于是。

　　明道析理[1]，无过圣贤；践迹落行，有愧前人。少即有材，惟

天与之[2]；老而无德，惟众弃之。通达见傲，自谓众不如己；穷困生悔[3]，方知技不若人。言空于大，多生流荡[4]之志；行弃于小，未有持定之功。出言不逊[5]，心执愠于群小；临事不勇[6]，耳提[7]惭于先生。穷途知返[8]，虚迷心[9]之径；沉沦不拔，实丧志[10]之途。《尧典》曰"克明俊德"[11]，敬天所以从事，修身所以成人。诚心定性[12]，张子[13]箴铭于东窗[14]；移风易俗[15]，稚珪[16]移文于北山[17]。瑕疵细行[18]，莫出闲德[19]之要；过失败绩[20]，终归疏忽之为。

[1] 南朝萧统《文选序》：论则析理精微，铭则序事清润。

[2]《孟子·万章上》："然则舜有天下也，孰与之？"曰："天与之。"

[3]《诗经·召南·江有汜》：江有汜，之子归不我以。不我以，其后也悔。

[4]《后汉纪·安帝纪一》：恣其嗜欲，而莫之禁御，性气既成，不可变易，情意流荡，不可收复。

[5]《三国志·张郃传》：（郭）图惭，又更谮郃曰："郃快军败，出言不逊。"郃惧，乃归太祖。

[6]《论语·子罕》：知者不惑，仁者不忧，勇者不惧。

[7]《诗经·大雅·抑》：匪手携之，言示之事。匪面命之，言提其耳。

[8] 南朝丘迟《与陈伯之书》：夫迷途知反，往哲是与。

[9]《宋书·索虏传》：如其迷心不悛，窜首巢穴，长围既周，临冲四至，虽欲壶浆厥筐，其可得乎？

[10]《尚书·旅獒》：玩人丧德，玩物丧志。

[11]《尚书·尧典》：克明俊德，以亲九族。

[12] 宋程颢《答横渠张子厚先生书》：横渠先生问于明道先生曰："定性未能不动，犹累于外物、何如？"明道先生曰："所谓定者，动亦定，静亦定。"无将迎，无内外。苟认外物为外，牵己而从之，是己性为有内外也。且以性为随物于外。则当其在外时，何者为在内？是有意于绝外诱，而不知性之无内外也。既以内外为二本，则又乌可遽云定哉？

夫天地之常，以其心普万物而无心；圣人之常，以其情顺万事而无情。故君子之学，莫若扩然而大公，物来而顺应。

[13]《宋史·道学一》：张载，字子厚，长安人。少喜谈兵。至欲结客取洮西之地。年二十一，以书谒范仲淹，一见知其远器，乃警之曰："儒者自有名教可乐，何事于兵？"因劝读《中庸》。载读其书，犹以为未足，又访诸释、老，累年究极其说，知无所得，反而求之六经。

[14]《东铭》：戏言出于思也，戏动作于谋也。发乎声，见乎四支，谓非己心，不明也。欲人无己疑，不能也。过言非心也，过动非诚也。失于声，缪迷其四体，谓己当然，自诬也；欲他人从己，诬人也。或者以出于心者，归咎为己戏；失于思者，自诬为己诚。不知戒其出汝者，归咎其不出汝者。长傲且遂非，不知孰为甚焉。

[15]《礼记·乐记》：移风易俗，天下皆宁。

[16]《南齐书·袁彖孔稚珪刘绘传》：孔稚珪，字德璋，会稽山阴人也。……稚珪少学涉，有美誉。太守王僧虔见而重之，引为主簿。

[17]南朝孔稚珪《北山移文》：世有周子，隽俗之士，既文既博，亦玄亦史。然而学遁东鲁，习隐南郭，偶吹草堂，滥巾北岳。诱我松桂，欺我云壑。虽假容于江皋，乃缨情于好爵。

[18]《尚书·旅獒》：不矜细行，终累大德。

[19]《论语·子张》：大德不逾闲，小德出入可也。

[20]《尚书·汤誓》：夏师败绩，汤遂从之。

执本[1]应末，鉴往知来[2]；溯源孔孟，逐流程朱。守义理于既成，绝私欲[3]于未萌。德薄[4]材浅，不慕周公[5]；心艰志深，惟效夫子。既非肉食[6]，安预盐铁之议[7]？长作素餐，可拟诗书之论[8]。挽江河于日下[9]，振礼乐于衰微[10]。生死无虑，来去不耽[11]于天命[12]；成败未期，行从不惧乎人言。非曰能之，惟愿学焉[13]；非曰成之，惟愿行焉。于是作歌以述之，歌曰"惟天载道，诚乎凝性；惟人谋事，慎乎修敬。惟圣作始，汤武受命[14]；惟贤述终，成康安定"[15]。诗不云乎：日就月将，学有缉熙于光明[16]，又何忧乎未定之性情？

[1]《管子·君臣下》：是故有道之君者执本，相执要，大夫执法，以牧其群臣。

[2]《周易·系辞上》：神以知来，知以藏往。

[3]《荀子·修身》：此言君子之能以公义胜私欲也。

[4]《周易·系辞下》：德薄而位尊，知小而谋大，力小而任重，鲜不及矣。

[5]《史记·鲁周公世家》：周公旦者，周武王弟也。自文王在时，旦为子孝，笃仁，异于群子。及武王即位，旦常辅翼武王，用事居多。

[6]《左传·庄公十年》：十年春，齐师伐我。公将战。曹刿请见。其乡人曰："肉食者谋之，又何间焉？"刿曰："肉食者鄙，未能远谋。"

[7]《盐铁论·本议》：惟始元六年，有诏书使丞相、御史与所举贤良、文学语。问民间所疾苦。文学对曰："窃闻治人之道，防淫佚之原，广道德之端，抑末利而开仁义，毋示以利，然后教化可兴，而风俗可移也。今郡国有盐、铁、酒榷、均输，与民争利。散敦厚之朴，成贪鄙之化。是以百姓就本者寡，趋末者众。夫文繁则质衰，末盛则本亏。末修则民淫，本修则民悫。民悫则财用足，民侈则饥寒生。愿罢盐、铁、酒榷、均输，所以进本退末，广利农业，便也。"大夫曰："匈奴背叛不臣，数为寇暴于边鄙，备之则劳中国之士，不备则侵盗不止。先帝哀边人之久患，苦为虏所系获也，故修障塞，饬烽燧，屯戍以备之。边用度不足，故兴盐、铁，设酒榷，置均输，蓄货长财，以佐助边费。今议者欲罢之，内空府库之藏，外乏执备之用，使备塞乘城之士饥寒于边，将何以赡之？罢之，不便也。"

[8]《左传·僖公二十七年》：诗书，义之府也；礼乐，德之则也。

[9]清顾炎武《答徐甥公肃书》：昊天不吊，大命忽焉，山岳崩颓，江河日下，三风不儆，六逆弥臻。

[10]《史记·周本纪》：王道衰微，穆王闵文武之道缺，乃命伯冏申诫太仆国之政，作冏命。

[11]《新唐书·卓行传》：大夫弱无固，性无专，老无在，死无余；人情所

耽溺、喜爱、可恶者，大夫无之。

[12]《尚书·盘庚上》：先王有服，恪谨天命，兹犹不常宁；不常厥邑，于今五邦。

[13]《论语·先进》：（公西华）对曰："非曰能之，愿学焉。宗庙之事，如会同，端章甫，愿为小相焉。"

[14]《史记·殷本纪》：桀败于有娀之虚，桀奔于鸣条，夏师败绩。汤遂伐三㙙，俘厥宝玉，义伯、仲伯作典宝。汤既胜夏，欲迁其社，不可，作夏社。伊尹报。于是诸侯毕服，汤乃践天子位，平定海内。《史记·周本纪》：尹佚筴祝曰：殷之末孙季纣，殄废先王明德，侮蔑神祇不祀，昏暴商邑百姓，其章显闻于天皇上帝。于是武王再拜稽首，曰："膺更大命，革殷，受天明命。"

[15]《史记·周本纪》：成王将崩，惧太子钊之不任，乃命召公、毕公率诸侯以相太子而立之。成王既崩，二公率诸侯，以太子钊见于先王庙，申告以文王、武王之所以为王业之不易，务在节俭，毋多欲，以笃信临之，作《顾命》。太子钊遂立，是为康王。康王即位，遍告诸侯，宣告以文武之业以申之，作《康诰》。故成康之际，天下安宁，刑错四十余年不用。

[16]《诗经·周颂·敬之》：敬之敬之，天维显思，命不易哉。无曰高高在上，陟降厥士，日监在兹。维予小子，不聪敬止。日就月将，学有缉熙于光明。佛时仔肩，示我显德行。

映雪赋

昔闻荒淫[1]之桀夏[2]，无道[3]之纣商[4]。恣其意于天下，穷其欲[5]于阴阳。小者身戮名灭[6]，大则覆城丧邦。鉴前代[7]之劣迹，忧姬周之成王[8]。朝垂训之酒诰[9]，夕机杼于衣裳[10]。始谨慎于无逸[11]，终品行之不爽[12]。故绮色列于前，不忧之目盲；八声陈于侧，不病之耳伤[13]；游猎[14]骋于左，不虑之志狂[15]；越女[16]伏于右，不患之心荡[17]。

[1]《诗经·齐风·鸡鸣序》：哀公荒淫怠慢，故陈贤妃贞女，夙夜警戒，相成之道焉。

[2]《史记·夏本纪》：帝发崩，子帝履癸立，是为桀。帝桀之时，自孔甲以来而诸侯多畔夏，桀不务德而武伤百姓，百姓弗堪。乃召汤而囚之夏台，已而释之。汤修德，诸侯皆归汤，汤遂率兵伐夏桀。桀走鸣条，遂放而死。桀谓人曰："吾悔不遂杀汤于夏台，使至此。"汤乃践天子位，代夏朝天下。

[3]《韩非子·外储说左上》：文公伐宋，乃光宣言曰："吾闻宋君无道，蔑侮长老，分财不中，教令不信，余来为民诛之。"

[4]《史记·殷本纪》：帝乙崩，子辛立，是为帝辛，天下谓之纣。帝纣资辨捷疾，闻见甚敏；材力过人，手格猛兽；知足以距谏，言足以饰非；矜人臣以能，高天下以声，以为皆出己之下。好酒淫乐，嬖于妇人。爱妲己，妲己之言是从。于是使师涓作新淫声，北里之舞，靡靡之乐。厚赋税以实鹿台之钱，而盈钜桥之粟。益收狗马奇物，充仞宫室。益广沙丘苑台，多取野兽蜚鸟置其中。慢于鬼神。大冣乐戏于沙丘，以酒为池，县肉为林，使男女裸相逐其间，为长夜之饮。百姓怨望而诸侯有畔者，于是纣乃重刑辟，有炮格之法。

[5]《左传·昭公十年》：《书》曰"欲败度，纵败礼，"我之谓矣。夫子知度与礼矣，我实纵欲而不能自克也。

[6]《贞观政要·论行幸》：隋炀帝承文帝余业，海内殷阜，若能常处关中，岂有倾败？遂不顾百姓，行幸无期，径往江都，不纳董纯、崔象等谏诤，身戮国灭，为天下笑。

[7]《尚书·周官》：仰惟前代时若，训迪厥官。

[8]《史记·周本纪》：成王在丰，使召公复营洛邑，如武王之意。周公复卜申视，卒营筑，居九鼎焉。曰："此天下之中，四方入贡道里均。"作《召诰》、《洛诰》。成王既迁殷遗民，周公以王命告，作《多士》、《无佚》。召公为保，周公为师，东伐淮夷，残奄，迁其君薄姑。成王自奄

归，在宗周，作《多方》。既绌殷命，袭淮夷，归在丰，作《周官》。兴正礼乐，度制于是改，而民和睦，颂声兴。成王既伐东夷，息慎来贺，王赐荣伯作《贿息慎之命》。

[9]《尚书·酒诰》：文王诰教小子有正有事：无彝酒。越庶国：饮惟祀，德将无醉。惟曰我民迪小子惟土物爱，厥心臧。聪听祖考之遗训，越小大德，小子惟一。

[10]《论语·卫灵公》：子张问行。子曰："言忠信，行笃敬，虽蛮貊之邦，行矣。言不忠信，行不笃敬，虽州里，行乎哉？立则见其参于前也，在舆则见其倚于衡也，夫然后行。"子张书诸绅。

[11]《尚书·无逸》：周公曰：呜呼！君子所其无逸。先知稼穑之艰难，乃逸，则知小人之依。相小人，厥父母勤劳稼穑，厥子乃不知稼穑之艰难，乃逸乃谚。既诞，否则侮厥父母曰："昔之人无闻知。"

[12]《诗经·小雅·蓼萧》：既见君子，为龙为光。其德不爽，寿考不忘。

[13]《孟子·梁惠王上》：为肥甘不足于口与？轻暖不足于体与？抑为采色不足视于目与？声音不足听于耳与？便嬖不足使令于前与？王之诸臣皆足以供之，而王岂为是哉！

[14]《晏子春秋·谏下八》：春夏起役且游猎，夺民农时，国家空虚，不可。

[15]《老子》：五色令人目盲，五音令人耳聋，五味令人口爽，驰骋畋猎令人心发狂，难得之货令人行妨。是以圣人为腹不为目，故去彼取此。

[16] 汉枚乘《七发》：今太子肤色靡曼，四支委随，筋骨挺解，血脉淫濯，手足堕窳；越女侍前，齐姬奉后；往来游宴，纵恣于曲房隐间之中。

[17] 北齐刘昼《刘子·清神》：故神静而心和，心和而神全；神躁则心荡，心荡则形伤。

　　近观今人之中外，容貌之憔悴，形神[1]之彷徨[2]。药石何以祛疾，针砭何以焕光？览枚乘[3]之七论[4]，观孔孟之文章[5]。是以收心为次，明理为上。叹柏舟[6]之有限，恨汉水[7]之无梁[8]。惟访诸子之门户，接圣贤于陋巷[9]。韦编[10]盈箧，芸帙[11]满床。敷教训于东壁，刻箴言于西墙^[12]。是以知止^[13]为目，定性^[14]为纲。诚心莫失于性命^[15]，修身不外乎行状。

[1]《史记·太史公自序》：凡人所生者神也，所托者形也。神大用则竭，形大劳则散，形神离则死。

[2]《诗经·王风·黍离序》：闵周室之颠覆，彷徨不忍去，而作是诗也。

[3]《汉书·枚乘传》：枚乘字叔，淮阴人也，为吴王濞郎中。

[4] 汉枚乘《七发》：今太子之病，可无药石针刺灸疗而已，可以要言妙道说而去也。

[5]《孟子·告子上》：孟子曰："仁，人心也；义，人路也。舍其路而弗由，放其心而不知求，哀哉！人有鸡犬放，则知求之；有放心而不知求。学问之道无他，求其放心而已矣。"

[6]《诗经·邶风·柏舟序》：《柏舟》言仁而不遇也。卫顷公之时，仁人不遇，小人在侧。

[7]《国风·周南·汉广》：汉之广矣，不可泳思。江之永矣，不可方思。

[8] 汉庄忌《哀时命》：道壅塞而不通兮，江河广而无梁。

[9]《论语·雍也》：子曰："贤哉，回也！一箪食，一瓢饮，在陋巷，人不堪其忧，回也不改其乐。"

[10]《汉书·儒林传序》：盖晚而好《易》，读之韦编三绝，而为之传。

[11] 明梁寅《蒙山赋》：坐紫苔兮绿绮奏，荫苍松兮芸帙舒。

[12]《宋史·道学一》：（张）载学古力行，为关中士人宗师，世称为横渠先生。著书号《正蒙》，又作《西铭》。

[13]《大学》：知止而后有定，定而后能静，静而后能安，安而后能虑，虑而后能得。

[14] 清王夫之《张子正蒙注·参两》：阴阳有定性而无定质也，故独言阴而不言阳。

[15]《周易·乾卦》：乾道变化，各正性命。保合大和，乃利贞。

故为之箴铭：形神游荡[1]，心志茫茫。有此药石，陈列于旁。深析明理，朝夕不忘。谨守勿失[2]，天祚[3]永长。

[1]《诗经·陈风·宛丘序》：《宛丘》刺幽公也，淫荒昏乱，游荡无度焉。

[2]《论语·卫灵公》：知及之，仁不能守之，虽得之，必失之。

[3]《左传·宣公三年》：天祚明德，有所厎止。

春秋公羊传跋

孟子曰"王制熄而诗亡，诗亡然后春秋作"[1]。诗者，天子观化[2]于郊野，臣民讽谏于朝廷[3]；春秋者，诸侯丧乱于礼义[4]，夫子微刺于世道。夫子燕居[5]，或曰子奚不为政[6]？春秋书成，自言知我者罪我[7]。夫子缘史为经[8]，以经论史[9]，不失于空言，惟切于人事[10]。夫子在讲，弟子从而学焉，然后知夫子之心；夫子既没，子夏[11]得而述焉，然后知夫子之义。子夏私相传授，散之齐鲁诸生[12]，历战国而越秦汉，著之于帛书而存焉[13]，然后知经传之文。夫子有言"吾自卫反鲁，然后乐正，雅颂各得其所"[14]，故览此传者，上观列代[15]之事，次接夫子之义，下待明王之行[16]。

[1]《孟子·离娄下》：王者之迹熄而《诗》亡，《诗》亡然后《春秋》作。

[2]《吕氏春秋·具备》：三年，巫马旗短褐衣弊裘，而往观化于亶父，见夜渔者，得而舍之。

[3]《论语·乡党》：其在宗庙朝廷，便便言，唯谨尔。

[4]《礼记·冠义》：凡人之所以为人者，礼义也。

[5]《论语·述而》：子之燕居，申申如也，夭夭如也。

[6]《论语·为政》：或谓孔子曰："子奚不为政?"子曰："《书》云'孝乎

惟孝，友于兄弟，施于有政。'是亦为政，奚其为为政?"

[7]《孟子·滕文公下》：世衰道微，邪说暴行有作，臣弑其君者有之，子弑其父者有之。孔子惧，作《春秋》。《春秋》，天子之事也。是故孔子曰："知我者，其惟《春秋》乎! 罪我者，其惟《春秋》乎!"

[8]《史记·孔子世家》：子曰："弗乎弗乎，君子病没世而名不称焉。吾道不行矣，吾何以自见于后世哉?"乃因史记作《春秋》，上至隐公，下讫哀公十四年，十二公。据鲁，亲周，故殷，运之三代。约其文辞而指博。

[9]《史记·孔子世家》：故吴楚之君自称王，而《春秋》贬之曰子；践土之会实召周天子，而《春秋》讳之曰"天王狩于河阳"：推此类以绳当世。贬损之义，后有王者举而开之。《春秋》之义行，则天下乱臣贼子惧焉。

[10]《史记·太史公自序》：子曰："我欲载之空言，不如见之于行事之深切著明也。"

[11]《史记·仲尼弟子列传》：卜商字子夏。少孔子四十四岁。孔子既没，子夏居西河教授，为魏文侯师。其子死，哭之失明。

[12]《汉书·艺文志》：《春秋》所贬损大人当世君臣，有威权势力，其事实皆形于传，是以隐其书而不宣，所以免时难也。及末世口说流行，故有《公羊》、《谷梁》、《邹》、《夹》之传。四家之中，《公羊》、《谷梁》立于学官，邹氏无师，夹氏未有书。

[13]《春秋公羊传·戴宏序》：子夏传与公羊高，高传与其子平，平传与其子地，地传与其子敢，敢传与其子寿。至汉景帝时，寿乃共弟子齐人胡毋子都著于竹帛。

[14]《论语·子罕》：子曰："吾自卫反鲁，然后乐正，雅颂各得其所。"

[15]《文心雕龙·议对》：仲舒之对，祖述《春秋》，本阴阳之化，究列代之变，烦而不恩者，事理明也。

[16]《春秋公羊传·哀公十四年》：君子曷为为《春秋》? 拨乱世，反诸正，莫近诸《春秋》。则未知其为是与? 其诸君子乐道尧舜之道与? 末不亦乐乎尧舜之知君子也? 制《春秋》之义以俟后圣，以君子之为，亦有乐乎此也。

　　昔文王[1]起周于岐郊[2]，武王灭商于牧野[3]。时天下初定，诸侯未让，周公辅成王之政[4]，东征平管蔡之乱[5]。是以二周[6]达于诸侯[7]，诸侯至于夷狄[8]，夷狄极于天下[9]。于是制礼作乐，明天下之纲纪[10]，人伦之制度[11]，君臣[12]之职分，卿士[13]之行止。至是天子[14]、诸侯、卿士之序定[15]，大夫[16]、宰执、陪臣[17]之分彰，公室[18]、宗族、夫人[19]之类别，君臣、父子[20]、夫妇之理明。燕饮欢乐，不忘夙兴夜寐[21]；宽仁[22]亲厚，不失明刑[23]慎狱[24]。故君子至于庶人[25]，动之有节，行之有度，取之有限。然后上下熙然，内外判分，卿士修政[26]，百工述职[27]，众人尽业，天下洽和。故夫子有言"周监于二代，郁郁乎文哉，吾从周"[28]，此之谓也。

[1]《史记·周本纪》：公季卒，子昌立，是为西伯。西伯曰文王，遵后稷、公刘之业，则古公、公季之法，笃仁，敬老，慈少。礼下贤者，日中不暇食以待士，士以此多归之。

[2]《史记·周本纪》：（古公亶父）乃与私属遂去豳，度漆、沮，逾梁山，止于岐下。豳人举国扶老携弱，尽复归古公于岐下。及他旁国闻古公仁，亦多归之。于是古公乃贬戎狄之俗，而营筑城郭室屋，而邑别居之。

[3]《史记·周本纪》：二月甲子昧爽，武王朝至于商郊牧野，乃誓。……誓已，诸侯兵会者车四千乘，陈师牧野。

[4]《史记·周本纪》：武王病。天下未集，群公惧，穆卜，周公乃祓斋，自为质，欲代武王，武王有瘳。后而崩，太子诵代立，是为成王。

[5]《史记·周本纪》：成王少，周初定天下，周公恐诸侯畔周，公乃摄行政当国。管叔、蔡叔群弟疑周公，与武庚作乱，畔周。周公奉成王命，伐诛武庚、管叔，放蔡叔。

[6]《史记·周本纪》：成王在丰，使召公复营洛邑，如武王之意。周公复卜申视，卒营筑，居九鼎焉。曰："此天下之中，四方入贡道里均。"作《召诰》、《洛诰》。

［7］《国语·周语上》：诸侯春秋受职于王，以临其民。

［8］《汉书·萧望之传》：圣王之制，施德行礼，先京师而后诸夏，先诸夏而后夷狄。

［9］《尚书·大禹谟》：皇天眷命，奄有四海为天下君。

［10］《汉书·礼乐志》：夫立君臣，等上下，使纲纪有序，六亲和睦，此非天之所为，人之所设也。

［11］《周易·节卦》孔颖达疏：王者以制度为节，使用之有道，役之有时，则不伤财，不害民也。

［12］《周易·序卦》：有父子，然后有君臣；有君臣，然后有上下；有上下，然后礼义有所错。

［13］《尚书·牧誓》：是信是使，是以为大夫卿士。

［14］《尚书·洪范》：曰皇极之敷言，是彝是训，于帝其训，凡厥庶民，极之敷言，是训是行，以近天子之光。曰天子作民父母，以为天下王。

［15］《后汉纪·献帝纪》：未有违夫天地之性，而可以序定人伦；失乎自然之理而可以彰明治体者也。

［16］《周礼·考工记》：坐而论道，谓之王公；作而行之，谓之士大夫。

［17］《礼记·曲礼下》：列国之大夫，入天子之国曰某士；自称曰陪臣某。

［18］《论语·季氏》：禄之去公室五世矣，政逮于大夫四世矣，故夫三桓之子孙微矣。

［19］《礼记·曲礼下》：公、侯有夫人，有世妇，有妻，有妾。

［20］《周易·序卦》：有天地然后有万物，有万物然后有男女，有男女然后有夫妇，有夫妇然后有父子，有父子然后有君臣，有君臣然后有上下，有上下然后礼义有所错。

［21］《诗经·大雅·抑》：夙兴夜寐，洒扫庭内，维民之章。

［22］《尚书·仲虺之诰》：克宽克仁，彰信兆民。

［23］《尚书·大禹谟》：明于五刑，以弼五教，期于予治。

［24］《尚书·立政》：文王罔攸兼于庶言，庶狱庶慎，惟有司之牧夫。

［25］《尚书·洪范》：汝则有大疑，谋及乃心，谋及卿士，谋及庶人。

［26］《管子·大匡》：公内修政而劝民，可以信于诸侯矣。

［27］《孟子·梁惠王下》：诸侯朝于天子曰述职。述职者，述所职也。

[28]《论语·八佾》：周监于二代，郁郁乎文哉！吾从周。

　　自平王东迁[1]，王道[2]大衰。上下僭越[3]，尊卑[4]失序[5]，卿士逆行，内外无分，宗族异类，尊亲[6]不别，庶人失和。天子之政不行于告朔[7]，诸侯之令多颁于远郊。是以卿士执诸侯之政[8]，诸侯召天子会盟[9]，无上下尊卑也。诸侯自纳于夷狄，夷狄进取于中原[10]，无内外远近也。天子求赂[11]于公室，诸侯攻伐于同姓[12]，无宗族廉耻[13]也。公子作乱[14]于世室，陪臣弑君[15]于朝廷，无君臣尊亲之义也。至于诸侯公子，不嫁自遇，以妾为妻[16]；夫人宠妃，行淫于外[17]，废长立庶[18]，又不可胜记焉。然后天下为乱，纲纪废弛[19]，不可返正也，故夫子有言"八佾舞于庭，是可忍，孰不可忍也"[20]，此之谓也。

[1]《史记·周本纪》：幽王以虢石父为卿，用事，国人皆怨。石父为人佞巧善谀好利，王用之。又废申后，去太子也。申侯怒，与缯、西夷犬戎攻幽王。幽王举烽火征兵，兵莫至。遂杀幽王骊山下，虏褒姒，尽取周赂而去。于是诸侯乃即申侯而共立故幽王太子宜臼，是为平王，以奉周祀。平王立，东迁于雒邑，辟戎寇。平王之时，周室衰微，诸侯强并弱，齐、楚、秦、晋始大，政由方伯。

[2]《尚书·洪范》：无偏无陂，遵王之义；无有作好，遵王之道；无有作恶，遵王之路。无偏无党，王道荡荡；无党无偏，王道平平；无反无侧，王道正直。会其有极，归其有极。

[3]《春秋公羊传·昭公二十五年》：昭公将弑季氏，告子家驹曰："季氏为无道，僭于公室久矣，吾欲弑之，何如？"子家驹曰："诸侯僭于天子，大夫僭于诸侯久矣。"昭公曰："吾何僭矣哉？"子家驹曰："设两观，乘大路，朱干，玉戚，以舞《大夏》，八佾以舞《大武》，此皆天子之礼也。且夫牛马维娄，委己者也，而柔焉。季氏得民众久矣，君无多辱

焉！"昭公不从其言，终弑而败焉。

[4]《礼记·乐记》：所以官序贵贱各得其宜也，所以示后世有尊卑长幼之
　　序也。

[5]《史记·三王世家》：而家皇子为列侯，则尊卑相逾，列位失序，不可以
　　垂统于万世。

[6]《孟子·万章上》：孝子之至，莫大乎尊亲；尊亲之至，莫之乎以天下
　　养。为天子父，尊之至也；以天下养，养之至也。

[7]《周礼·春官》郑玄注：天子颁朔于诸侯，诸侯藏之祖庙，至朔朝于庙，
　　告而受行之。

[8]《春秋公羊传·襄公十六年》：诸侯皆在是，其言大夫盟何？信在大夫
　　也。何言乎信在大夫？徧刺天下之大夫也。曷为遍刺天下之大夫？君若
　　赘旒然。

[9]《左传·昭公三年》：令诸侯三岁而聘，五岁而朝，有事而会，不协
　　而盟。

[10]《国语·晋语三》：耻大国之士于中原，又杀其君以重之，子思报父之
　　仇，臣思报君之仇。虽微秦国，天下孰弗患？

[11]《春秋公羊传·文公九年》：毛伯来求金，何以书？讥。何讥尔？王者
　　无求，求金非礼也。然则是王者与？曰：非也。非王者，则曷为谓之
　　王者？王者无求，曰：是子也。继文王之体，守文王之法度，文王之
　　法无求，而求，故讥之也。

[12]《国语·晋语四》：黄帝之子二十五人，其同姓者二人而已；唯青阳与
　　夷鼓皆为己姓。

[13]《荀子·修身》：偷儒惮事，无廉耻而嗜乎饮食，则可谓恶少者矣。

[14]《论语·学而》：不好犯上而好作乱者，未之有也。

[15]《左传·宣公二年》：乙丑，赵穿攻灵公于桃园。宣子未出山而复。大
　　史书曰："赵盾弑其君。"以示于朝。宣子曰："不然。"对曰："子为
　　正卿，亡不越竟，反不讨贼，非子而谁？"宣子曰："乌呼！《诗》曰：
　　'我之怀矣，自诒伊慼。'其我之谓矣。"

[16]《春秋公羊传·僖公八年》：用者何？用者不宜用也。致者何？致者不
　　宜致也。禘用致夫人，非礼也。夫人何以不称姜氏？贬。曷为贬？讥

以妾为妻也。其言以妾为妻奈何？盖胁于齐媵女之先至者也。

[17]《春秋公羊传·庄公五年》：夏，夫人姜氏如齐师。

[18]《春秋公羊传·隐公元年》：隐长又贤，何以不宜立？立嫡以长不以贤，立子以贵不以长。桓何以贵？母贵也。母贵则子何以贵？子以母贵，母以子贵。

[19]《汉书·王莽传上》：朝政崩坏，纲纪废弛。

[20]《论语·八佾》：孔子谓季氏："八佾舞于庭，是可忍也，孰不可忍也？"

　　春秋大义[1]，隐在微言[2]褒贬[3]之间。周礼之制，述王侯公伯[4]之事者，天子诸侯职官之分[5]也，非夫子所当为[6]。然夫子见斥于春秋之世，无所取用，深忧于王事，又惧于当位者，故托微言以存大义焉。是以君子职分之制有所禁，然仁义之心无所限。卿士之行，准于诸侯；诸侯之行，准于天子；天子之行，准于王制[7]；王制之行，准于仁义。仁义在兹，以此褒贬天子诸侯卿士之行也，以此讥讽礼仪人伦德政[8]之丧也，以此彰显乱臣贼子[9]恶人[10]之过也，然后待明王，晓大义，知王制，建政立极[11]，复归于仁义焉。天子失道，则诸侯存之；诸侯失道，则大夫存焉；大夫失道，则卿士存焉。夫子有言"礼失而求诸野"[12]，此之谓也。小子学而知之，取而裁之，然后知春秋之义，故录之数条，列之于左，以待君子览观[13]焉。

[1]《汉书·艺文志》：昔仲尼没而微言绝，七十子丧而大义乖。故《春秋》分为五，《诗》分为四，《易》有数家之传。

[2]《逸周书·大戒》：微言入心，凤喻动众。

[3] 晋杜预《春秋经传集解序》：《春秋》虽以一字为褒贬，然皆须数字以成言。

[4]《礼记·王制》：天子百里之内以共官，千里之内以为御，千里之外，设

方伯。

[5]《汉书·艺文志》：古之王者世有史官。君举必书，所以慎言行，昭法
式也。

[6]《论语·泰伯》：不在其位，不谋其政。

[7]《荀子·正论》：天下之大隆，是非之封界，分职名象之所起，王制
是也。

[8]《左传·隐公十一年》：既无德政，又无威刑，是以及邪。

[9]《汉书·王莽传》：自书传所载乱臣贼子无道之人，考其祸败，未有如莽
之甚者也。

[10]《法言·修身》：修其善则为善人，修其恶则为恶人。

[11]《尚书·洪范》：皇建其有极。敛时五福，用敷锡厥庶民。惟时厥庶民
于汝极。锡汝保极：凡厥庶民，无有淫朋，人无有比德，惟皇作极。
凡厥庶民，有猷有为有守，汝则念之。不协于极，不罹于咎，皇则受
之。而康而色，曰："予攸好德。"汝则锡之福。时人斯其惟皇之极。

[12]《汉书·艺文志》：仲尼有言，"礼失而求诸野"，方今去圣久远，道术
缺废，无所更索，彼九家者，不犹愈于野乎！

[13]唐韩愈《与于襄阳书》：谨献旧所为文一十八首，如赐览观，亦足知其
志之所存。

　　春秋之义，首在仁义之行也。仁义者，天之经[1]也，地之维
也[2]，人之至也。天生万物，品类[3]咸得其所；圣临众庶，百姓[4]
厥归其位。天地之心，在于成万物之性；君子之心，在于通众庶之
情。君子之心乃天地之心，君子之行乃道理之行，其惟所在乎仁义
而已矣。是以君子之为，无适无莫，惟义是从[5]。故天子达于诸
侯，君子至于庶人，言行皆一归于仁义[6]。天子在位，厉行仁义之
为；庶人在野[7]，未失仁义之存。夫子有言"苟志于仁矣，无恶
也"[8]。宋襄殄败，不击楚人半渡之师[9]；齐桓劫持，不违鲁会要
约之盟[10]。家国服丧，秦将请战犹当避之[11]；卜筮不吉，晋人救

败仍应从之[12]。宗庙蒙羞，百世公犹得报[13]；卿士有怨，一朝位止其身[14]。杀耻[15]当灭血食[16]，而近其祖先；复仇惟除嫌恶，而远其子孙[17]。是以知君子之行，不越乎家邦，必裁于仁义；君子之修，不外乎他人，必在于自身[18]。夫子有言"为仁由己，而由人乎哉"[19]，此之谓也。

[1]《左传·昭公二十五年》：礼，上下之纪、天地之经纬也。

[2]《管子·牧民》：礼义廉耻，国之四维；四维不张，国乃灭亡。

[3]《兰亭集序》：仰观宇宙之大，俯察品类之盛，所以游目骋怀，足以极视听之娱，信可乐也。

[4]《尚书·尧典》：九族既睦，平章百姓。

[5]《论语·里仁》：子曰："君子之于天下也，无适也，无莫也，义之与比。"

[6]《春秋公羊传·桓公二年》：何贤乎孔父？孔父可谓义形于色矣。其义形于色奈何？督将弑殇公，孔父生而存，则殇公不可得而弑也，故于是先攻孔父之家。殇公知孔父死，己必死，趋而救之，皆死焉。孔父正色而立于朝，则人莫敢过而致难于其君者，孔父可谓义形于色矣。

[7]《孟子·万章下》：孟子曰："在国曰市井之臣，在野曰草莽之臣，皆谓庶人。"

[8]《论语·里仁》：苟志于仁矣，无恶也。

[9]《春秋公羊传·僖公二十二年》：宋公与楚人期，战于泓之阳。楚人济泓而来。有司复曰："请迨其未毕济而击之。"宋公曰："不可。吾闻之也：君子不厄人。吾虽丧国之余，寡人不忍行也。"既济，未毕陈，有司复曰："请迨其未毕陈而击之。"宋公曰："不可。吾闻之也：君子不鼓不成列。"已陈，然后襄公鼓之，宋师大败。故君子大其不鼓不成列，临大事而不忘大礼，有君而无臣，以为虽文王之战，亦不过此也。

[10]《春秋公羊传·庄公十三年》：庄公将会乎桓，曹子进曰："君之意何如？"庄公曰："寡人之生则不若死矣。"曹子曰："然则君请当其君，臣请当其臣。"庄公曰："诺。"于是会乎桓。庄公升坛，曹子手剑而从

之。管子进曰："君何求乎？"曹子曰："城坏压竟，君不图与？"管子曰："然则君将何求？"曹子曰："愿请汶阳之田。"管子顾曰："君许诺。"桓公曰："诺。"曹子请盟，桓公下与之盟。已盟，曹子摽剑而去之。要盟可犯，而桓公不欺；曹子可仇，而桓公不怨。桓公之信著乎天下，自柯之盟始焉。

[11]《春秋公羊传·襄公二年》：虎牢者何？郑之邑也。其言城之何？取之也。取之则曷为不言取之？为中国讳也。曷为为中国讳？讳伐丧也。曷为不系乎郑？为中国讳也。大夫无遂事，此其言遂何？归恶乎大夫也。

[12]《左传·哀公九年》：晋赵鞅卜救郑，遇水適火，占诸史赵、史墨、史龟。史龟曰："是谓沈阳，可以兴兵。利以伐姜，不利子商。伐齐则可，敌宋不吉。"史墨曰："盈，水名也。子，水位也。名位敌，不可干也。炎帝为火师，姜姓其后也。水胜火，伐姜则可。"史赵曰："是谓如川之满，不可游也。郑方有罪，不可救也。救郑则不吉，不知其他。"阳虎以《周易》筮之，遇泰之需，曰："宋方吉，不可与也。微子启，帝乙之元子也。宋、郑，甥舅也。祉，禄也。若帝乙之元子归妹，而有吉禄，我安得吉焉？"乃止。

[13]《春秋公羊传·庄公四年》：九世犹可以复仇乎？虽百世可也。

[14]《春秋公羊传·庄公四年》：家亦可乎？曰："不可。"国何以可？国君一体也；先君之耻，犹今君之耻也，今君之耻，犹先君之耻也。国君何以为一体？国君以国为体，诸侯世，故国君为一体也。

[15]《春秋公羊传·昭公二十三年》：何言乎公有疾乃复？杀耻也。

[16]《左传·庄公六年》：若不从三臣，抑社稷实不血食，而君焉取余？

[17]《春秋公羊传·定公四年》：父不受诛，子复仇可也；父受诛，子复仇，推刃之道也。复仇不除害，朋友相卫，而不相迿，古之道也。

[18]《春秋公羊传·宣公十二年》：是以君子笃于礼而薄于利，要其人而不要其土，告从不赦不详，吾以不详道民，灾及吾身，何日之有？

[19]《论语·颜渊》：颜渊问仁。子曰："克己复礼为仁。一日克己复礼，天下归仁焉。为仁由己，而由人乎哉？"

　　春秋之义，次在礼仪之制。礼仪者，为政之本，人伦之至，故文王践邦，周公制礼。制礼仪者，观三代之变，裁时势之际，取人情之归。修礼仪者，知内外之分，序上下之位，明尊亲之宜，治宗族之别。故天子在位，恭行礼仪焉；诸侯在位，依准礼仪焉[1]。周公无墨守[2]之义，夫子有改制[3]之为。不合于古道[4]者，即君子之行，必有所改。不宜乎今世[5]者，纵周公之制，当有所变[6]。颜渊问为邦，夫子有言"行夏之时，乘殷之辂，服周之冕"[7]。然宣公有初税之过[8]，哀公有田赋之失[9]。礼当损益[10]，不违于仁；制有迁移[11]，不难乎众。故礼仪依世更替，随时变化[12]，以配天时[13]、和地利、洽人情，始准制礼之义。故夫子有言"殷因于夏礼，所损益，可知也；周因于殷礼，所损益，可知也"[14]，此之谓也。

[1]《春秋公羊传·桓公八年》：常事不书，此何以书？讥。何讥尔？讥亟也。亟则黩，黩则不敬。君子之祭也，敬而不黩。疏则怠，怠则忘。

[2]《战国策·齐策六》：今公又以弊聊之民，距全齐之兵，期年不解，是墨翟之守也。

[3]《荀子·正论》：天下厌然，与乡无以异也；以尧继尧，夫又何变之有矣？唯其徙朝改制为难。

[4]汉桓宽《盐铁论·殊路》：夫重怀古道，枕籍诗书，危不能安，乱不能治。

[5]《楚辞·九叹·愍命》：惜今世其何殊兮，远近思而不同。

[6]《商君书·更法》：前世不同教，何古之法？帝王不相复，何礼之循？伏羲、神农，教而不诛；黄帝、尧、舜，诛而不怒；及至文、武，各当时而立法，因事而制礼。礼、法以时而定；制、令各顺其宜；兵甲器备，各便其用。臣故曰：治世不一道，便国不必法古。汤、武之王也，不修古而兴；殷、夏之灭也，不易礼而亡。然则反古者未必可非，循礼者未足多是也。君无疑矣。

[7]《论语·卫灵公》：颜渊问为邦。子曰："行夏之时，乘殷之辂，服周之

冕，乐则韶舞。放郑声，远佞人。郑声淫，佞人殆。"

[8]《春秋公羊传·宣公十五年》：初者何？始也。税亩者何？履亩而税也。初税亩何以书？讥。何讥尔？讥始履亩而税也。何讥乎始履亩而税？古者什一而藉。古者曷为什一而藉？什一者，天下之中正也。多乎什一，大桀、小桀；寡乎什一，大貉、小貉。什一者天下之中正也，什一行而颂声作矣。

[9]《春秋公羊传·哀公十二年》：春，用田赋。何以书？讥。何讥尔？讥始用田赋也。

[10]《周易·损卦》：二簋应有时，损刚益柔有时，损益盈虚，与时偕行。

[11]《荀子·君道》：与之举措迁移，而观其能应变也。

[12]《周易·乾·彖》：乾道变化，各正性命。

[13]《周易·乾·文言》：先天而天弗违，后天而奉天时。

[14]《论语·为政》：子张问："十世可知也？"子曰："殷因于夏礼，所损益，可知也；周因于殷，所损益，可知也。其或继周者，虽百世，可知也。"

　　春秋之义，次在内外之分。诗曰"普天之下，莫非王土，率土之滨，莫非王臣"[1]，天子分封[2]之谓诸侯，诸侯礼乐[3]之谓中原。中原者，王化之地，礼仪之行也。夷狄者，自化之地，无礼[4]之行也。中原循礼，仁义可行于夷狄；夷狄不类[5]，名称难通于中原。有地有人有君者谓之邦国，故中原有之，夷狄亦有之。邦国无大小之别，春秋有内外之分[6]。自中原视之，谓之王化；自夷狄视之，谓之侵伐[7]。诸夏[8]失道，陵迟以至于夷狄[9]；夷狄知礼，渐次以进于诸夏。殽山之前，秦缪祭师于半道[10]；城濮之下，楚成挫兵于北上[11]。小邦殄灭[12]，诸夏危殆而不救；夷狄力政[13]，大国偏战[14]而请伏。秦楚慕化[15]，终列诸侯之国；郑卫[16]弃礼[17]，始有贬绝之称[18]。齐晋行礼，犹失天子慰问；吴越僭位[19]，终加天子爵称[20]。

夫子有言"言忠信，行笃敬，虽蛮貊之邦行矣"[21]，是之谓也。

[1] 《诗经·小雅·北山》：溥天之下，莫非王土；率土之滨，莫非王臣；大夫不均，我从事独贤。

[2] 《史记·秦本纪》：秦之先为嬴姓。其后分封，以国为姓。

[3] 《礼记·乐记》：乐也者，情之不可变者也；礼也者，理之不可易者也。乐统同，礼辨异。礼乐之说，管乎人情矣。

[4] 《诗经·鄘风·相鼠》：相鼠有体，人而无礼；人而无礼，胡不遄死？

[5] 《大戴礼记·文王官人》：言行不类，终始相悖，阴阳克易，外内不合，虽有隐节见行，曰非诚质者也。

[6] 《春秋公羊传·成公十五年》：曷为殊会吴？外吴也。曷为外也？《春秋》内其国而外诸夏，内诸夏而外夷狄。王者欲一乎天下，曷为以外内之辞言之？言自近者始也。

[7] 《左传·桓公十年》：郑人怒，请师于齐，齐人以卫师助之，故不称侵伐。

[8] 《左传·闵公元年》：诸夏亲昵，不可弃也。

[9] 《春秋公羊传·昭公二十三年》：此偏战也，曷为以诈战之辞言之？不与夷狄之主中国也。然则曷为不使中国主之？中国亦新夷狄也。其言灭获何？别君臣也，君死于位曰灭，生得曰获，大夫生死皆曰获。不与夷狄之主中国，则其言获陈夏啮何？吴少进也。

[10] 《左传·僖公三十二年》：穆公访诸蹇叔，蹇叔曰："劳师以袭远，非所闻也。师劳力竭，远主备之，无乃不可乎！师之所为，郑必知之。勤而无所，必有悖心。且行千里，其谁不知？"公辞焉。召孟明、西乞、白乙，使出师于东门之外。蹇叔哭之，曰："孟子！吾见师之出而不见其入也。"公使谓之曰："尔何知！中寿，尔墓之木拱矣。"蹇叔之子与师，哭而送之，曰："晋人御师必于殽。殽有二陵焉：其南陵，夏后皋之墓也；其北陵，文王之所辟风雨也。必死是间，余收尔骨焉。"秦师遂东。

[11] 《左传·僖公二十八年》：晋侯、宋公、齐国归父崔夭、秦小子慭次于城濮。楚师背酅而舍，晋侯患之，听舆人之诵，曰："原田每每，舍其

旧而新是谋。"公疑焉。子犯曰："战也。战而捷，必得诸侯。若其不捷，表里山河，必无害也。"公曰："若楚惠何？"栾贞子曰："汉阳诸姬，楚实尽之，思小惠而忘大耻，不如战也。"晋侯梦与楚子搏，楚子伏己而盬其脑，是以惧。子犯曰："吉。我得天，楚伏其罪，吾且柔之矣。"……己巳，晋师陈于莘北，胥臣以下军之佐当陈、蔡。子玉以若敖之六卒将中军，曰："今日必无晋矣。"子西将左，子上将右。胥臣蒙马以虎皮，先犯陈、蔡。陈、蔡奔，楚右师溃。狐毛设二旆而退之。栾枝使舆曳柴而伪遁，楚师驰之。原轸、郤溱以中军公族横击之。狐毛、狐偃以上军夹攻子西，楚左师溃。楚师败绩。

[12]《尚书·盘庚中》：乃有不吉不迪，颠越不恭，暂遇奸宄，我乃劓殄灭之，无遗育，无俾易种于兹新邑。

[13]《逸周书·度训》：力争则力政，力政则无让，无让则无礼，无礼，虽得所好，民乐乎？

[14]《春秋公羊传·桓公十年》：此偏战也，何以不言师败绩？内不言战，言战乃败矣。

[15]《尚书·旅獒传》：四夷慕化，贡其方贿。

[16]《春秋公羊传·桓公十六年》：卫侯朔何以名？绝。曷为绝之？得罪于天子也。其得罪于天子，奈何？见使守卫朔，而不能使卫小众，越在岱阴齐，属负兹舍，不即罪尔。

[17]《左传·昭公十三年》：弃礼违命，楚其危哉！

[18]《春秋公羊传·昭公元年》：《春秋》不待贬绝而罪恶见者，不贬绝以见罪恶也；贬绝然后罪恶见者，贬绝以见罪恶也。

[19]《春秋公羊传·宣公十八年》：何以不书葬？吴、楚之君不书葬，辟其号也。

[20]《春秋公羊传注疏·襄公二十九年》：传云："吴无君，无大夫，此何以有君有大夫？贤季子也。何贤乎季子？让国也。""贤季子，则吴何以有君有大夫？以季子为臣，则国宜有君者也。札者何？吴季子之名也。《春秋》贤者不名，此何以名？许夷狄者，不一而足也。"

[21]《论语·卫灵公》：子张问行："子曰：言忠信，行笃敬，虽蛮貊之邦，行矣。言不忠信，行不笃敬，虽州里，行乎哉？立则见其参于前也，

在舆则见其倚于衡也，夫然后行。"

春秋之义，次在远近之别。天下远近若一[1]，陵迟渐进者也；文辞[2]简约有章[3]，取舍[4]节度者也；记事[5]隐显同例[6]，遐迩[7]次序者也。诸侯会同[8]，朝天子也，故周之在上；卿士聘问，修旧好[9]也，故鲁之在我；夷狄互通，成往来也，故化之在外。春秋既自鲁而作，通朝聘[10]之问，则近我者多录[11]，远我者约存[12]，情之内也。非贵贱[13]差等[14]，地势使之然也。夏之后在杞[15]，商之后在宋[16]，周之后在鲁[17]。春秋既存二王之后[18]，述二邦之事，则存亡继绝[19]，为之陈述也。黜夏者，在于失礼仪之制；故宋者，在于丧礼仪之行；新周[20]者，在于存礼仪之作。非弃旧[21]惟新[22]，人事使之然也。夫子目经乎物，故有所见；耳经乎事，故有所闻；言经乎人，故有所传。三世异辞，十代同例。世事渺远，不敢妄加之；记述稍近，不敢私减之。非心有好恶，时势使之然也。

[1]《春秋公羊传·隐公元年》：祭伯者何？天子之大夫也。何以不称使？奔也。奔则曷为不言奔？王者无外，言奔则有外之辞也。

[2]《左传·襄公二十五年》：言之无文，行而不远。晋为伯，郑入陈，非文辞不为功。

[3]《诗经·小雅·都人士》：彼都人士，狐裘黄黄。其容不改，出言有章。

[4]《吕氏春秋·诬徒》：不能教者，志气不和，取舍数变，固无恒心。

[5]《礼记·文王世子》：是故圣人之记事也，虑之以大，爱之以敬，行之以礼，修之以孝养，纪之以义，终之以仁。

[6]《晋书·周札传》：司徒王导以"札在石头，忠存社稷，义在亡身。……臣谓宜与周顗、戴若思等同例"。

[7]《南齐书·武帝纪》：今遐迩一体，车轨同文，宜高选学官，广延胄子。

[8]《诗经·小雅·车攻》：赤芾金舄，会同有绎。毛传：时见曰会，殷见

日同。

[9]《左传·桓公二年》：公及戎盟于唐，修旧好也。

[10]《春秋公羊传·隐公十一年》：其言朝何？诸侯来曰朝，大夫来曰聘。其兼言之何？微国也。

[11]《春秋公羊传·隐公十年》：内大恶讳，此其言甚之何？《春秋》录内而略外，于外大恶书，小恶不书，于内大恶讳，小恶书。

[12]《春秋公羊传·桓公二年》：内大恶讳，此其目言之何？远也。所见异辞，所闻异辞，所传闻异辞。隐亦远矣，曷为为隐讳？隐贤而桓贱也。

[13]《春秋公羊传·隐公七年》：滕侯卒。何以不名？微国也。微国则其称侯何？不嫌也。《春秋》贵贱不嫌同号，美恶不嫌同辞。

[14]《孟子·滕文公上》：之则以为爱无差等，施由亲始。

[15]《史记·陈杞世家》：舜已崩，传禹天下，而舜子商均为封国。夏后之时，或失或续。至于周武王克殷纣，乃复求舜后，得妫满，封之于陈，以奉帝舜祀，是为胡公。

[16]《史记·宋微子世家》：武王封纣子武庚禄父以续殷祀，使管叔、蔡叔傅相之。

[17]《史记·鲁周公世家》：周公卒，子伯禽固已前受封，是为鲁公。鲁公伯禽之初受封之鲁，三年而后报政周公。周公曰："何迟也？"伯禽曰："变其俗，革其礼，丧三年然后除之，故迟。"太公亦封于齐，五月而报政周公。周公曰："何疾也？"曰："吾简其君臣礼，从其俗为也。"及后闻伯禽报政迟，乃叹曰："呜呼，鲁后世其北面事齐矣！夫政不简不易，民不有近；平易近民，民必归之。"

[18]《汉书·成帝纪》：盖闻王者必存二王之后，所以通三统也。

[19]《春秋谷梁传·僖公十七年》：桓公尝有继绝存亡之功，故君子为之讳也。

[20]《春秋公羊传·宣公十六年》：成周宣谢灾何以书？记灾也。外灾不书，此何以书？新周也。

[21]《左传·昭公十五年》：邑以贾怠，不如完旧。贾怠无卒，弃旧不祥。

[22]《尚书·胤征》：歼厥渠魁，胁从罔治，旧染污俗，咸与惟新。

春秋之义，次在宗庙之事。有天地者乃有社稷，有社稷者乃有祖宗，有祖宗者乃有昭穆，有昭穆者乃有子孙。郊祭者，以配之天地社稷；庙祀者，以飨之祖宗昭穆。天子与社稷为一体，诸侯与宗庙不分殊。郊社稷者，则知天子之所在；祀宗庙者，则知公室之所存。天子崩寝[1]，诸侯奔京师[2]以会葬[3]；五祖毁庙[4]，昭穆置左右以洽欢[5]。曾子有言"慎终追远，民德归厚矣"[6]。周施荫泽，殊迎不卜之祭[7]；公献天子[8]，可持青白之璋[9]。僖公弃礼，逆天[10]以违郊祭之时；文公无道，悖祖以乱昭穆之序[11]。五月卜郊[12]，夏长以返春生之际；太庙移位，子孙先取祖父之食。郊祭违时，诸侯目无天子，则失上下之分；庙祀无序，子孙目无祖父，则弃由来[13]之纪。夫子有言"父在观其志，父没观其行。三年无改于父之道，可谓孝矣"[14]，此之谓也。

[1]《礼记·曲礼下》：天子死曰崩，诸侯死曰薨，大夫死曰卒，士曰不禄，庶人曰死。

[2]《春秋公羊传·桓公九年》：京师者何？天子之居也。京者何？大也。师者何？众也。天子之居，必以众大之辞言之。

[3]《左传·隐公元年》：惠公之薨也，有宋师，太子少，葬故有阙，是以改葬。卫侯来会葬，不见公，亦不书。

[4]《春秋公羊传·文公二年》：大事者何？大祫也。大祫者何？合祭也。其合祭奈何？毁庙之主，陈于太祖，未毁庙之主，皆升，合食于太祖，五年而再殷祭。

[5]《史记·孝文本纪》：上从代来，初即位，施德惠天下，填抚诸侯四夷皆洽欢。

[6]《论语·学而》：曾子曰："慎终追远，民德归厚矣。"

[7]《春秋公羊传·僖公三十一年》：曷为或言三卜？或言四卜？三卜，礼也；四卜，非礼也。三卜何以礼？四卜何以非礼？求吉之道三。禘尝不卜，郊何以卜？卜郊，非礼也。

[8]《春秋·隐公五年》：考仲子之宫。初献六羽。孔颖达疏："初，始也；
　　往前用八，今乃用六也。献者，奏也；奏进声乐以娱神也。"

[9]《春秋公羊传·定公八年》：宝者何？璋判白，弓绣质，龟青纯。

[10]《管子·形势》：其功顺天者，天助之，其功逆天者，天违之。

[11]《春秋公羊传·文公二年》：跻者何？升也。何言乎升僖公？讥。何讥
　　尔？逆祀也。其逆祀奈何？先祢而后祖也。

[12]《春秋公羊传·定公十五年》：曷为以夏五月郊？三卜之运也。

[13]《周易·坤卦》：臣弑其君，子弑其父，非一朝一夕之故，其所由来者渐矣。

[14]《论语·学而》：父在，观其志；父没，观其行；三年无改于父之道，
　　可谓孝矣。

　　春秋之义，次在公卿之权。天地分判，万物流行；社稷既有，
众庶以降。父母以养之，亲师[1]以教之，公卿以政之，天子以悬
之。是以夷狄系于族长，诸侯系于方伯，天下系于天子。周衰之
世，天子逾制，诸侯失敬[2]；夷狄交侵[3]，诸夏伐灭。故夫子有言
"天下无道，则礼乐征伐自诸侯出"[4]。然天下有难，诸侯力能救则
救之[5]；诸夏有祸，诸侯力能平则平之[6]。天子失位，故上无天
子，诸侯以作[7]；诸侯失位，则下无诸侯，大夫以作。齐桓会盟，
诸侯而致天子[8]；赵孟平乱，卿士而致晋公[9]。高子立公而筑城，
鲁人至今思之[10]；鲁公复国而慰粮，蔡人当时颂之[11]。天子失位，
诸侯可作者当作之；诸侯失位，大夫可作者当作之[12]。可作而不作
者，夫子深为耻之[13]，以其无礼义焉。夫子有言"管仲相桓公霸诸
侯，一匡天下，民到于今受其赐"[14]，此之谓也。

[1]《荀子·礼论》：礼有三本：天地者，生之本也；先祖者，类之本也；君
　　师者，治之本也。无天地，恶生？无先祖，恶出？无君师，恶治？三者
　　偏亡，焉无安人。故礼，上事天，下事地，尊先祖而隆君师，是礼之三

本也。

[2]《颜氏家训·兄弟》：人或交天下之士，皆有欢爱，而失敬于兄者，何其能多而不能少也！

[3]《后汉书·谢弼传》：昔周襄王不能敬事其母，戎狄遂至交侵。

[4]《论语·季氏》：天下有道，则礼乐征伐自天子出；天下无道，则礼乐征伐自诸侯出。自诸侯出，盖十世希不失矣；自大夫出，五世希不失矣；陪臣执国命，三世希不失矣。天下有道，则政不在大夫。天下有道，则庶人不议。

[5]《春秋公羊传·哀公八年》：曹伯阳何以名？绝。曷为绝之？灭也。曷为不言其灭？讳同姓之灭也。何讳乎同姓之灭？力能救之而不救也。

[6]《春秋公羊传·宣公十六年》：外平不书，此何以书？大其平乎己也。故君子大其平乎己也。此皆大夫也，其称人何？贬。曷为贬？平者在下也。

[7]《春秋公羊传·僖公四年》：楚有王者则后服，无王者则先叛。夷狄也，而亟病中国，南夷与北狄交。中国不绝若线，桓公救中国，而攘夷狄，卒怗荆，以此为王者之事也。其言来何？与桓为主也。前此者有事矣，后此者有事矣，则曷为独于此焉？与桓公为主，序绩也。

[8]《春秋公羊传·僖公九年》：诸侯盟于葵丘。桓之盟不日，此何以日？危之也。何危尔？贯泽之会，桓公有忧中国之心，不召而至者江人、黄人也。葵丘之会，桓公震而矜之，叛者九国。震之者何？犹曰振振然。矜之者何？犹曰莫若我也。

[9]《左传·定公十三年》：秋七月，范氏、中行氏伐赵氏之宫，赵鞅奔晋阳。晋人围之。范皋夷无宠于范吉射，而欲为乱于范氏。梁婴父嬖于知文子，文子欲以为卿。韩简子与中行文子相恶，魏襄子亦与范昭子相恶。故五子谋，将逐荀寅而以梁婴父代之，逐范吉射而以范皋夷代之。荀跞言于晋侯曰："君命大臣，始祸者死，载书在河。今三臣始祸，而独逐鞅，刑已不钧矣。请皆逐之。"冬十一月，荀跞、韩不信、魏曼多奉公以伐范氏、中行氏，弗克。二子将伐公，齐高彊曰："三折肱知为良医。唯伐君为不可，民弗与也。我以伐君在此矣。三家未睦，可尽克也。克之，君将谁与？若先伐君，是使睦也。"弗听，遂伐公。国人助

公，二子败，从而伐之。丁未，荀寅、士吉射奔朝歌。韩、魏以赵氏为请。十二月辛未，赵鞅入于绛，盟于公宫。

[10]《春秋公羊传·闵公二年》：高子者何？齐大夫也。何以不称使？我无君也。然则何以不名？喜之也。何喜尔？正我也。其正我奈何？庄公死，子般弑，闵公弑，比三君死，旷年无君。设以齐取鲁，曾不兴师，徒以言而已矣。桓公使高子将南阳之甲，立僖公而城鲁，或曰自鹿门至于争门者是也，或曰自争门至于吏门者是也。鲁人至今以为美谈，曰："犹望高子也。"

[11]《左传·定公五年》：夏，归粟于蔡，以周亟，矜无资。

[12]《春秋公羊传·僖公元年》：上无天子，下无方伯，天下诸侯有相灭亡者，桓公不能救，则桓公耻之。……上无天子，下无方伯，天下诸侯有相灭亡者，力能救之，则救之可也。

[13]《论语·公冶长》：子曰："巧言、令色、足恭，左丘明耻之，丘亦耻之。匿怨而友其人，左丘明耻之，丘亦耻之。"

[14]《论语·宪问》：子贡曰："管仲非仁者与？桓公杀公子纠，不能从死，又相之。"子曰："管仲相桓公，霸诸侯，一匡天下，民到于今受其赐。微管仲，吾其被发左衽矣。岂若匹夫匹妇之为谅也？自经于沟渎而莫之知也。"

春秋之义，次在君臣之位。有天地然后有社稷，有社稷然后有君臣。君者，天子诸侯之谓也；臣者，卿士大夫之谓也。天子在位，制度礼仪之行谨，诸侯爵位[1]之称明；诸侯在位，公室陪臣之名彰[2]，大夫职分之限定[3]。天子分封于诸侯，诸侯朝贡于天子。诸侯授邑于大夫，大夫尽事于诸侯[4]。成王定洛，周公夙夜[5]在政；幽王破城[6]，诸侯远近不至。景公问政，夫子对曰"君君、臣臣、父父、子子"[7]。故君不君者，终成荆聩之乱[8]；臣不臣者，始有庆父之祸[9]。定公致问，夫子对曰"君使臣以礼，臣事君以忠"[10]。故君使臣无礼，崔杼弑庄公于家室[11]；臣事君不忠，季氏逐昭公于乾侯[12]。子路曰："长幼之节不可废也，君臣之义如之何其废之"[13]。君臣之义[14]，未仕而知之，在位而行之[15]，则君臣有等，而忠诚无间；上下谨礼，而政事不违。

[1]《礼记·王制》：王者之制禄爵，公、侯、伯、子、男，凡五等。诸侯之上大夫卿、下大夫、上士、中士、下士，凡五等。

[2]《春秋公羊传·庄公六年》：曷为或言致会？或言致伐？得意致会，不得意致伐。卫侯朔入于卫，何以致伐？不敢胜天子也。

[3]《春秋公羊传·宣公十年》：崔氏者何？齐大夫也。其称崔氏何？贬。曷为贬？讥世卿，世卿非礼也。

[4]《春秋公羊传·僖公三十年》：此杀其大夫，其言归何？归恶乎元咺也。曷为归恶乎元咺？元咺之事君也，君出则己入，君入则己出，以为不臣也。

[5]《尚书·旅獒》：夙夜罔或不勤，不矜细行，终累大德。

[6]《史记·周本纪》：幽王以虢石父为卿，用事，国人皆怨。石父为人佞巧善谀好利，王用之。又废申后，去太子也。申侯怒，与缯、西夷犬戎攻幽王。幽王举烽火征兵，兵莫至。遂杀幽王骊山下，虏褒姒，尽取周赂而去。

[7]《论语·颜渊》：齐景公问政于孔子。孔子对曰："君君、臣臣、父父、子子。"公曰："善哉！信如君不君，臣不臣，父不父，子不子，虽有粟，吾得而食诸？"

[8]《春秋左传·定公十四年》：卫侯为夫人南子召宋朝，会于洮。大子蒯聩献盂于齐，过宋野。野人歌之曰："既定尔娄猪，盍归吾艾豭。"大子羞之，谓戏阳速曰："从我而朝少君，少君见我，我顾，乃杀之。"速曰："诺。"乃朝夫人。夫人见大子，大子三顾，速不进。夫人见其色，啼而走，曰："蒯聩将杀余。"公执其手以登台。大子奔宋，尽逐其党。故公孟彄出奔郑，自郑奔齐。大子告人曰："戏阳速祸余。"戏阳速告人曰："大子则祸余。大子无道，使余杀其母。余不许，将戕于余。若杀夫人，将以余说。余是故许而弗为，以纾余死。谚曰：'民保于信。'吾以信

义也。"

[9] 《春秋公羊传·闵公元年》：公何以不言即位？继弑君不言即位。孰继？继子般也。孰弑子般？庆父也。杀公子牙，今将尔，季子不免。庆父弑君，何以不诛？将而不免遏恶也。既而不可及，因狱有所归，不探其情而诛焉，亲亲之道也。恶乎归狱？归狱仆人邓扈乐。曷为归狱仆人邓扈乐？庄公存之时，乐曾淫于宫中，子般执而鞭之。庄公死，庆父谓乐曰："般之辱尔，国人莫不知，盍弑之矣？"使弑子般。然后诛邓扈乐而归狱焉，季子至而不变也。

[10] 《论语·八佾》：定公问："君使臣、臣事君，如之何？"孔子对曰：君使臣以礼，臣事君以忠。

[11] 《左传·襄公二十五年》：夏五月，莒为且于之役故，莒子朝于齐。甲戌，飨诸北郭。崔子称疾不视事。乙亥，公问崔子，遂从姜氏。姜入于室，与崔子自侧户出。公拊楹而歌。侍人贾举止众从者，而入闭门。甲兴，公登台而请，弗许，请盟，弗许，请自刃于庙，弗许；皆曰："君之臣杼疾病，不能听命。近于公宫，陪臣干掫有淫者，不知二命。"公逾墙。又射之，中股，反队，遂弑之。

[12] 《左传·昭公二十八年》：公如晋，将如乾侯。子家子曰："有求于人，而即其安，人孰矜之？其造于竟。"弗听。使请逆于晋。晋人曰："天祸鲁国，君淹恤在外。君亦不使一个辱在寡人，而即安于甥舅，其亦使逆君。"使公复于竟而后逆之。

[13] 《论语·微子》：子路曰：不仕无义。长幼之节，不可废也；君臣之义，如之何其废之？

[14] 《春秋公羊传·庄公二十四年》：戎将侵曹，曹羁谏曰："戎众以无义，君请勿自敌也。"曹伯曰："不可。"三谏，不从，遂去之，故君子以为得君臣之义也。

[15] 《春秋公羊传·隐公十一年》：何以不书葬？隐之也。何隐尔？弑也。弑则何以不书葬？《春秋》君弑，贼不讨，不书葬，以为无臣子也。子沈子曰："君弑，臣不讨贼，非臣也。子不复仇，非子也。"葬，生者之事也。《春秋》君弑，贼不讨，不书葬，以为不系乎臣子也。

　　春秋之义，次在尊亲之宜。王制既立，尊卑有差；人伦已定，长幼有序。家国有上下之尊，宗族有血缘之亲。措之为政，家国不避宗族；施之执事，血缘不欺上下。公侯伯子[1]，当论尊亲之别；卿士大夫，应知公私[2]之分。天子不令，诸侯无以敬上[3]；家命不行，公室无以使下。公族失道，诸侯生亦称名[4]；小国无过，宗庙灭而可复。犯上作乱，公子卿士不避法令；矜哀[5]缓狱，庶出微臣不弃人情。尊贤有过，则为之曲笔；亲长[6]不端[7]，则为之遁辞。戎狄灭邢，齐桓次于聂北[8]；成周[9]会晋，天子狩于河阳[10]。百金之利，隐公观鱼于棠[11]；五里之邑，赵穿取师于柳[12]。为尊贤者讳，为亲长者隐[13]，所以养廉耻也；尊贤者及其子孙[14]，亲长者溯其祖先，所以励德行者也。大子有言"父为子隐，子为父隐，直在其中矣"[15]，此之谓也。

[1]《礼记·杂记下》：祝称卜葬虞，子孙曰哀，夫曰乃，兄弟曰某，卜葬其兄弟曰伯子某。

[2]《晋书·阮种传》：若人有所患苦者，有宜损益，使公私两济者，委曲陈之。

[3]《汉书·王莽传下》：（唐林、纪逡）孝弟忠恕，敬上爱下，博通旧闻，德行醇备，至于黄发，靡有愆失。

[4]《春秋谷梁传·襄公七年》：礼，诸侯不生名。此其生名何也？卒之名也。卒之名，则何为加之如会之上？见以如会卒也。

[5]《左传·成公十三年》：君若惠顾诸侯，矜哀寡人而赐之盟，则寡人之愿也。

[6]《孟子·尽心上》：孩提之童，无不知爱其亲者，及其长也，无不知敬其兄也。

[7]《后汉书·陈敬王刘羡传》：酺等奏憺职在匡正，而所为不端。

[8]《春秋公羊传·僖公元年》：齐师、宋师、曹师次于聂北，救邢。救邢，救不言次，此其言次何？不及事也。不及事者何？邢已亡矣。孰亡之？

盖狄灭之。曷为不言狄灭之？为桓公讳也。

[9]《尚书·洛诰》：召公既相宅，周公往营成周。

[10]《左传·僖公二十八年》：是会也，晋侯召王，以诸侯见，且使王狩。仲尼曰："以臣召君，不可以训。"故《书》曰："天王狩于河阳。言非其地也，且明德也。"

[11]《春秋公羊传·隐公五年》：春，公观鱼于棠。何以书？讥。何讥尔？远也。公曷为远而观鱼？登来之也。百金之鱼，公张之。登来之者何？美大之之辞也。棠者何？济上之邑也。

[12]《春秋公羊传·宣公元年》：晋赵穿帅师侵柳。柳者何？天子之邑也。曷为不系乎周？不与伐天子也。

[13]《春秋公羊传·闵公元年》：《春秋》为尊者讳，为亲者讳，为贤者讳。子女子曰："以《春秋》为《春秋》，齐无仲孙，其诸吾仲孙与？"

[14]《春秋公羊传·昭公二十年》：贤公子喜时，则曷为为会讳？君子之善善也长，恶恶也短，恶恶止其身，善善及子孙。贤者子孙，故君子为之讳也。

[15]《论语·子路》：叶公语孔子曰："吾党有直躬者，其父攘羊，而子证之。"孔子曰："吾党之直者异于是，父为子隐，子为父隐，直在其中矣。"

　　春秋之义，次在家室之防。天地者，郊祀[1]之所致；夫妇者，嘉礼[2]之所成。宗庙既系于血缘，家室以成于夫妇。诗曰"岂弟君子，莫不令仪"[3]、"所谓伊人，在水一方"[4]。遵礼往娶，公侯有君子之道；守仪来嫁，夫人有淑女之德。天子远聘逆女[5]，鲁人行作媒[6]之义[7]；伯姬近出作妇，宋人尽教傅之心[8]。夫人偕公子同贵，公侯与宗室俱荣[9]。家室弃礼，则夫妇兴荒淫[10]之事[11]；庭训失教[12]，公子长逾制之行。蔡侯纳子妇以为妃[13]，穆伯夺弟媳以为妾[14]。既入复出，姜氏通齐公于越境[15]；未嫁而往，季姬遇鄫子于半路[16]。礼仪之立，达于天地；人伦之始，在于夫妇。治其国者，必谨之于公侯；齐其家者，必正之于家室。郑伯平叛，绝母于黄泉之下[17]；楚子作乱，弑父于灵台之上[18]。夫子有言"道之以德，齐之以礼，有耻且格"[19]，此之谓也。

[1]《汉书·郊祀志下》：帝王之事，莫大乎承天之序，承天之序，莫重于郊祀，故圣王尽心极虑以建其制。祭天于南郊，就阳之义也；瘗地于北郊，即阴之象也。

[2]《周礼·春官》：以嘉礼，亲万民：以饮食之礼，亲宗族兄弟；以婚冠之礼，亲成男女；以宾射之礼，亲故旧朋友；以飨燕之礼，亲四方之宾客；以脤膰之礼，亲兄弟之国；以贺庆之礼，亲异姓之国。

[3]《诗经·小雅·湛露》：其桐其椅，其实离离。岂弟君子，莫不令仪。

[4]《诗经·秦风·蒹葭》：蒹葭苍苍，白露为霜。所谓伊人，在水一方。

[5]《春秋公羊传·庄公元年》：逆之者何？使我主之也。曷为使我主之？天子嫁女乎诸侯，必使诸侯同姓者主之。诸侯嫁女于大夫，必使大夫同姓者主之。

[6]《诗经·豳风·伐柯》：伐柯如何，匪斧不克，娶妻如何，匪媒不得。

[7]《春秋公羊传·桓公八年》：婚礼不称主人。遂者何？生事也。大夫无遂事，此其言遂何？成使乎我也。其成使乎我奈何？使我为媒，可则因用是往逆矣。女在其国称女，此其称王后何？王者无外，其辞成矣。

[8]《春秋公羊传·襄公三十年》：外夫人不书葬，此何以书？隐之也。何隐尔？宋灾，伯姬卒焉。其称谥何？贤也。何贤尔？宋灾，伯姬存焉，有司复曰："火至矣，请出。"伯姬曰："不可。吾闻之也，妇人夜出，不见傅母不下堂。"傅至矣，母未至也。逮乎火而死。

[9]《春秋公羊传·庄公元年》：夫人固在齐矣，其言孙于齐何？念母也。正月以存君，念母以首事。夫人何以不称姜氏？贬。曷为贬？与弑公也。其与弑公奈何？夫人谮公于齐侯。公曰："同非吾子，齐侯之子也。"齐侯怒，与之饮酒。于其出焉，使公子彭生送之。于其乘焉，拹干而杀之。念母者所善也，则曷为于其念母焉贬？不与念母也。

[10]《诗经·齐风·鸡鸣序》：哀公荒淫怠慢，故陈贤妃贞女夙夜警戒相成

之道焉。

[11]《春秋公羊传·庄公二十七年》：大夫不书葬，此何以书？通乎季子之
私行也。何通乎季子之私行？辟内难也。君子辟内难而不辟外难。内
难者何？公子庆父、公子牙、公子友皆庄公之母弟也。公子庆父、公
子牙通乎夫人，以胁公，季子起而治之，则不得与于国政，坐而视之
则亲亲。因不忍见也，故于是复请至于陈而葬原仲也。

[12]《左传·隐公元年》：书曰"郑伯克段于鄢"。段不弟，故不言弟；如二
君，故曰克；称郑伯，讥失教也。

[13]《左传·襄公三十年》：景侯元年，楚庄王卒。四十九年，景侯为太子
般娶妇于楚，而景侯通焉。太子弑景侯而自立，是为灵侯。

[14]《左传·文公三年》：穆伯如莒涖盟，且为仲逆。及鄢陵，登城见之，
美，自为娶之。仲请攻之，公将许之。叔仲惠伯谏曰："臣闻之，兵作
于内为乱，于外为寇，寇犹及人，乱自及也。今臣作乱而君不禁，以
启寇仇，若之何？"公止之，惠伯成之。使仲舍之，公孙敖反之，复为
兄弟如初。从之。

[15]《春秋公羊传·桓公三年》：诸侯越竟送女，非礼也。此入国矣，何以
不称夫人？自我言齐，父母之于子，虽为邻国夫人，犹曰吾姜氏。

[16]《春秋公羊传·僖公十四年》：夏六月，季姬及鄫子遇于防，使鄫子来
朝。鄫子曷为使乎季姬来朝？内辞也。非使来朝，使来请己也。

[17]《左传·隐公元年》：遂置姜氏于城颍，而誓之曰："不及黄泉，无相见
也。"既而悔之。颍考叔为颍谷封人，闻之，有献于公。公赐之食，食
舍肉。公问之，对曰："小人有母，皆尝小人之食矣，未尝君之羹，请
以遗之。"公曰："尔有母遗，繄我独无！"颍考叔曰："敢问何谓也？"
公语之故，且告之悔。对曰："君何患焉！若阙地及泉，隧而相见，其
谁曰不然？"公从之。公入而赋："大隧之中，其乐也融融！"姜出而
赋："大隧之外，其乐也泄泄！"遂为母子如初。

[18]《左传·文公元年》：初，楚子将以商臣为大子，访诸令尹子上。子上
曰："君之齿未也，而又多爱，黜乃乱也。楚国之举，恒在少者。且是人
也，蜂目而豺声，忍人也，不可立也。"弗听。既又欲立王子职而黜大子
商臣。商臣闻之而未察，告其师潘崇曰："若之何而察之？"潘崇曰："享

江芈而勿敬也。"从之。江芈怒曰:"呼,役夫!宜君王之欲杀女而立职也。"告潘崇曰:"信矣。"潘崇曰:"能事诸乎?"曰:"不能。""能行乎?"曰:"不能。""能行大事乎?"曰:"能。"冬十月,以宫甲围成王。王请食熊蹯而死。弗听。丁未,王缢。谥之曰灵,不瞑;曰成,乃瞑。穆王立,以其为大子之室与潘崇,使为大师,且掌环列之尹。

[19]《论语·为政》:子曰:"道之以政,齐之以刑,民免而无耻;道之以德,齐之以礼,有耻且格。"

春秋大义,终在通经明理。经者,夫子作之,以彰天道;传者,弟子述之,以明人事。览经传之文者,自人事以至天理,不亦宜乎?夫子有言"礼云礼云,玉帛云乎哉;乐云乐云,钟鼓云乎哉"[1]。天不变,道亦不变[2];经不废,传亦不废。潜习经传之文者为小学,诸儒为之训诂;深体经书之义者为大学,先师为之集注。五经者,春秋为之用;社稷者,天理为之行。事例昭彰,董子援春秋以决狱[3];德化流行,程子述天理以正君[4]。修身齐家,君子对越于人;治邦施政,卿士对越在天[5]。夫子有言"下学而上达,知我者其天乎"[6]。天子在上,社稷系于一人;经文在兹,千秋统于大义。夫子未仕,礼乐丧于朝野;夫子为政,郡邑归于尧舜[7]。夫子之心,惟上达于天,下存乎人。子贡曰:"文武之道未坠于地,在人"[8],夫子之谓也。小子有可观者,则知夫子之文;有能从者,则知夫子之义。万方[9]有难,罪在一人昧行;众庶有庆[10],功在夫子垂训。颜渊喟然叹曰"仰之弥高,钻之弥坚,瞻之在前,忽焉在后"[11];子贡有言"譬之宫墙,赐之墙也及肩,窥见室家之好;夫子之墙数仞,得其门者或寡矣,夫子之云不亦宜乎"[12]。

[1]《论语·阳货》:子曰:"礼云礼云,玉帛云乎哉!乐云乐云,钟鼓云乎哉?"

［2］汉董仲舒《举贤良对策》三：道之大原出于天，天不变，道亦不变。

［3］汉桓宽《盐铁论·刑德》：《春秋》之治狱，论心定罪，志善而违于法者免；志恶而合于法者诛。故其治狱，时有出于律之外者。

［4］宋程颐《论君道》：君道之大，在乎稽古正学，明善恶之端，辨忠邪之分，晓然趋道之正，故在乎君志先定，君志定而天下之治成矣。

［5］《诗经·周颂·清庙》：济济多士，秉文之德；对越在天，骏奔走在庙。

［6］《论语·宪问》：子曰："莫我知也夫！"子贡曰："何为其莫知子也？"子曰："不怨天，不尤人。下学而上达。知我者其天乎！"

［7］《周易·系辞下》：黄帝尧舜，垂衣裳而天下治，盖取诸乾坤。

［8］《论语·子张》：卫公孙朝问于子贡曰："仲尼焉学？"子贡曰："文武之道，未坠于地，在人。贤者识其大者，不贤者识其小者，莫不有文武之道焉。夫子焉不学？而亦何常师之有？"

［9］《论语·尧曰》：尧曰："咨！尔舜！天之历数在尔躬，允执其中。四海困穷，天禄永终。"舜亦以命禹。曰："予小子履，敢用玄牡，敢昭告于皇皇后帝：有罪不敢赦。帝臣不蔽，简在帝心。朕躬有罪，无以万方；万方有罪，罪在朕躬。"周有大赉，善人是富。"虽有周亲，不如仁人。百姓有过，在予一人。"

［10］《尚书·吕刑》：一人有庆，兆民赖之，其宁惟永。

［11］《论语·子罕》：颜渊喟然叹曰："仰之弥高，钻之弥坚，瞻之在前，忽焉在后。夫子循循然善诱人，博我以文，约我以礼，欲罢不能，既竭吾才，如有所立卓尔。虽欲从之，末由也已。"

［12］《论语·子张》：叔孙武叔语大夫于朝，曰："子贡贤于仲尼。"子服景伯以告子贡。子贡曰："譬之宫墙，赐之墙也及肩，窥见室家之好。夫子之墙数仞，不得其门而入，不见宗庙之美、百官之富。得其门者或寡矣。夫子之云，不亦宜乎？"

参考文献

［1］班固. 白虎通义［M］. 上海：上海古籍出版社，1992.

［2］白居易. 白居易诗集校注［M］. 谢思炜，校注. 北京：中华书局，2019.

［3］侯文学，校注. 班固集校注［M］. 北京：人民出版社，2019.

［4］葛洪. 抱朴子内篇校释［M］. 王明，校释. 北京：中华书局，2021.

［5］葛洪. 抱朴子外篇校释［M］. 杨明照，校. 北京：中华书局，1999.

［6］鲍照. 鲍照集校注［M］. 丁福林，从玲玲，校注. 北京：中华书局，2012.

［7］李百药. 北齐书［M］. 北京：中华书局，2016.

［8］陈淳. 北溪字义［M］. 熊国祯，高流水，点校. 北京：中华书局，2020.

［9］李延寿. 北史［M］. 北京：中华书局，2013.

［10］朱肱. 北山酒经［M］. 高建新，校注. 北京：中华书局，2021.

［11］李时珍. 本草纲目［M］. 赵尚华，赵怀舟，点校. 北京：中华书局，2021.

［12］张华. 博物志校证［M］. 范宁，校. 北京：中华书局，2014.

［13］高明，撰. 帛书老子校注［M］. 北京：中华书局，2020.

［14］曹操. 曹操集［M］. 北京：中华书局，2018.

［15］严羽. 沧浪诗话校笺［M］. 张健，校笺. 上海：上海古籍出版社，2022.

［16］陆羽. 茶经［M］. 沈冬梅，校注. 北京：中华书局，2021.

［17］晁补之. 晁补之资料汇编［M］. 周义敢，周雷，编. 北京：中华书局，2008.

［18］王士禛. 池北偶谈［M］. 靳斯仁，点校. 北京：中华书局，1982.

［19］姚思廉. 陈书［M］. 北京：中华书局，2021.

［20］陈献章. 陈献章全集［M］. 黎业明，编校. 上海：上海古籍出版社，2021.

［21］王逸. 楚辞章句［M］. 黄灵庚，校. 上海：上海古籍出版社，2017.

［22］朱熹. 楚辞集注［M］. 黄灵庚，校. 上海：上海古籍出版社，2015.

［23］洪兴祖. 楚辞补注［M］. 白化文，等点校. 北京：中华书局，2019.

［24］杜预. 春秋经传集解［M］. 上海：上海古籍出版社，2022.

［25］庄存与，撰. 春秋正辞笺［M］. 辛智慧，笺. 北京：中华书局，2020.

［26］杨伯峻，编著. 春秋左传注［M］. 北京：中华书局，2016.

［27］苏舆，董仲舒. 春秋繁露义证［M］. 钟哲，点校. 北京：中华书局，2019.

［28］董天工，笺注. 春秋繁露笺注［M］. 黄江军，整理. 上海：华东师范大学出版社，2017.

［29］孙复. 春秋尊王发微［M］. 赵金刚，整理. 北京：中国社会科学出版社，2020.

［30］何休，注. 徐彦，疏. 春秋公羊传注疏［M］. 刁小龙，整理. 上海：上海古籍出版社，2014.

［31］陈立. 公羊义疏［M］. 刘尚慈，点校. 北京：中华书局，2017.

［32］柯劭忞. 春秋谷梁传注［M］. 张鸿鸣，点校. 北京：中华书局，2020.

［33］范宁，注. 杨士勋，疏. 春秋谷梁传注疏［M］. 上海：上海古籍出版社，2017.

［34］王阳明. 传习录［M］. 佐藤一斋，注评. 黎业明，整理. 上海：上海古籍出版社，2018.

［35］石介. 徂徕先生文集［M］. 陈植锷，点校. 北京：中华书局，1984.

［36］王聘珍. 大戴礼记解诂［M］. 王文锦，校注. 北京：中华书局，1983.

［37］孔广森，注. 王树枏，校正. 王丰先，点校. 大戴礼记补注［M］. 北

京：中华书局，2018.

[38] 刘珍. 东汉观记 [M]. 吴树平，校注. 北京：中华书局，2008.

[39] 范镇. 东斋记事 [M]. 汝沛，点校. 北京：中华书局，1997.

[40] 仇兆鳌，注. 杜诗详注 [M]. 北京：中华书局，2015.

[41] 王夫之. 读通鉴论 [M]. 舒士彦，点校. 北京：中华书局，2013.

[42] 杜牧. 杜牧集系年校注 [M]. 吴在庆，校注. 北京：中华书局，2016.

[43] 项楚. 敦煌变文选注 [M]. 北京：中华书局，2019.

[44] 邵晋涵. 尔雅正义 [M]. 李嘉翼，祝鸿杰，点校. 北京：中华书局，2018.

[45] 郝懿行. 尔雅义疏 [M]. 王其和，吴庆峰，张金霞，点校. 北京：中华书局，2019.

[46] 郭璞，注. 邢昺，疏. 尔雅注疏 [M]. 王世伟，整理. 上海：上海古籍出版社，2010.

[47] 程颢，程颐. 二程集 [M]. 王孝鱼，点校. 北京：中华书局，1981.

[48] 汪荣宝. 法言义疏 [M]. 北京：中华书局，1997.

[49] 庭野日敬. 法华经新释 [M]. 释真定，译. 上海：上海古籍出版社，2013.

[50] 应劭. 风俗通义 [M]. 王利器，注. 北京：中华书局，2010.

[51] 封演. 封氏闻见记 [M]. 赵贞信，校注. 北京：中华书局，2005.

[52] 公孙龙. 公孙龙子悬解 [M]. 王琯，解. 北京：中华书局，2014.

[53] 黎翔凤. 管子校注 [M]. 梁运华，整理. 北京：中华书局，2020.

[54] 房玄龄，注. 刘绩，补注. 管子补注 [M]. 刘晓艺，校点. 上海：上海古籍出版社，2015.

[55] 刘祁. 归潜志 [M]. 上海：上海古籍出版社，2012.

[56] 范宁. 谷梁集解补注 [M]. 杨鹏，补注. 北京：中华书局，2022.

[57] 周密. 癸辛杂识 [M]. 上海：上海古籍出版社，2021.

[58] 韦昭，注. 徐元诰，集解. 国语集解 [M]. 王树民，沈长云，点校. 北京：中华书局，2019.

[59] 王先慎. 韩非子集解 ［M］. 北京：中华书局，2013.

[60] 韩非，著. 陈奇猷，校注. 韩非子新校注 ［M］. 上海：上海古籍出版社，2000.

[61] 韩婴. 韩诗外传集释 ［M］. 许维遹，校. 北京：中华书局，2020.

[62] 韩愈. 韩愈文集汇校笺注 ［M］. 刘真伦，岳珍，校注. 北京：中华书局，2010.

[63] 韩愈，撰. 方世举，笺注. 韩愈诗集编年笺注 ［M］. 郝润华，丁俊丽，整理. 北京：中华书局，2019.

[64] 班固，撰. 汉书 ［M］. 北京：中华书局，2016.

[65] 班固，撰. 王先谦，补注. 汉书补注 ［M］. 上海：上海古籍出版社，2021.

[66] 荀悦，袁宏. 汉纪 ［M］. 张烈，点校. 北京：中华书局，2020.

[67] 张溥，辑. 汉魏六朝百三名家集 ［M］. 南京：江苏古籍出版社，2002.

[68] 瞿蜕园，选注. 汉魏六朝赋选 ［M］. 上海：上海古籍出版社，2019.

[69] 黄怀信，校注. 鹖冠子校注 ［M］. 北京：中华书局，2014.

[70] 罗大经. 鹤林玉露 ［M］. 孙雪霄，校注. 上海：上海古籍出版社，2012.

[71] 胡瑗. 洪范口义 ［M］. 白效咏，点校. 何俊，整理. 上海：上海古籍出版社，2021.

[72] 范晔. 后汉书 ［M］. 北京：中华书局，2012.

[73] 王先谦. 后汉书集解 ［M］. 北京：中华书局，1983.

[74] 何宁. 淮南子集释 ［M］. 北京：中华书局，1998.

[75] 刘文典. 淮南鸿烈集解 ［M］. 冯逸，乔华，点校. 北京：中华书局，2021.

[76] 姚春鹏，译注. 黄帝内经 ［M］. 北京：中华书局，2022.

[77] 邵雍. 皇极经世书 ［M］. 郭彧，于天宝，点校. 上海：上海古籍出版社，2016.

[78] 庄绰. 鸡肋编 ［M］. 萧鲁阳，点校. 北京：中华书局，1983.

[79] 嵇康. 嵇康集校注 ［M］. 戴明扬，校注. 北京：中华书局，2014.

[80] 鸠摩罗什, 译. 金刚经 [M]. 丁福保, 笺注. 上海: 上海古籍出版社, 2020.

[81] 苏洵. 嘉祐集笺注 [M]. 曾枣庄, 金成礼, 笺注. 上海: 上海古籍出版社, 2013.

[82] 俞绍初, 辑校. 建安七子集 [M]. 北京: 中华书局, 2017.

[83] 房玄龄. 晋书 [M]. 北京: 中华书局, 2015.

[84] 脱脱, 等. 金史 [M]. 北京: 中华书局, 2016.

[85] 朱熹, 吕祖谦, 编. 近思录集解 [M]. 程水龙, 校注. 北京: 中华书局, 2019.

[86] 皮锡瑞. 经学通论 [M]. 吴仰湘, 点校. 北京: 中华书局, 2017.

[87] 皮锡瑞. 经学通论笺注 [M]. 杨世文, 张行, 吴龙灿, 汪舒旋, 笺注. 上海: 上海古籍出版社, 2021.

[88] 刘昫. 旧唐书 [M]. 北京: 中华书局, 1975.

[89] 郭书春, 译注. 九章算术译注 [M]. 上海: 上海古籍出版社, 2020.

[90] 王肃, 注. 孔子家语校注 [M]. 高尚举, 校注. 北京: 中华书局, 2021.

[91] 傅亚庶, 校. 孔丛子校释 [M]. 北京: 中华书局, 2011.

[92] 王弼, 注. 老子道德经注 [M]. 楼宇烈, 校释. 北京: 中华书局, 2011.

[93] 赖永海, 刘鹿鸣, 注. 楞严经 [M]. 北京: 中华书局, 2012.

[94] 孙希旦. 礼记集解 [M]. 沈啸寰, 王星贤, 点校. 北京: 中华书局, 2022.

[95] 郑玄, 注. 礼记注 [M]. 王锷, 点校. 北京: 中华书局, 2021.

[96] 李翱. 李文公集 [M]. 上海: 上海古籍出版社, 1993.

[97] 王琦, 注. 李太白全集 [M]. 北京: 中华书局, 2014.

[98] 刘昼. 刘子校释 [M]. 傅亚庶, 校释. 北京: 中华书局, 1998.

[99] 刘禹锡. 刘禹锡全集编年校注 [M]. 陶敏, 陶红雨, 校注. 北京: 中华书局, 2019.

[100] 李清照. 李清照诗词集 [M]. 上海: 上海古籍出版社, 2016.

[101] 姚思廉. 梁书 [M]. 北京: 中华书局, 2022.

[102] 杨伯峻，集释. 列子集释 [M]. 北京：中华书局，2012.

[103] 王震，集解. 六韬集解 [M]. 北京：中华书局，2020.

[104] 柳宗元. 柳宗元集 [M]. 北京：中华书局，2017.

[105] 陆机. 陆机集校笺 [M]. 杨明，校笺. 上海：上海古籍出版社，2016.

[106] 陆游. 陆游诗集 [M]. 朱东润，选注. 上海：上海古籍出版社，2013.

[107] 陆九渊. 陆九渊集 [M]. 钟哲，点校. 北京：中华书局，2020.

[108] 程树德. 论语集释 [M]. 程俊英，蒋见元，点校. 北京：中华书局，2019.

[109] 王充. 论衡集释 [M]. 黄晖，集释. 北京：中华书局，2017.

[110] 杨衒之. 洛阳伽蓝记校注 [M]. 范祥雍，校注. 上海：上海古籍出版社，2018.

[111] 吕不韦. 吕氏春秋集释 [M]. 许维遹，集释. 梁运华，整理. 北京：中华书局，2017.

[112] 沈炎南，校注. 脉经校注 [M]. 北京：人民卫生出版社，2013.

[113] 郑玄，注. 陆德明，释. 毛诗正义 [M]. 上海：上海古籍出版社，2013.

[114] 马瑞辰. 毛诗传笺通释 [M]. 陈金生，点校. 北京：中华书局，1990.

[115] 焦循. 孟子正义 [M]. 北京：中华书局，2015.

[116] 戴震. 孟子字义疏证 [M]. 何文光，整理. 北京：中华书局，1982.

[117] 诸雨辰，译注. 梦溪笔谈 [M]. 北京：中华书局，2016.

[118] 墨翟. 墨子校注 [M]. 吴毓江，校注. 北京：中华书局，2006.

[119] 孙诒让. 墨子间诂 [M]. 孙启治，校. 北京：中华书局，2021.

[120] 张廷玉. 明史 [M]. 北京：中华书局，2015.

[121] 黄宗羲. 明儒学案 [M]. 沈芝盈，点校. 北京：中华书局，2008.

[122] 黄宗羲. 明夷待访录 [M]. 段志强，译注. 北京：中华书局，2011.

[123] 李延寿. 南史 [M]. 北京：中华书局，2016.

[124] 萧子显. 南齐书 [M]. 王仲荦，点校. 景蜀慧，修订. 北京：中华书局，2017.

[125] 凌耀星，校注. 难经校注 [M]. 北京：人民卫生出版社，2013.

［126］徐光启. 农政全书 ［M］. 石声汉，校注. 石定枎，订补. 北京：中华书局，2020.

［127］欧阳修. 欧阳修诗文集校笺 ［M］. 洪本健，校笺. 上海：上海古籍出版社，2009.

［128］朱彧. 萍州可谈 ［M］. 李伟国，点校. 北京：中华书局，2007.

［129］周密. 齐东野语 ［M］. 张茂鹏，点校. 北京：中华书局，2004.

［130］王符. 潜夫论笺校正 ［M］. 彭铎，校. 北京：中华书局，2014.

［131］石声汉，译注. 石定枎，谭光万，补注. 齐民要术 ［M］. 北京：中华书局，2015.

［132］徐世昌，等编纂. 清儒学案 ［M］. 沈芝盈，梁运华，点校. 北京：中华书局，2013.

［133］陶谷. 清异录 ［M］. 上海：上海古籍出版社，2012.

［134］徐倬，编. 全唐诗录 ［M］. 上海：上海古籍出版社，1993.

［135］北京大学古文献研究所，整理. 全宋诗 ［M］. 北京：北京大学出版社，2019.

［136］唐圭璋，编. 全宋词 ［M］. 北京：中华书局，2011.

［137］严可均，何宛屏，校. 全晋文 ［M］. 上海：商务印书馆，1999.

［138］彭定求，等编. 全唐诗 ［M］. 陈尚君，补辑. 北京：中华书局，2018.

［139］严可均. 全宋文 ［M］. 苑育新，校. 上海：商务印书馆，1999.

［140］魏征. 群书治要 ［M］. 沈锡麟，等编. 北京：中华书局，2014.

［141］胡文焕，编. 群音类选校笺 ［M］. 李志远，校笺. 北京：中华书局，2018.

［142］顾炎武. 黄汝成，集释. 日知录集释 ［M］. 栾保群，校点. 北京：中华书局，2020.

［143］洪迈. 容斋随笔 ［M］. 孔凡礼，点校. 北京：中华书局，2017.

［144］阮籍. 阮籍集校注 ［M］. 陈伯君，校. 北京：中华书局，2015.

［145］陈寿. 三国志 ［M］. 北京：中华书局，2012.

［146］陈无择. 三因极一病证方论 ［M］. 北京：中国中医药出版社，2018.

［147］栾保群，详注. 山海经详注［M］. 北京：中华书局，2019.

［148］邵雍. 邵雍集［M］. 郭彧，整理. 北京：中华书局，2010.

［149］司马光. 司马光全集［M］. 邓广铭，张希清，侯体健，校. 上海：上海古籍出版社，2022.

［150］顾颉刚，刘起釪. 尚书校释译论［M］. 北京：中华书局，2018.

［151］孔安国，传. 孔颖达，正义. 尚书正义［M］. 黄怀信，整理. 上海：上海古籍出版社，2011.

［152］孙星衍. 尚书今古文注疏［M］. 北京：中华书局，2004.

［153］皮锡瑞. 尚书大传［M］. 吴仰湘，点校. 北京：中华书局，2022.

［154］皮锡瑞. 今文尚书考证［M］. 盛冬铃，陈抗点，校. 北京：中华书局，1989.

［155］蒋礼鸿. 商君书锥指［M］. 北京：中华书局，1986.

［156］邵博. 邵氏闻见后录［M］. 刘德权，李剑雄，点校. 北京：中华书局，2017.

［157］胡应麟. 少室山房笔丛［M］. 上海：上海书店出版社，2009.

［158］荀悦. 申鉴注校补［M］. 孙启治，黄省曾，校. 北京：中华书局，2018.

［159］葛洪. 神仙传校释［M］. 胡守为，校. 北京：中华书局，2020.

［160］王廷相. 慎言［M］. 冒怀辛，注. 成都：巴蜀书社，2009.

［161］秦嘉谟，等. 世本［M］. 宋衷，注. 北京：中华书局，2008.

［162］王嘉，撰. 萧绮，录. 拾遗记校注［M］. 齐治平，校注. 北京：中华书局，1981.

［163］高承、李果. 事物纪原［M］. 金圆，许沛藻，点校. 北京：中华书局，1989.

［164］泷川资言，考证. 史记会注考证［M］. 杨海峥，整理. 上海：上海古籍出版社，2015.

［165］司马迁. 史记［M］. 裴骃，集解. 司马贞，索隐. 张守节，正义. 北京：中华书局，2014.

［166］刘知几. 史通笺注［M］. 张振珮，笺注. 北京：中华书局，2022.

[167] 程俊英，蒋见元. 诗经注析［M］. 北京：中华书局，2021.

[168] 朱熹. 诗集传［M］. 赵长征，点校. 北京：中华书局，2019.

[169] 钟嵘. 诗品集注［M］. 曹旭，集注. 上海：上海古籍出版社，2011.

[170] 刘义庆，撰. 刘孝标，注. 世说新语笺疏［M］. 余嘉锡，笺疏. 北京：中华书局，2011.

[171] 郦道元. 水经注校证［M］. 陈桥驿，校. 北京：中华书局，2020.

[172] 苏轼. 苏轼文集［M］. 孔凡礼，点校. 北京：中华书局，1986.

[173] 苏辙. 苏辙集［M］. 陈宏天，高秀芳，点校. 北京：中华书局，2017.

[174] 刘向. 说苑校证［M］. 向宗鲁，校证. 北京：中华书局，1987.

[175] 许慎，撰. 徐铉，校定. 说文解字［M］. 北京：中华书局，2017.

[176] 谢榛. 四溟诗话［M］. 宛平，校点. 北京：人民文学出版社，2005.

[177] 朱熹. 四书章句集注［M］. 北京：中华书局，2019.

[178] 王夫之. 宋论［M］. 舒士彦，点校. 北京：中华书局，2013.

[179] 脱脱，等. 宋史［M］. 北京：中华书局，1985.

[180] 沈约. 宋书［M］. 北京：中华书局，2015.

[181] 黄宗羲. 宋元学案［M］. 陈金生，梁运华，校注. 北京：中华书局，1986.

[182] 陈邦瞻. 宋史纪事本末［M］. 北京：中华书局，2015.

[183] 干宝. 搜神记［M］. 北京：中华书局，2020.

[184] 魏征. 隋书［M］. 北京：中华书局，2020.

[185] 李零，编著. 孙子译注［M］. 北京：中华书局，2009.

[186] 李昉，等. 太平御览［M］. 北京：中华书局，1960.

[187] 扬雄，著. 司马光，集注. 太玄集注［M］. 刘韶军，点校. 北京：中华书局，2021.

[188] 乐史. 太平寰宇记［M］. 北京：中华书局，2007.

[189] 惠能. 坛经［M］. 丁福保，笺注. 哈磊，整理. 上海：上海古籍出版社，2016.

[190] 李剑国，辑释. 唐前志怪小说辑释［M］. 上海：上海古籍出版

社, 2016.

[191] 王谠. 唐语林校证 [M]. 周勋初, 校正. 北京: 中华书局, 2018.

[192] 陶渊明. 陶渊明集笺注 [M]. 袁行霈, 注. 北京: 中华书局, 2019.

[193] 杨维增, 译注. 天工开物 [M]. 北京: 中华书局, 2021.

[194] 周敦颐. 通书 [M]. 上海: 上海古籍出版社, 2020.

[195] 杜佑. 通典 [M]. 王文锦, 王永兴, 刘俊文, 徐庭云, 谢方, 点校. 北京: 中华书局, 2016.

[196] 沈德符. 万历野获编 [M]. 上海: 上海古籍出版社, 2012.

[197] 王安石. 王安石文集 [M]. 刘成国, 校对. 北京: 中华书局, 2021.

[198] 王守仁. 王文成公全书 [M]. 王晓昕, 赵平略, 校注. 北京: 中华书局, 2015.

[199] 王维. 王维集校注 [M]. 陈铁民, 校注. 北京: 中华书局, 2019.

[200] 王勃. 王子安集注 [M]. 蒋清翊, 注. 上海: 上海古籍出版社, 1995.

[201] 文子. 文子疏义 [M]. 王利器, 注. 北京: 中华书局, 2021.

[202] 刘勰. 文心雕龙校注 [M]. 黄叔琳, 注. 李详, 补注. 杨明照, 校注拾遗. 北京: 中华书局, 2021.

[203] 魏收. 魏书 [M]. 唐长孺, 点校. 何德章, 冻国栋, 修订. 北京: 中华书局, 2018.

[204] 尉缭. 尉缭子 [M]. 许嘉璐, 编. 南京: 江苏人民出版社, 2019.

[205] 温庭筠. 温飞卿诗集笺注 [M]. 曾益, 等笺注. 上海: 上海古籍出版社, 2009.

[206] 吴起. 吴子集释 [M]. 陈曦, 集释. 北京: 中华书局, 2021.

[207] 赵晔. 吴越春秋 [M]. 北京: 中华书局, 2022.

[208] 刘歆. 西京杂记 [M]. 上海: 上海古籍出版社, 2012.

[209] 葛洪. 西京杂记校注 [M]. 周天游, 校注. 北京: 中华书局, 2020.

[210] 姚宽. 西溪丛语 [M]. 孔凡礼, 点校. 北京: 中华书局, 1993.

[211] 李渔. 闲情偶寄 [M]. 杜书瀛, 译注. 北京: 中华书局, 2018.

[212] 李隆基, 注. 邢昺, 疏. 孝经注疏 [M]. 金良年, 整理. 上海: 上

海古籍出版社，2009.

[213] 郑玄. 孝经正义 [M]. 陈壁生，注. 孝经北京：中华书局，2020.

[214] 昭梿. 啸亭杂录 [M]. 何英芳，点校. 北京：中华书局，1980.

[215] 欧阳修. 新唐书 [M]. 宋祁，著. 北京：中华书局，1975.

[216] 桓谭. 新论 [M]. 朱谦，校辑. 北京：中华书局，2009.

[217] 贾谊. 新书校注 [M]. 阎振益，钟夏，校. 北京：中华书局，2017.

[218] 刘向，编. 新序 [M]. 石光瑛，校释. 陈新，整理. 北京：中华书局，2017.

[219] 欧阳修，撰. 徐无党，注. 新五代史 [M]. 陈尚君，等修订. 北京：中华书局，2016.

[220] 李焘. 续资治通鉴长编 [M]. 北京：中华书局，2004.

[221] 徐弘祖. 徐霞客游记 [M]. 褚绍唐，吴应寿，整理. 上海：上海古籍出版社，2016.

[222] 程毅中，校注. 宣和遗事 [M]. 北京：中华书局，2022.

[223] 荀子，著. 王先谦，注. 荀子集解 [M] 沈啸寰，王星贤，整理. 北京：中华书局，2020.

[224] 荀子. 荀子校释 [M]. 王天海，校释. 上海：上海古籍出版社，2016.

[225] 桓宽. 盐铁论校注 [M]. 王利器，校注. 北京：中华书局，2017.

[226] 程大昌. 演繁露注 [M]. 周翠英，注. 北京：中国社会科学出版社，2018.

[227] 颜之推. 颜氏家训集解 [M]. 王利器，集解. 北京：中华书局，2013.

[228] 张纯一. 晏子春秋校注 [M]. 梁运华，点校. 北京：中华书局，2017.

[229] 郑玄，注. 贾公彦，疏. 仪礼注疏 [M]. 王辉，整理. 上海：上海古籍出版社，2008.

[230] 黄怀信，张懋镕，田旭东，等修订. 李学勤，审定. 逸周书 [M].

上海：上海古籍出版社，2011.

[231] 邵雍. 伊川击壤集 [M]. 郭彧，整理. 北京：中华书局，2013.

[232] 尹文子. 尹文子 [M]. 陈高傭，解. 上海：商务印书馆，2017.

[233] 徐陵，编. 玉台新咏笺注 [M]. 吴兆宜，注. 程琰，删补. 穆克宏，
点校. 北京：中华书局，2017.

[234] 陈高华，等整理. 元典章 [M]. 天津：天津古籍出版社，2011.

[235] 宋濂. 元史 [M]. 北京：中华书局，2016.

[236] 陈寅恪. 元白诗笺证稿 [M]. 上海：上海古籍出版社，2020.

[237] 张君房. 云笈七签 [M]. 李永晟，校注. 北京：中华书局，2003.

[238] 段成式. 酉阳杂俎 [M]. 许逸民，许桁，点校. 北京：中华书局，
2018.

[239] 张世南. 游宦纪闻 [M]. 张茂鹏，等点校. 北京：中华书局，1981.

[240] 郭茂倩，编. 乐府诗集 [M]. 北京：中华书局，2017.

[241] 刘向，编. 战国策 [M]. 缪文远，校注. 北京：中华书局，2012.

[242] 张载. 张载集 [M]. 章锡琛，校. 北京：中华书局，2012.

[243] 张载，著. 王夫之，注. 张子正蒙注 [M]. 北京：中华书局，2022.

[244] 张衡. 张衡集 [M]. 张在义，张玉春，编. 南京：凤凰出版社，2020.

[245] 萧统，编. 李善，注. 昭明文选 [M]. 上海：上海古籍出版社，2019.

[246] 吴兢. 贞观政要 [M]. 谢保成，点校. 北京：中华书局，2021.

[247] 王通. 中说 [M]. 张沛，校注. 北京：中华书局，1962.

[248] 陈克明，点校. 周敦颐集 [M]. 北京：中华书局，2019.

[249] 郑玄，注. 贾公彦，疏. 彭林，整理. 周礼注疏 [M]. 上海：上海
古籍出版社，2010.

[250] 孙诒让. 周礼正义 [M]. 王文锦，陈玉霞，注释. 北京：中华书局，
2013.

[251] 令狐德棻. 周书 [M]. 北京：中华书局，2022.

[252] 王弼. 周易注 [M]. 楼宇烈，校释. 北京：中华书局，2011.

[253] 胡煦. 周易函书 [M]. 程林，点校. 北京：中华书局，2019.

［254］孙星衍. 周易集解［M］. 北京：中华书局，2018.

［255］朱熹. 周易本义［M］. 廖名春，点校. 北京：中华书局，2009.

［256］来知德. 周易集注［M］. 王丰先，校对. 北京：中华书局，2019.

［257］黄宗羲. 周易象数论［M］. 郑万耕，点校. 北京：中华书局，2010.

［258］魏伯阳. 周易参同契［M］. 章伟文，译注. 北京：中华书局，2014.

［259］程颐. 周易程氏传［M］. 王孝鱼，点校. 北京：中华书局，1962.

［260］黎靖德，编. 朱子语类［M］. 王星贤，点校. 北京：中华书局，2011.

［261］诸葛亮. 诸葛亮集［M］. 段熙仲，闻旭初，编校. 北京：中华书局，2014.

［262］王国维. 古本竹书纪年辑校订补［M］. 范祥雍，订补. 上海：上海古籍出版社，2018.

［263］郭庆藩. 庄子集释［M］. 王孝鱼，点校. 北京：中华书局，2013.

［264］曾巩. 曾巩集［M］. 陈杏珍，晁继周，点校. 北京：中华书局，2018.

［265］能海上师. 增一阿含经学记［M］. 上海：上海古籍出版社，2021.

［266］陶弘景. 肘后备急方校注［M］. 沈澍农，校. 北京：人民卫生出版社，2016.

［267］司马光，编著. 胡三省，注. 资治通鉴［M］. 北京：中华书局，2011.

后　　记

　　谨以此书纪念我逝去的母亲。她短暂的一生，没有看到这本书的完成和出版，实在是我此生最大的遗憾。

　　　　斩衰之丧，沉痛不已；
　　　　往昔之念，愧恨不止；
　　　　将来之年，茫然不系。

任云

2023 年 1 月于北京